U0814607

中共国家税务总局党校
国家税务总局税务干部学院
系列教材 · **税收理论与实务类**

社会保险费
政策解读与征缴实务

卢　艺　主编

中国税务出版社

图书在版编目（CIP）数据

社会保险费政策解读与征缴实务 / 卢艺主编．
北京：中国税务出版社，2024．9．-- ISBN 978-7-5678-1517-9

Ⅰ．F842．61

中国国家版本馆 CIP 数据核字第 20240FH389 号

版权所有·侵权必究

书　　名：社会保险费政策解读与征缴实务
SHEHUI BAOXIANFEI ZHENGCE JIEDU YU ZHENGJIAO SHIWU

作　　者：卢　艺　主编

责任编辑：高莉贤

责任校对：姚浩晴

技术设计：林立志

出版发行：中国税务出版社
北京市丰台区广安路 9 号国投财富广场 1 号楼 11 层
邮政编码：100055
网址：https://www.taxation.cn
投稿：https://www.taxation.cn/qt/zztg
发行中心电话：(010)83362083/85/86
传真：(010)83362047/49

经　　销：各地新华书店

印　　刷：北京天宇星印刷厂

规　　格：787 毫米×1092 毫米　1/16

印　　张：15

字　　数：250000 字

版　　次：2024 年 9 月第 1 版　2024 年 9 月第 1 次印刷

书　　号：ISBN 978-7-5678-1517-9

定　　价：58.00 元

如有印装错误　本社负责调换

前　言

习近平总书记指出，社会保障是保障和改善民生、维护社会公平、增进人民福祉的基本制度保障，是促进经济社会发展、实现广大人民群众共享改革发展成果的重要制度安排，发挥着民生保障安全网、收入分配调节器、经济运行减震器的作用，是治国安邦的大问题。党的二十大报告强调要健全社会保障体系，健全覆盖全民、统筹城乡、公平统一、安全规范、可持续的多层次社会保障体系，扩大社会保险覆盖面。在我国，社会保险是社会保障体系的重要组成部分，在整个社会保障体系中居于核心地位，社会保险制度运行是否良好是健全社会保障体系的关键所在。

自社会保险费征管职责划转至税务部门以来，税务部门的职责进一步拓展，由“征税为主”向“税费皆重”转变，服务的纳税人缴费人有13亿之多，税收工作更广泛深入地融入国家治理的各个方面。处于社会保险费征收一线的广大税务干部需要一本内容全面、重点突出、简便易学的辅导读本，作为辅助社会保险费征收工作开展的实用工具。基于此，国家税务总局税务干部学院（中共国家税务总局党校）组织有关教研人员编写了《社会保险费政策解读与征缴实务》。

《社会保险费政策解读与征缴实务》以满足税务部门征收社会保险费工作需要为导向，覆盖社会保险费的全部费种，对各费种基本要素、转移接续手续办理、待遇发放政策、社会保险费税务处理等进行了全面的梳理和介绍，并对退役军人等特殊参保群体，社会保险费统计核算、征缴、争议处理等内容进行了较为全面和细致的介绍，弥补了现行相关教材的不足。为了进一步帮助读者理解社会保险费相关政策，本教材每一章节对于一些重点和难点问题，都使用实际案例或例题加以解析。对于税务部门从事社会保险费征收的读者而言，这是一本相对全面、实用的辅导教材。

本教材为国家税务总局税务干部学院系列教材。参加教材编写与修订工作的有国家税务总局税务干部学院卢艺（第一章、第九章）、范锰杰（第二章第一节、第三章）、王华（第四章、第五章、第六章）、王雪（第七章）、韩晓琴（第八章）、钱蓓蓓（第十一章第四节）和国家税务总局扬州市税务局方向（第二章第二节和第三节、第十章）、王明世（第十一章第一节至第三节）。全书由卢艺设计框架并对各章节内容进行了修改与补充，并总纂至最终定稿。

本教材的编写是在进一步深化税收征管改革、高质量推进中国式现代化税务实践的背景下完成的，编写组尽可能采纳了社会保险费的最新法律法规及制度安排和当前税务部门最新的改革实践，努力使本教材较全面地反映当前的政策规定与实践做法。但由于我国社会保险费改革是一项系统工程，正在不断地深入和完善，不断出台新的政策、产生新的实践问题，教材中肯定会有疏漏与不妥之处，在此恳请各位读者批评指正。

编　者

目　　录

第一章　社会保险概述

习近平总书记指出："社会保障是保障和改善民生、维护社会公平、增进人民福祉的基本制度保障，是促进经济社会发展、实现广大人民群众共享改革发展成果的重要制度安排，是治国安邦的大问题。"① 我国社会保障体系建立以来，通过不断改革和规范发展，取得了显著成就，有效保障和改善了民生，使全体中国人民共享经济社会发展成果，促进了社会公平正义和经济社会协调发展。

社会保险是社会保障制度的核心。现代意义上的社会保障制度是工业革命和社会化大生产的产物，是政府缓解缓和各种社会矛盾、促进社会和谐的结果，是社会进步和文明的重要标志。现代社会保障制度在保障公民基本生活、维护社会团结和稳定、促进经济发展、保持社会公平和增进国民福利等方面发挥着重要功能。

第一节　社会保险

一、社会保险的概念

社会保险，是指国家通过立法，多渠道筹集资金，对劳动者在因年老、疾病、失业、工伤、生育等减少劳动收入时给予经济补偿，使他们能够享有基本生活保障的一项社会保障制度。

---

① 习近平主持中央政治局第二十八次集体学习并讲话，http：//www. gov. cn/xinwen/2021 - 02/27/content_5589187. htm。

二、社会保险的主要险种

因经济发展水平不同，社会制度及政策目标不同，不同国家社会保险的险种存在差异，一般包括养老（残疾及遗属津贴）、疾病、工伤、失业、生育等。近些年，德国、日本等国还设立了以解决老年人的照顾、服务为内容的长期护理保险。我国已经建立了基本养老保险、基本医疗保险、工伤保险、失业保险和生育保险等社会保险制度。2016 年，我国长期护理险开始试点，以长期处于失能状态的参保人群为保障对象，重点解决重度失能人员基本生活照料和医疗护理所需费用。2020 年 9 月，经国务院同意，国家医保局会同财政部印发《关于扩大长期护理保险制度试点的指导意见》（医保发〔2020〕37 号），长期护理保险试点城市增至 49 个。

三、社会保险基金

社会保险基金，是指为了使社会保险有可靠的资金保障，国家通过立法要求全社会统一建立的，用于支付社会保险待遇的专项资金。用此种资金购置的资产及其增值部分也属于社会保险基金的范围。社会保险基金按照保险类型确定资金来源，逐步实行社会统筹。用人单位和劳动者必须依法参加社会保险，缴纳社会保险费。

我国社会保险基金来源大致可以分为四个方面：

（1）由参保人按其工资收入（无法确定工资收入的按职工平均工资）的一定百分比缴纳的保险费；

（2）由参保人所在单位按本单位职工工资总额的一定百分比缴纳的保险费；

（3）政府对社会保险基金的财政补贴；

（4）社会保险基金的银行利息或投资回报及社会捐赠等。

社会保险基金主要分为基本养老保险基金、基本医疗保险基金、工伤保险基金、失业保险基金和生育保险基金五大类。除基本医疗保险基金与生育保险基金合并建账及核算外，其他各项社会保险基金按照社会保险险种分别建账，分账核算。社会保险基金执行国家统一的会计制度。社会保险基金应专款专用，不允许任何组织和个人以任何形式侵占或者挪用。

2023 年，全国参加基本养老保险人数 106643 万人，比上年末增加 1336 万人。全年基本养老保险基金收入 76691 亿元，基金支出 68369 亿元，年末基本养老保险基金累计结余 78173 亿元，其中基金投资运营规模 1. 86 万亿元。

全国参加失业保险人数 24373 万人，比上年末增加 566 万人。年末全国领取失业保险金人数 352 万人，全年为 730 万名失业人员发放不同期限的失业保险金。全年失业保险基金收入 1807 亿元，基金支出 1485 亿元，年末失业保险基金累计结余 3213 亿元。全国参加工伤保险人数 30174 万人，比上年末增加 1057 万人。全国新开工工程建设项目工伤保险参保率 99.6%。全年认定（视同）工伤 137.5 万人，评定伤残等级 102.5 万人。全年有 222 万人享受工伤保险待遇。全年工伤保险基金收入 1212 亿元，基金支出 1237 亿元，年末工伤保险基金累计结余 1415 亿元（含储备金 119 亿元）。基本医疗保险参保人数达 133386.9 万人，参保覆盖面稳定在 95% 以上，参保质量持续提升。2023 年，基本医疗保险基金（含生育保险）总收入、总支出分别为 33355.16 亿元、28140.33 亿元。[①]

此外，我国还划转部分国有资本充实社保基金。随着经济社会发展和人口老龄化加剧，基本养老保险基金支付压力不断加大，为充分体现代际公平和国有企业发展成果全民共享，2017 年 11 月，国务院发布《关于印发划转部分国有资本充实社保基金实施方案的通知》（国发〔2017〕49 号），明确了划转的基本原则、范围、对象、比例和承接主体、程序等内容。

第二节　我国社会保险制度的发展[②]

中华人民共和国成立 70 多年来，党和政府始终高度重视广大劳动者的基本权益和社会保障问题，颁布了一系列政策法规，社会保险制度从无到有，保险项目从少到多，从覆盖部分人群到覆盖全民、城乡统筹，待遇水平逐步提高，建成世界上规模最大的社会保障体系。截至 2023 年末，基本医疗保险覆盖超过 13 亿人，基本养老保险覆盖超过 10 亿人。党的十八大以来，以习近平同志为核心的党中央审时度势，坚持广覆盖、保基本、多层次、可持续的社会保障体系建设方针，明确了建立全民覆盖、保障适度、权责清晰、运行高效的更加公平、更可持续的社会保障制度任务。

---

① 数据来源：《2023 年度人力资源和社会保障事业发展统计公报》，人力资源社会保障部，https://www.mohrss.gov.cn/SYrlzyhshbzb/zwgk/szrs/tjgb/202406/W020240617617024381518.pdf；《2023 年医疗保障事业发展统计快报》，国家医保局，https://www.nhsa.gov.cn/art/2024/4/11/art_7_12348.html。

② 董克用、沈国权．党指引下的我国社会保障制度百年变迁，《行政管理改革》，2021 年第 5 期。

一、传统社会保障制度的建立与调适（1949—1965 年）

新中国成立之初建立的传统社会保障制度主要包括劳动保险制度、社会救济制度及其他保障项目，其中以劳动保险制度为核心内容。

新中国社会保障的实践始于中央人民政府 1949 年、1950 年对受灾人民和失业工人社会救济的行动。在这一期间，中央人民政府政务院先后颁布《关于生产救灾的指示》《关于救济失业工人的指示》两份社会保障政策性文件，劳动部颁布《救济失业工人暂行办法》，通过大规模的应急救济活动，迅速化解新中国初期人民的生存危机，稳定灾区与重要城市的社会秩序。

1951 年，《中华人民共和国劳动保险条例》的颁布标志着新中国社会保障制度正式建立。经过 1953 年、1956 年两次修订，实现了除城镇机关和事业单位以外的所有企业全覆盖。在劳动保险制度下，职工可以享受工伤待遇、医疗待遇、养老待遇、死亡待遇以及生育待遇。劳动保险保障范围广、覆盖面宽、惠及职工家属，为绝大多数城镇居民提供了稳定的保障。针对国家机关和事业单位人员、退伍军人的保障，1952 年，政务院颁布《关于全国各级人民政府、党派、团体及所属事业单位的国家工作人员实行公费医疗预防的指示》和《国家工作人员公费医疗预防实施办法》；1955 年，国务院颁布《国家机关工作人员退休处理暂行办法》和《国家机关工作人员退职处理暂行办法》；1958 年，国务院发布《关于现役军官退休处理的暂行规定》，由此建立起了一套由公费医疗、退休制度以及抚恤制度等组成的公职人员社会保障制度，解除了国家机关、民主党派、人民团体和事业单位工作人员生老病死的后顾之忧。

农村的社会保障是集体经济的产物，主要由“五保”制度和农村合作医疗两大部分构成。以 1956 年发布的《高级农业生产合作社示范章程》和 1960 年出台的《全国农业发展纲要》（中华人民共和国主席令 2 届第 15 号）两个法律性文件为依据，我国农村的“五保”制度正式建立，为缺乏劳动力、生活没有依靠的鳏寡孤独的农村社员提供能胜任的劳动岗位，同时在生活上给予适当帮助，做到“保吃、保穿、保烧、保教、保葬”。农村合作医疗制度的实施以 1960 年中共中央转发卫生部《关于人民公社卫生工作几个问题的意见》为标志，依托农村集体经济，通过大规模培训“赤脚医生”，采取互助合作的形式来满足农村居民的疾病医疗需求。“五保”制度与农村合作医疗制度，连同免费型的基础教育制度，一起构成了新中国农村初级社会保障体系，为农村居民提供了基础的医疗保障、教育保障以及基本生活保障。

二、从国家保障转化为企业保障（1966—1977 年）

1966—1977 年，城镇传统的“国家—单位保障模式”蜕化为“企业保险”，职工的保障完全转变为企业内部事务，从全国统筹演变为企业自保。1969 年财政部印发的《关于国营企业财务工作中几项制度改革的意见（草案）》决定“国营企业一律停止提取劳动保险金”“企业的退休职工、长期病号工资和其他劳保开支，改在企业营业外列支”，社保基金由国家兜底下降为“单位责任制”。

与此同时，农村合作医疗制度逆势而上、发展迅速。1965 年，面对合作医疗保险覆盖率下降的局面，毛泽东作出“把医疗卫生工作的重点放到农村去”的指示。在此期间，我国实施城市巡回医疗队下乡政策，并在农村培养“半农半医”的“赤脚医生”。城镇知识青年的上山下乡运动也为农村医生提供了重要的人力支持。此外，财政和集体经济提供资金建设卫生院，群众集体出资建立农村合作医疗站，有效解决了农村的卫生问题。

三、现代社会保险制度的建立与发展（1978 年至今）

1978 年 12 月，党的十一届三中全会重新确立了解放思想、实事求是的思想路线，把工作重点转移到现代化建设上来，并作出了改革开放重大决策。在改革开放的推动下，我国逐步从计划经济体制转向社会主义市场经济体制，社会保障制度改革也朝着适应社会主义市场经济的方向转变。

1. 社会保障制度的恢复与转型（1978—1992 年）

1978 年 3 月，第五届全国人民代表大会第一次会议通过的《中华人民共和国宪法》，对养老保障、医疗保障、社会福利、贫困救助及军烈属生活保障等方面作出了原则性规定。1978 年 6 月，《国务院关于颁发〈国务院关于安置老弱病残干部的暂行办法〉和〈国务院关于工人退休、退职的暂行办法〉的通知》（国发〔1978〕104 号），详尽规定了干部离休、退休退职政策和全民所有制、事业单位、党政机关、群众团体工人的退休退职政策，恢复了中断多年的干部与国营企业职工退休退职制度。对于集体所有制企业职工，1977 年 12 月，轻工业部、财政部和国家劳动总局颁布《关于手工业合作工厂劳动保险福利待遇标准和劳保费用列支问题的通知》（轻物财字〔1977〕116 号），恢复集体企业十多年前建立的劳动保险制度，并规定退休待遇标准应与国营企业职工一视同仁。对于未实行劳动保险制度的集体企业，1980 年，财政部和国家劳动总局印发了《关于城镇集体所有制企业的工资福利标准和列支问题的通知》（财字〔1980〕17 号），规定这些企业职工的劳动保险费用可以在营业外或其他项目下列支，免征企业所得税。

从 1984 年开始，中央和地方开始尝试退休费用的社会统筹。江苏泰州、广东东莞和江门、辽宁黑山、四川自贡等地纷纷开展国营企业退休费用社会统筹的试点。1986 年 7 月，为配合国营企业劳动制度改革，国务院印发《关于发布改革劳动制度四个规定的通知》（国发〔1986〕77 号），明确提出对劳动合同制工人退休养老实行社会统筹。1987 年 3 月，中央财经领导小组会议决定建立各级退休费用统筹管理委员会。同年 5 月，劳动人事部发布《关于设立各级退休费用统筹管理委员会的通知》（劳人险〔1987〕5 号），对退休费用统筹工作进行统一管理，开启了各地建立社会保险经办管理机构的先河。截至 1986 年，全国实现了县、市一级的养老保险费社会统筹。1991 年 6 月，国务院在总结各地改革经验的基础上，颁布《关于企业职工养老保险制度改革的决定》（国发〔1991〕33 号），首次提出建立多层次养老保险体系框架，明确基本养老保险实行"省级统筹"。截至 1994 年，先后有北京、上海、四川等 13 个省份实现了省级统筹。

自 1987 年起，职工大病医疗费用社会统筹和退休人员医疗费用社会统筹开始在北京、四川等地区的部分行业和市县进行试点。1989 年 3 月，国务院转批国家体改委《关于 1989 年经济体制改革要点的通知》（国发〔1989〕24 号），决定在湖南株洲、湖北黄石、吉林四平和辽宁丹东进行公费医疗保险制度改革试点，在深圳、海南进行社会保障综合改革试点，其基本思路是提高医疗保险制度的社会化程度，实施医疗费用在政府、用人单位和医院之间的三方负担，标志着我国社会医疗制度进入实质性改革阶段。1992 年 9 月，在总结各地经验的基础上，劳动部颁布了《关于试行职工大病医疗费用社会统筹的意见的通知》（劳险字〔1992〕25 号），随后各地区相继开展不同程度的大病医疗费用社会统筹。

在失业保险方面，1986 年国务院发布《国营企业职工待业保险暂行规定》（国发〔1986〕77 号），标志着待业保险制度的建立。在住房制度方面，1988 年 2 月，国务院颁布《关于印发在全国城镇分期分批推行住房制度改革实施方案的通知》（国发〔1988〕11 号），国务院办公厅发布《关于转发国务院住房制度改革领导小组鼓励职工购买公有旧房意见的通知》（国办发

〔1988〕13 号)，开启了中国住房福利制度改革的征程。

1984 年 10 月，党的十二届三中全会将以家庭联产承包为主的责任制、统分结合的双层经营体制作为我国农村集体经济组织的一项基本制度，原来的“一大二公”体制被取消，农村集体经济的动员能力和经济实力大幅下降。在此背景下，国务院于 1991 年出台《关于企业职工养老保险制度改革的决定》(国发〔1991〕33 号)，最早提到“农村的养老保险改革由民政部负责”。随后，民政部于 1991 年至 1993 年共发布了 13 个文件，其中 1992 年发布的《县级农村社会养老保险基本方案（试行)》(民办发〔1992〕2 号）最为系统地规定了农保的基本政策，明确了保险对象、资金筹集办法、待遇领取和计发标准、基金统筹层次等内容，并提出建立个人账户，由县级政府设立农保基金管理委员会进行管理。

2. 现代社会保障制度的框架初步构建（1993—2002 年）

1993 年 11 月，党的十四届三中全会通过的《中共中央关于建立社会主义市场经济体制若干问题的决定》提出“加快改革开放和社会主义现代化建设步伐”，将社会保障确认为市场经济体系的五大支柱之一，提出“实行社会统筹和个人账户相结合”“建立多层次的社会保障体系”“社会保险行政管理和社会保险基金经营要分开”原则，确立了社会保障体系的改革方向。

养老保险方面，1995 年 3 月，国务院下发《关于深化企业职工养老保险制度改革的通知》(国发〔1995〕6 号)，提出了“统账结合”的两种实施方案，允许各地自行选择进行试点。1997 年 7 月，在总结各地实践经验的基础上，国务院颁布了《关于建立统一的企业职工基本养老保险制度的决定》(国发〔1997〕26 号)，核心内容是“三统一”，即统一企业和职工个人的缴费比例，统一个人账户规模，统一养老金计发办法，标志着我国城镇职工基本养老保险制度的初步建立。1998 年 8 月，国务院将行业统筹业务移交地方管理，基本养老保险由条块分割管理统一为属地管理。2000 年，国务院印发《关于城镇社会保障体系改革的试点意见》(国发〔2000〕42 号)，决定从 2001 年开始首先在辽宁进行做实个人账户的试点。在农村，国务院于 1994 年颁布《农村五保供养工作条例》(中华人民共和国国务院令第 141 号)，规范了制度实施对象和保障内容，将筹资方式改为“村提留或者乡统筹费”。1999 年，国务院批转《保险业整顿与改革方案的通知》(国发〔1999〕14 号)，提出清理整顿农村社会养老保险，停办新业务，农村社会养老制度因此而陷入停滞。

医疗保险方面，1994 年 4 月，国家体改委等四部门联合制定了《关于职工医疗制度改革的试点意见》（体改分〔1994〕51号），随后在江西九江、江苏镇江开展职工医疗保险制度的试点工作，探索“统账结合”的医疗保险制度。1998年12月，国务院印发《关于建立城镇职工基本医疗保险制度的决定》（国发〔1998〕44号），正式确立了社会统筹和个人账户相结合、单位和职工共同缴费、覆盖城镇所有用人单位的职工基本医疗保险制度。与此同时，通过实施大额医疗费用补助办法、公务员医疗补助措施、企业补充医疗保险计划，实行针对特困群体的社会医疗制度，建立起了多层次医疗保障体系。在农村，2002年10月，党中央和国务院颁布《关于进一步加强农村卫生工作的决定》（中发〔2002〕13号），提出建立新型农村合作医疗制度，并在一些省市进行试点。

失业保险方面，1993年4月，国务院颁布《国营企业职工待业保险规定》（中华人民共和国国务院令第110号），提出通过建立下岗职工基本生活保障制度、待业保险制度、城镇居民最低生活保障制度来保障下岗、失业职工的基本生活，并将待业保险覆盖范围扩大至国营企业所有职工。1999年1月，国务院发布《失业保险条例》（中华人民共和国国务院令第258号），将只适用于国营企业“待业保险”扩展到所有城镇企事业单位，建立起了覆盖所有企事业单位的失业保险制度。

工伤保险方面，1996年8月，劳动部印发《企业职工工伤保险试行办法》（劳部发〔1996〕266号），规定了工伤保险的管理程序、认定条件、支付标准，设立工伤保险基金，建立了工伤保险制度。

生育保险方面，1994年，劳动部颁布《企业职工生育保险试行办法》（劳部发〔1994〕504号），将原来企业和单位负担和管理的生育保障方式改为实行社会统筹，推动了生育保险制度发展。

3. 现代社会保障制度的进一步探索（2003—2012年）

2002年11月，党的十六大在全面建设小康社会的目标下，提出了“健全社会保障体系”“建立同经济发展水平相适应的社会保障体系”的要求，明确坚持统账结合的社会保险制度，健全失业保险和城镇居民最低生活保障制度，积极探索建立农村养老、医疗保险和最低生活保障制度。社会保障体系建设进入以政府基本公共服务均等化为主线的新发展阶段，覆盖面开始向城乡居民扩展。2010年10月28日，第十一届全国人民代表大会常务委员会第十七次会议通过了《中华人民共和国社会保险法》（以下简称《社会保险法》），并于2011年7月1日起正式施行。《社会保险法》全文包括总则、基本养老保险、基本医疗保险、工伤保险、失业保险、生育保险、社会保险费征缴、社会保险基金、社会保险经办、社会保险监督、法律责任、附则共12章98条。《社会保险法》是中国特色社会主义法律体系中起支架作用的重要法律，是一部着力保障和改善民生的法律。它的颁布实施，是我国人力资源社会保障法制建设中的又一个里程碑，对于建立覆盖城乡居民的社会保障体系，更好地维护公民参加社会保险和享受社会保险待遇的合法权益，使公民共享发展成果，促进社会主义和谐社会建设，具有十分重要的意义。

养老保险方面，2005年12月，国务院发布《关于完善企业职工基本养老保险制度的决定》（国发〔2005〕38号），提出改革待遇调整和计发办法、调整个人账户规模、推进做实个人账户，以及将非公有制企业、城镇个体工商户和灵活就业人员纳入保障范围四大核心举措。2009年9月，国务院颁布《新型农村社会养老保险试点的指导意见》（国发〔2009〕32号），决定施行新型农村社会养老保险试点。2011年6月，国务院印发《关于开展城镇居民社会养老保险试点的指导意见》（国发〔2011〕18号），决定建立城镇居民养老保险制度，这标志着在制度层面，实现了基本养老保险的全覆盖。

医疗保险方面，2003年1月，国务院办公厅转发卫生部等部门制定的《关于建立新型农村合作医疗制度的意见》（国办发〔2003〕3号），明确了建立新农合制度的目标、原则和实施细节，并要求各地组织试点。2006年1月，卫生部等七部门联合发布《关于加快推进新型合作医疗试点工作的通知》（卫农卫发〔2006〕13号），决定扩大新农合的试点范围。2007年7月，国务院发布《关于开展城镇居民基本医疗保险试点的指导意见》（国发〔2007〕20号），标志着基本医疗保险在制度层面实现全覆盖。2012年8月，国家发改委等六部门下发《关于开展城乡居民大病保险工作的指导意见》（发改社会〔2012〕2605号），探索建立重特大疾病保险制度。

失业保险方面，2004年1月，《工伤保险条例》（中华人民共和国国务院令第375号）正式施行，为职工权益与安全生产提供保障。

补充保障方面，2004年1月《企业年金试行办法》（中华人民共和国劳动和社会保障部令第20号）的颁布，标志着我国企业年金制度的正式建立。2015年3月，国务院办公厅印发《机关事业单位职业年金办法》（国办发〔2015〕18号），开始实施职业年金制度。

4. 新时代社会保障制度发展阶段（2013年至今）

党的十八大以来，以习近平同志为核心的党中央把社会保障体系建设摆在更加突出的位置，坚持全覆盖、保基本、多层次、可持续方针，推动我国社会保障体系建设进入快车道。

养老保险方面，2014 年 2 月，国务院出台《关于建立统一的城乡居民基本养老保险制度的意见》(国发〔2014〕8 号)，将“新农保”和“城居保”合并成为“城乡居民基本养老保险”。2015 年 1 月，国务院颁布《关于机关事业单位工作人员养老保险制度改革的决定》(国发〔2015〕2 号)，决定于 2014 年 10 月 1 日对机关事业单位工作人员养老保险和城镇企业职工基本养老保险进行“并轨”，意味着城镇的职工基本养老保险制度完成了统一。2019 年 4 月，国务院办公厅印发《降低社会保险费率综合方案的通知》(国办发〔2019〕13 号）强调，对城镇职工基本养老保险（包括企业和机关事业单位基本养老保险）单位缴费比例高于 16% 的，可降至 16%；当时低于 16% 的，要研究提出过渡办法。同时，调整就业人员平均工资计算口径，各省应以本省城镇非私营单位就业人员平均工资和城镇私营单位就业人员平均工资加权计算的全口径城镇单位就业人员平均工资，核定社保个人缴费基数上下限，合理降低部分参保人员和企业的社保缴费基数。

医疗保险方面，2016 年 1 月，国务院颁发《关于整合城乡居民基本医疗保险制度的意见》(国发〔2016〕3 号)，提出整合新型农村合作医疗和城镇居民基本医疗保险制度，建立统一的城乡居民基本医疗保险制度。2016 年 3 月，“十三五”规划纲要提出将生育保险和基本医疗保险进行合并。2019 年 3 月，国务院办公厅颁发《关于全面推进生育保险和职工基本医疗保险合并实施的意见》(国办发〔2019〕10 号)，全面推进生育保险和职工基本医疗保险合并实施。

补充保障方面，2018 年 4 月，财政部等五部门联合印发《关于开展个人税收递延型商业养老保险试点的通知》(财税〔2018〕22 号)，决定开展税收递延型商业养老保险的试点，标志着我国对第三支柱养老保险的探索。2020 年 1 月，中央一号文件首次提出开展新业态从业人员职业伤害保障试点，为保护新就业形态劳动者劳动权益提供了制度保障。2016 年 6 月，人力资源社会保障部颁布《人力资源社会保障部办公厅关于开展长期护理保险制度试点的指导意见》(人社厅发〔2016〕80 号)，开始探索建立长期护理保险制度，并在 15 个城市开展试点，2020 年 9 月，国家医保局和财政部共同印发《国家医保局 财政部关于扩大长期护理保险制度试点的指导意见》(医保发〔2020〕37 号)，全国新增了 14 个长期护理保险试点城市，长期护理保障制度的建立为应对人口老龄化、健全社会保障体系作出积极应对。2022 年 4 月，国务院办公厅印发《关于推动个人养老金发展的意见》（国办发〔2022〕7 号），标志着我国第三支柱个人养老金制度逐渐落地。

征管方面，2018 年 7 月，中共中央办公厅、国务院办公厅印发了《国税地税征管体制改革方案》，改革国税地税征管体制，合并省级和省级以下国税地税机构，划转社会保险费和非税收入征管职责，构建优化高效统一的税收征管体系，调整优化税务机构职能和资源配置，增强政策透明度和执法统一性，统一税收、社会保险费、非税收入征管服务标准，促进现代化经济体系建设和经济高质量发展。由此终结了我国社会保险费二元征缴体制。

第二章　基本养老保险

基本养老保险，是指国家依法强制要求用人单位和劳动者依法缴纳养老保险费，当劳动者达到国家规定的退休年龄或因其他原因而退出劳动岗位后，社会保险经办机构依法向其支付养老金等待遇，从而保证其基本生活的一种社会保障制度。作为“三支柱”养老保险体系的第一支柱，基本养老保险包括城镇职工基本养老保险和城乡居民基本养老保险，立足于保基本，采取社会统筹与个人账户相结合的模式，体现社会共济，已具备相对完备的制度体系，覆盖范围持续扩大，待遇水平稳步提高，保障能力持续增强，我国成功建立起世界上最大的基本养老保险保障网，制度的公平性、可持续性显著增强，为广大人民群众老年生活提供了基本保障，也成为人民群众共享改革发展成果的重要途径。截至 2023 年 6 月底，我国基本养老保险参保人数达到 10.57 亿人，积累基金近 7 万亿元，基金运行总体平稳，待遇按时足额发放。①

第一节　企业职工基本养老保险

一、基本概述

企业职工基本养老保险，是指由企业和职工共同缴纳基本养老保险费，采取社会统筹与个人账户相结合的基本模式，在职工年老或丧失劳动能力后，根据他们对社会所作的贡献和所具备的享受养老保险资格或退休条件，由基本养老保险基金以货币形式支付的养老保险待遇。作为一项由国家通过立法

---

① 人力资源社会保障部举行 2023 年二季度新闻发布会，http：//www. mohrss. gov. cn/SYrlzyhsh-bzb/dongtaixinwen/fbh/202307/t20230721_503273. html。

强制实行的劳动保险制度，企业职工基本养老保险保障了劳动者年老丧失劳动能力后的基本生活待遇和养老权益，完善基本养老保险制度是筑牢民生底线的重要保障。

1993 年，党的十四届三中全会提出："城镇职工养老和医疗保险金由单位和个人共同负担，实行社会统筹和个人账户相结合。"1995 年，《国务院关于深化企业职工养老保险制度改革的通知》（国发〔1995〕6 号）明确要求企业职工养老保险按照社会统筹与个人账户相结合的原则进行改革，并拟定了两个实施办法，由各地选择并组织开展试点。1997 年，《国务院关于建立统一的企业职工基本养老保险制度的决定》（国发〔1997〕26 号）将两个办法归于统一，规定按本人缴费工资 11% 的数额为职工建立基本养老保险个人账户，个人缴费全部记入个人账户，其余部分从企业缴费中划入。2005 年，《国务院关于完善企业职工基本养老保险制度的决定》（国发〔2005〕38 号）坚持社会统筹与个人账户相结合的模式，将个人账户规模调整为工资的 8%，全部由个人缴费构成，并开展了做实个人账户的试点。为与做实个人账户相衔接，自 2006 年 1 月 1 日起，个人账户的规模统一由本人缴费工资的 11% 调整为 8%，全部由个人缴费形成，单位缴费不再划入个人账户。截至 2020 年底，我国各省份都实现了企业职工基本养老保险基金省级统收统支，解决了省内地区间基金负担不均衡的问题。自 2022 年 1 月起启动企业职工基本养老保险全国统筹，全国统筹制度实施后，将在全国范围内对地区间养老保险基金当期余缺进行调剂，从制度上解决了基金的结构性矛盾问题，困难地区的养老金发放更有保障。

二、基本要素

（一）参保范围

企业职工基本养老保险费由用人单位及其职工共同缴纳。无雇工的个体工商户、未在用人单位参加基本养老保险的非全日制从业人员及其他灵活就业人员（简称灵活就业人员）可以参加企业职工基本养老保险，由个人缴纳基本养老保险费。参保人员范围具体分为应参加的人员、可以参加的人员以及特殊情况的人员。

1. 应参加的人员

（1）国有企业、城镇集体企业、外商投资企业、城镇私营企业和其他城镇企业职工，实行企业化管理的事业单位职工。

（2）依法在各级民政部门登记的社会团体（包括社会团体分支机构和代表机构）、基金会（包括基金会分支机构和代表机构）、民办非企业单位、境外非政府组织驻华代表机构及其签订聘用合同或劳动合同的专职工作人员（不包括兼职人员、劳务派遣人员、返聘的离退休人员和纳入行政事业编制的人员）。

（3）划分为生产经营类，但尚未转企改制到位的事业单位，已参加企业职工基本养老保险的事业单位职工。

（4）机关事业单位编制外人员。

（5）在中国境内依法注册或者登记的企业、事业单位、社会团体、民办非企业单位、基金会、律师事务所、会计师事务所等组织依法招用的外国人以及与境外雇主订立雇用合同后，被派遣到在中国境内注册或者登记的分支机构、代表机构工作的外国人。

（6）在内地（大陆）依法注册或者登记的企业、事业单位、社会组织、有雇工的个体经济组织等用人单位依法聘用、招用的港澳台居民。

2. 可以参加的人员

（1）无雇工的个体工商户、未在用人单位参加基本养老保险的非全日制从业人员以及其他灵活就业人员。

（2）在内地（大陆）依法从事个体工商经营的港澳台居民，可以按照注册地有关规定参加职工基本养老保险和职工基本医疗保险；在内地（大陆）灵活就业且办理港澳台居民居住证的港澳台居民。

3. 特殊情况的人员

（1）符合与中国签订双边社会保险协定规定的在华短暂就业的外国人可以不参加企业职工基本养老保险。

（2）已在中国香港、澳门、台湾参加当地社会保险，并继续保留社会保险关系的港澳台居民，可以持相关授权机构出具的证明，不在内地（大陆）参加基本养老保险。

（二）缴费基数

企业职工基本养老保险缴费基数包括用人单位缴费基数和企业职工个人缴费基数。

1. 用人单位缴费基数

《社会保险法》规定，用人单位应当按照国家规定的本单位职工工资总额的比例缴纳基本养老保险费。根据该条规定，计算用人单位应当缴纳基本养老保险费的基数是本单位职工工资总额。工资总额是指用人单位在一定时期

（一般以年计算）内，直接支付给本单位全部职工的劳动报酬的总额。工资总额的计算，应以直接支付给全体职工的全部劳动报酬为依据。国家统计局1990年1月发布的《关于工资总额组成的规定》（国家统计局令第1号），工资总额由以下6个部分组成：①计时工资，指按计时工资标准和工作时间支付给劳动者个人的劳动报酬；②计件工资，指按计件单价支付的劳动报酬；③奖金，指支付给职工的超额劳动报酬和增收节支的劳动报酬等；④津贴和补贴，指为了补偿职工特殊或额外的劳动消耗和因其他特殊原因支付给职工的各种津贴，以及为了保证职工工资水平不受物价影响支付给职工的物价补贴；⑤加班加点工资，指对法定节假日和休假日工作的职工以及在正常工作日以外延长工作时间的职工按规定支付的工资；⑥特殊情况下支付的工资，指根据国家法律、法规和政策规定，对劳动者因病、婚、丧、产假、工伤及定期休假等原因支付的工资及附加工资、保留工资等。

下列各项不列入工资总额的范围：①根据国务院发布的有关规定颁发的发明创造奖、自然科学奖、科学技术进步奖和支付的合理化建议与技术改进奖以及支付给运动员、教练员的奖金；②有关劳动保险和职工福利方面的各项费用；③有关离休、退休、退职人员待遇的各项支出；④劳动保护的各项支出；⑤稿费、讲课费及其他专门工作报酬；⑥出差伙食补助费、误餐补助、调动工作的旅费和安家费；⑦对自带工具、牲畜来企业工作职工所支付的工具、牲畜等的补偿费用；⑧实行租赁经营单位的承租人的风险性补偿收入；⑨对购买本企业股票和债券的职工所支付的股息（包括股金分红）和利息；⑩劳动合同制职工解除劳动合同时由企业支付的医疗补助费、生活补助费等；⑪因录用临时工而在工资以外向提供劳动力单位支付的手续费或管理费；⑫支付给家庭工人的加工费和按加工订货办法支付给承包单位的发包费用；⑬支付给参加企业劳动的在校学生的补贴；⑭计划生育独生子女补贴。

除此以外，之前用人单位企业职工基本养老保险费缴费基数还可以按职工个人缴费基数之和确定。为统一缴费基数政策，为养老保险省级统筹、全国统筹奠定基础，2019年人力资源社会保障部、财政部、国家税务总局明确，统一单位缴费工资基数核定政策，逐步实现按职工缴费工资基数之和核定单位缴费基数，不得使用单位职工工资总额与职工缴费基数之和对比的方法。

2. 企业职工个人缴费基数

《社会保险法》规定，职工应当按照国家规定的本人工资的比例缴纳基本养老保险费。职工个人基本养老保险费的缴费基数一般以上一年度本人月平均工资为基础，以本省全口径城镇单位就业人员平均工资的60%为下限、300%为上限进行核定。职工个人上年月平均工资低于本省上年全口径社会平均工资60%的，以本省上年全口径社会平均工资60%为本人缴费基数；职工个人上年月平均工资高于本省上年全口径社会平均工资300%的，以本省上年全口径社会平均工资300%为本人缴费基数，超过部分不记入缴费工资基数。

本省全口径城镇单位就业人员的平均工资为城镇非私营单位就业人员平均工资和城镇私营单位就业人员平均工资加权计算的全口径城镇单位就业人员平均工资。

1997年，劳动部办公厅印发的《职工基本养老保险个人账户管理暂行办法》（劳办发〔1997〕116号）对特殊情况下个人缴费基数的确定方法进行了明确规定。新招职工（包括研究生、大学生、大中专毕业生等）以起薪当月工资收入作为缴费工资基数；从第二年起，按上一年实发工资的月平均工资作为缴费工资基数。单位派出的长期脱产学习人员、经批准请长假的职工，保留工资关系的，以脱产或请长假的上年月平均工资作为缴费工资基数。单位派到境外、国外工作的职工，按本人出境（国）上年在本单位领取的月平均工资作为缴费工资基数；次年的缴费工资基数按上年本单位平均工资增长率进行调整。失业后再就业的职工，以再就业起薪当月的工资收入作为缴费工资基数；从第二年起，按上一年实发工资的月平均工资作为缴费工资基数。

（三）缴费比例

1. 用人单位缴费比例

根据《国务院办公厅关于印发降低社会保险费率综合方案的通知》（国办发〔2019〕13号）规定，自2019年5月1日起，各地企业职工养老保险单位缴费比例高于16%的，可降至16%；低于16%的，要研究提出过渡办法。

2. 职工个人缴费比例

根据《国务院关于建立统一的企业职工基本养老保险制度的决定》（国发〔1997〕26号）规定，个人缴纳基本养老保险费的比例，1997年不得低于本人缴费工资的4%，1998年起每两年提高1个百分点，最终达到本人缴费工资的8%。

目前，个人缴纳基本养老保险费的比例统一为本人缴费工资的8%。

（四）应缴费额的计算

1. 用人单位应缴纳的基本养老保险费

用人单位应缴纳的基本养老保险费 = 用人单位缴费基数 × 用人单位缴费

比例

2. 职工个人应缴纳的基本养老保险费

职工个人应缴纳的基本养老保险费 = 职工个人缴费基数 × 职工个人缴费比例

【例 2-1】 刘某、李某、张某均为某企业职工，根据计算，三人上年月平均工资分别为 2500 元、6000 元、16000 元。本省上年全口径城镇单位就业人员平均工资为 5000 元。请分别计算今年上述三名职工本人月应缴纳的基本养老保险费。

解析：当地企业职工缴费基数下限为 5000 × 60% = 3000（元），上限为 5000 × 300% = 15000（元）。刘某上年月平均工资为 2500 元，低于下限，应当按照下限 3000 元（5000 × 60%）作为缴费基数；李某上年月平均工资在上下限之间，应当按照其实际工资数额 6000 元作为缴费基数；张某上年月平均工资为 16000 元，高于上限，应当按照上限 15000 元（5000 × 300%）作为缴费基数。

刘某月应缴基本养老保险费 = 5000 × 60% × 8% = 240（元）

李某月应缴基本养老保险费 = 6000 × 8% = 480（元）

张某月应缴基本养老保险费 = 5000 × 300% × 8% = 1200（元）

三、缴费申报

用人单位应当按月在规定期限内自行向税务部门申报确认应缴费额并缴纳社会保险费，申报事项包括：①用人单位名称、组织机构代码、地址及联系方式；②用人单位开户银行、户名及账号；③用人单位的缴费险种、缴费基数、费率、缴费数额；④职工名册及职工缴费情况；⑤社会保险征收机构规定的其他事项。

用人单位可以通过社保费管理客户端、电子税务局、办税服务厅、行政服务中心税务窗口等多种渠道申报缴纳社会保险费。

职工应缴纳的社会保险费由用人单位代为申报。代职工申报的事项包括：职工姓名、社会保障号码、用工类型、联系地址、代扣代缴明细等。用人单位代职工申报的缴费明细以及变动情况应当经职工本人签字认可，由用人单位留存备查。用人单位应当按月将缴纳社会保险费的明细情况告知职工本人。

四、账户管理

（一）个人账户的建立

个人账户用于记录参加基本养老保险社会统筹的职工缴纳的养老保险费和从企业缴费中划转记入的基本养老保险费，以及上述两部分的利息金额。个人账户是职工在符合国家规定的退休条件并办理了退休手续后，领取基本养老金的主要依据。

个人账户的建立由职工劳动关系所在单位到当地社会保险经办机构办理，由工资发放单位向该社会保险经办机构提供个人的工资收入等基础数据。各社会保险经办机构按照国家技术监督局发布的《社会保障号码》（GB 11643—89），为已参加基本养老保险的职工每人建立一个终身不变的个人账户。目前国家技术监督局尚未公布社会保障号码校验码，在公布之前可暂用职工身份证号码。职工身份证号码因故变更时，个人账户号码不作变动。

个人账户建立时间从各地按社会统筹与个人账户相结合的原则，建立个人账户时开始；之后新参加工作的人员，从参加工作当月起建立个人账户。个人账户主要内容包括：姓名、性别、社会保障号码、参加工作时间、视同缴费年限、个人首次缴费时间、当地上年职工平均工资、个人当年缴费工资基数、当年缴费月数、当年记账利息及个人账户储存额情况等。

（二）个人账户的管理

参加基本养老保险的单位按照各级社会保险经办机构的要求建立、健全职工基础资料，到当地社会保险经办机构办理基本养老保险参保手续，并按要求填报《参加基本养老保险单位登记表》《参加基本养老保险人员缴费情况表》和《参加基本养老保险人员变化情况表》。

社会保险经办机构根据单位申报情况将数据输入微机管理，同时相应建立参保单位缴费台账、职工养老保险个人账户，并根据《参加基本养老保险人员变化情况表》，相应核定调整单位和职工个人缴费工资基数。

对于因某种原因单位或个人不按时足额缴纳基本养老保险费的，视为欠缴。欠缴月份无论全额欠缴还是部分欠缴均暂不记入个人账户，待单位或个人按规定补齐欠缴金额后方可补记入个人账户。

职工所在企业欠缴养老保险费用期间，职工个人可以继续缴纳养老保险费用，所足额缴纳的费用记入个人账户，并计算为职工实际缴费年限。

出现欠缴情况后，以后缴费采用滚动分配法记账，即缴费先补缴以前欠缴费用及利息后，剩余部分作为当月缴费。

社会保险经办机构在缴费年度结束后，应对职工个人账户进行结算，包括当年缴费额、实际缴费月数、当年利息额、历年缴费累计结转本息储存额等。利息按每年公布的记账利率计算。

至本年底止个人账户累计储存额 = 上年底止个人账户累计储存额 ×（1 + 本年记账利率）+ 本年记账额本金 + 本年记账额利息

其中：

本年记账额利息 = 本年记账月积数 × 本年记账利率 ÷ 12

本年记账月积数 = $\sum$［n 月份记账额 ×（$12 - n + 1$）］（n 为本年各记账月份，且 $1 \leqslant n \leqslant 12$）

社会保险经办机构在缴费年度结束后，应根据《职工基本养老保险个人账户》的记录，为每个参保职工打印《职工基本养老保险个人账户对账单》，发给职工本人，由职工审核签字后，妥善保存。

职工由于各种原因而中断工作的，不缴纳基本养老保险费用，也不计算缴费年限，其个人账户由原经办机构予以保留，个人账户继续计息。职工调动或中断工作前后个人账户的储存额累计计算，不间断计息。

（三）个人账户的继承

职工在职期间死亡时，其继承额为其死亡时个人账户全部储存额中的个人缴费部分本息。

离退休人员死亡时，继承额按如下公式计算：

继承额 = 离退休人员死亡时个人账户余额 × 离退休时个人账户中个人缴费本息占个人账户全部储存额的比例

继承额一次性支付给亡者生前指定的受益人或法定继承人。个人账户的其余部分，并入社会统筹基金。个人账户处理完后，应停止缴费或支付记录，予以封存。

五、转移接续手续

《社会保险法》规定，个人跨统筹地区就业的，其基本养老保险关系随本人转移，缴费年限累计计算。根据《职工基本养老保险个人账户管理暂行办法》（劳办发〔1997〕116 号）规定，职工在同一统筹范围内流动时，只转移基本养老保险关系和个人账户档案，不转移基金；职工跨统筹范围流动时，转移基本养老保险关系和个人账户档案，同时按照规定转移个人账户基金。

但在实践操作中，一些地区对流动就业人员在原参保地的缴费年限不予承认，造成关系转移接续困难。为了切实保障参加城镇企业职工基本养老保险人员的合法权益，促进人力资源合理配置和有序流动，2009 年 12 月，《国务院办公厅关于转发人力资源社会保障部 财政部城镇企业职工基本养老保险关系转移接续暂行办法的通知》（国办发〔2009〕66 号），明确参保人员跨省流动就业的，由原参保所在地社会保险经办机构开具参保缴费凭证，其基本养老保险关系应随同转移到新参保地，并按照规定转移资金，参保人员在各地的参保缴费年限合并计算。

此后，针对实施过程中出现的新情况和新问题，人力资源社会保障部接连下发《人力资源社会保障部关于城镇企业职工基本养老保险关系转移接续若干问题的通知》（人社部规〔2016〕5 号，以下简称部规 5 号）以及《人力资源社会保障部办公厅关于职工基本养老保险关系转移接续有关问题的补充通知》（人社厅发〔2019〕94 号）予以进一步规范完善。下文将着重从适用范围、资金转移、权益累计计算、待遇领取地的确定、基本养老金核定以及临时缴费账户等方面介绍企业职工基本养老保险费的转移接续知识点。

自 2022 年起，实施企业职工基本养老保险全国统筹制度，通过建立养老保险基本要素中央统一管理机制、地方财政补充养老保险基金投入长效机制、工作考核机制等，实施全国统筹调剂，增强基本养老保险制度的可持续性。待基础养老金全国统筹后，就不存在基本养老保险关系跨统筹地区转移接续问题了。

（一）适用范围

涵盖参加城镇企业职工基本养老保险的所有人员，包括农民工。已经按国家规定领取基本养老保险待遇的人员，不再转移基本养老保险关系。

（二）资金转移

参保人员跨省流动就业转移基本养老保险关系时，要转移两笔资金。一是在原参保地的个人账户储存额，1998 年 1 月 1 日之后的个人账户资金全额转移，此前的只转移个人缴费累计本息；二是部分统筹基金，以转移接续者 1998 年 1 月 1 日后各年度实际缴费工资为基数，按基数的 12% 转移，参保缴费不足 1 年的，按实际缴费月数计算转移。

参保人员跨省转移接续基本养老保险关系时，对在部规 5 号文件实施之前发生的超过 3 年（含 3 年）的一次性缴纳养老保险费，转出地社会保险经办机构应当向转入地社会保险经办机构提供书面承诺书。对在部规 5 号文件实施之后发生的超过3年（含3年）的一次性缴纳养老保险费，由转出地按照部规5号文件有关规定向转入地提供相关法律文书。相关法律文书是由人民法院、审计部门、实施劳动监察的行政部门或劳动人事争议仲裁委员会等部门在履行各自法定职责过程中形成且产生于一次性缴纳养老保险费之前，不得通过事后补办的方式开具。转出地和转入地应当根据各自职责审核相关材料的规范性和完整性，核对参保人员缴费及转移信息。

参保人员与用人单位劳动关系存续期间，因用人单位经批准暂缓缴纳社会保险费，导致出现一次性缴纳养老保险费的，在参保人员跨省转移接续养老保险关系时，转出地应向转入地提供缓缴协议、补缴欠费凭证等相关材料。转入地核实确认后应予办理。

（三）权益累计计算

跨地区流动就业人员在各地的参保缴费年限合并计算，个人账户储存额累计计算。当参保人员中断缴费时，由原参保地保留其养老保险关系和个人账户；今后再就业并继续参保缴费的，无论是回到原参保地就业还是到其他城镇就业，参保前后的缴费年限合并计算，个人账户储存额累计计算。

上述所称缴费年限，除另有特殊规定外，均包括视同缴费年限。一地（以省、自治区、直辖市为单位）的累计缴费年限包括在本地的实际缴费年限和计算在本地的视同缴费年限。其中，曾经在机关事业单位和企业工作的视同缴费年限，计算为当时工作地的视同缴费年限；在多地有视同缴费年限的，分别计算为各地的视同缴费年限。

（四）待遇领取地的确定

待遇领取地的界定原则是，首先考虑户籍所在地。基本养老保险关系在户籍所在地的，由户籍所在地负责办理待遇领取手续，享受基本养老保险待遇；当养老保险关系所在地与户籍所在地不一致时，按照"从长"（缴费满10年的参保地）和"从后"（有几个参保地缴费都满10年则按最后的参保地）的原则确定待遇领取地；如果没有超过10年缴费的参保地，则转回户籍所在地。

（五）基本养老金核定

参保人员转移接续基本养老保险关系后，符合待遇领取条件的，按照《国务院关于完善企业职工基本养老保险制度的决定》（国发〔2005〕38号）的规定，以本人各年度缴费工资、缴费年限和待遇领取地对应的各年度在岗职工平均工资计算基本养老金。即：参保人员转移接续基本养老保险关系并确定待遇领取地后，符合待遇领取条件的，在核定基本养老金时，以本人在各参保地的各年度缴费工资和待遇领取地对应的各年度在岗职工平均工资计算其缴费工资指数，并按国家规定计发基本养老金。

（六）临时缴费账户

参保人员跨省转移就业，男性年满 50 周岁、女性年满 40 周岁（即距法定正常退休年龄[1]不足 10 年）的，不再转移养老保险关系，而在原参保地继续保留其关系，同时在新参保地建立临时基本养老保险缴费账户，记录单位和个人全部缴费。参保人员缴纳建立临时基本养老保险缴费账户前应缴未缴的养老保险费的，其临时基本养老保险缴费账户性质不予改变，转移接续养老保险关系时按照临时基本养老保险缴费账户的规定全额转移。参保人员在建立临时基本养老保险缴费账户期间再次跨省流动就业的，封存原临时基本养老保险缴费账户，待达到待遇领取条件时，由待遇领取地社会保险经办机构统一归集原临时养老保险关系。

有两类人员不受以上年龄规定限制：一是参保人员返回户籍所在省份就业参保的；二是经县级以上党委组织部门、人力资源社会保障行政部门批准调动，且与调入单位建立劳动关系并缴纳基本养老保险费的。

六、待遇发放

（一）领取条件

领取基本养老金必须符合三个条件：一是参保人员达到法定退休年龄；二是个人累计缴费年限满 15 年；三是办理了退休手续。

1. 可办理退休的情形

现行法定退休年龄的法律法规依据是 1978 年发布的《国务院关于颁发〈国务院关于安置老弱病残干部的暂行办法〉和〈国务院关于工人退休、退职的暂行办法〉的通知》（国发〔1978〕104 号）。根据其规定，下列几种情况可以办理退休：①男年满 60 周岁，女干部年满 55 周岁，女工人年满 50 周岁，

① 2024 年 9 月 13 日第十四届全国人民代表大会常务委员会第十一次会议通过了《国务院关于渐进式延迟法定退休年龄的办法》，规定从 2025 年 1 月 1 日起，男职工和原法定退休年龄为 55 周岁的女职工，法定退休年龄每 4 个月延迟 1 个月，分别逐步延迟至 63 周岁和 58 周岁；原法定退休年龄为 50 周岁的女职工，法定退休年龄每 2 个月延迟 1 个月，逐步延迟至 55 周岁（来源：中国政府网，https://www.gov.cn/yaowen/liebiao/202409/content_6974294.htm）。但由于社会保险相关政策还未进行同步调整，故本书保留了原有的年龄方案。待相关政策进一步改革后，后续再版时予以调整。

连续工龄或工作年限满10年；②从事井下、高空、高温、特别繁重体力劳动或者其他有害健康工种的工作，男年满55周岁，女年满45周岁，连续工龄或工作年限满10年；③男年满50周岁，女年满45周岁，连续工龄或工作年限满10年的，经医院证明，并经劳动鉴定委员会确认，完全丧失劳动能力的；④因工致残，经医院证明，并经劳动鉴定委员会确认，完全丧失工作能力的。

根据《中共中央组织部 人力资源社会保障部关于机关事业单位县处级女干部和具有高级职称的女性专业技术人员退休年龄问题的通知》（组通字〔2015〕14号）的规定，党政机关、人民团体中的正、副县处级及相应职务层次的女干部，事业单位中担任党务、行政管理工作的相当于正、副处级的女干部和具有高级职称的女性专业技术人员，年满60周岁退休。上述女干部和具有高级职称的女性专业技术人员如本人申请，可以在年满55周岁时自愿退休。

2. 参加基本养老保险的个人累计缴费满15年

根据全国人大常委会法工委等权威部门解释，基本养老保险缴费年限最低为15年，并不是说缴满15年就可以不缴费。对职工来说，缴费是法定义务，只要仍在用人单位就业，职工就应当按照国家规定缴费。同时，个人享受基本养老金与个人缴费年限直接相关，缴费年限越长、缴费基数越大、退休时间越晚，退休后领取的养老金就越多。

3. 办理退休手续

这主要是针对虽满足法定退休年龄、累计缴费满15年的条件，但由于种种原因未办理手续的人员。目前，我国某些特定职业还存在经批准才能退休的情况。

对不符合领取基本养老金条件情况的处理如下：①参加职工基本养老保险的个人达到法定退休年龄时，累计缴费不足15年的，可以延长缴费至满15年。《社会保险法》实施前参保、延长缴费5年后仍不足15年的，可以一次性缴费至满15年。②参加职工基本养老保险的个人达到法定退休年龄后，累计缴费不足15年（含依照规定延长缴费）的，可以申请转入户籍所在地新型农村社会养老保险或者城镇居民社会养老保险，享受相应的养老保险待遇。③参加职工基本养老保险的个人达到法定退休年龄后，累计缴费不足15年（含依照规定延长缴费），且未转入新型农村社会养老保险或者城镇居民社会养老保险的，个人可以书面申请终止职工基本养老保险关系。社会保险经办机构收到申请后，应当书面告知其转入新型农村社会养老保险或者城镇居民社会养老保险的权利以及终止职工基本养老保险关系的后果，经本人书面确认后，终止其职工基本养老保险关系，并将个人账户储存额一次性支付给本人。④个人在达到法定的领取基本养老金条件前离境定居的，其个人账户予以保留，达到法定领取条件时，按照国家规定享受相应的养老保险待遇。其中，丧失中华人民共和国国籍的，可以在其离境时或者离境后书面申请终止职工基本养老保险关系。社会保险经办机构收到申请后，应当书面告知其保留个人账户的权利以及终止职工基本养老保险关系的后果，经本人书面确认后，终止其职工基本养老保险关系，并将个人账户储存额一次性支付给本人。⑤依据《在中国境内就业的外国人参加社会保险暂行办法》（中华人民共和国人力资源和社会保障部令第 16 号），参加社会保险的外国人，在达到规定的领取养老金年龄前离境，经本人书面申请终止社会保险关系的，可以将其社会保险个人账户储存额一次性支付给本人。

（二）领取标准

《社会保险法》第十五条规定："基本养老金由统筹养老金和个人账户养老金组成。基本养老金根据个人累计缴费年限、缴费工资、当地职工平均工资、个人账户金额、城镇人口平均预期寿命等因素确定。"

根据《国务院关于完善企业职工基本养老保险制度的决定》（国发〔2005〕38 号）规定，《国务院关于建立统一的企业职工基本养老保险制度的决定》（国发〔1997〕26 号）实施后参加工作、缴费年限（含视同缴费年限）累计满 15 年的人员，退休后按月发给基本养老金。基本养老金由基础养老金和个人账户养老金组成。退休时的基础养老金月标准以当地上年度在岗职工月平均工资和本人指数化月平均缴费工资的平均值为基数，缴费每满 1 年发给 1%。个人账户养老金月标准为个人账户储存额除以计发月数，计发月数根据职工退休时城镇人口平均预期寿命、本人退休年龄、利息等因素确定（计发月数见表 2-1）。国发〔1997〕26 号文件实施前参加工作，该决定实施后退休且缴费年限累计满 15 年的人员，在发给基础养老金和个人账户养老金的基础上，再发给过渡性养老金。

表 2－1　　　　个人账户养老金计发月数表

退休年龄	计发月数	退休年龄	计发月数
40	233	56	164
41	230	57	158
42	226	58	152
43	223	59	145
44	220	60	139
45	216	61	132
46	212	62	125
47	207	63	117
48	204	64	109
49	199	65	101
50	195	66	93
51	190	67	84
52	185	68	75
53	180	69	65
54	175	70	56
55	170		

因此，城镇职工退休基本养老金由统筹养老金、个人账户养老金和过渡性养老金组成。所谓统筹养老金，原先称为基础养老金，是指从养老保险统筹基金中向退休人员支付的养老金；个人账户养老金，是指从职工个人账户积累的基金中向退休人员支付的养老金；过渡性养老金，是指“中人”[①] 退休时，在统筹养老金和个人账户养老金的基础上，再加发过渡性养老金。企业职工基本养老金包括：

基本养老金＝统筹养老金＋个人账户养老金＋过渡性养老金

其中：

统筹养老金＝（参保人员退休时当地上年度在岗职工月平均工资＋本人指数化月平均缴费工资）÷2×缴费年限（含视同缴费年限）×1%

① 所谓“中人”，是根据《国务院关于建立统一的企业职工基本养老保险制度的决定》（国发〔1997〕26 号）实施前参加工作，在《国务院关于完善企业职工基本养老保险制度的决定》（国发〔2005〕38 号）实施之后退休人员，即 1996 年 1 月 1 日之前参加工作，2005 年 12 月 3 日之后退休的人员为“中人”。

个人账户养老金 = 个人账户储存额 ÷ 计发月数

过渡性养老金 = 本人指数化月平均缴费工资 × “统账结合” 前的缴费年限 × 计发系数①

在统筹养老金和过渡性养老金计算公式中都有本人指数化月平均缴费工资，这里的“本人指数化月平均缴费工资”既不是参保者退休前的工资，也不是历年每个月工资的简单平均，而是先计算参保者缴费期内每年本人的缴费工资与当地职工平均工资相比后得出的各年度系数，再把各年度系数相加求出平均值，最后乘以本人退休时上年度职工平均工资。具体计算方法如下：

本人平均缴费工资指数 = $(a_1/A_1 + a_2/A_2 + \cdots + a_n/A_n)/N$

公式中，a_1、a_2……a_n 为参保人员退休前 1 年、2 年……n 年本人缴费工资额；A_1、A_2……A_n 为参保人员退休前 1 年、2 年……n 年当地职工平均工资；N 为企业和职工实际缴纳基本养老保险费的年限。

【例 2－2】 老刘是××省 A 市某企业的一名职工，他从 1987 年 1 月开始缴纳基本养老保险，2021 年 12 月底退休时 60 岁，2021 年度该企业所有就业人员月平均工资为 5000 元，2021 年度当地就业人员月平均工资为 6000 元。

假设老刘本人指数化月平均工资为 6500 元，老刘个人账户全部储存额为 208500 元，请计算老刘退休后每月的基本养老金是多少。(暂不考虑过渡性养老金及其他政策，请写出计算过程)

解析：本人累计缴费年限 = 2021 − 1987 = 35（年）

月统筹养老金 = (6000 + 6500) ÷ 2 × 35 × 1% = 2187.5（元）

个人账户养老金 = 208500 ÷ 139 = 1500（元）

月基本养老金 = 2187.5 + 1500 = 3687.5（元）

故老刘退休后每月的基本养老金是 3687.5 元。

七、税务处理

（一）实际缴付基本养老保险费的税务处理

根据《财政部 国家税务总局关于基本养老保险费 基本医疗保险费 失业保险费 住房公积金有关个人所得税政策的通知》(财税〔2006〕10 号）规定，企业按照国家或省（自治区、直辖市）人民政府规定的缴费比例或办法实际缴付的基本养老保险费，免征个人所得税；个人按照国家或省（自治区、

① 计发系数的值在 1%～1.4%，由各地测算后确定。

直辖市）人民政府规定的缴费比例或办法实际缴付的基本养老保险费，允许在个人应纳税所得额中扣除。

企业和个人超过规定的比例和标准缴付的基本养老保险费，应将超过部分并入个人当期的工资、薪金收入，计征个人所得税。

（二）个人账户计算利息的税务处理

个人账户的建立，是我国企业职工基本养老保险制度改革的核心，直接关系到每个职工和离退休人员的切身利益。做实个人账户，积累基本养老保险基金，是应对人口老龄化的重要举措，也是实现企业职工基本养老保险制度可持续发展的重要保证。

个人账户从缴费到退休后支取长达数十年，通货膨胀的风险无法避免。通货膨胀会降低个人账户资金的购买力，造成个人账户资金的贬值，如果不能实现保值增值，个人账户资金的养老保障作用就会受到影响。因此，为保证个人账户保值增值，《社会保险法》规定，个人账户记账利率不得低于银行定期存款利率，计算享有的利息收益免征个人所得税。

（三）实际领（支）取基本养老保险金的税务处理

根据《中华人民共和国个人所得税法》（以下简称《个人所得税法》）规定，按照国家统一规定发给干部、职工的安家费、退职费、基本养老金或者退休费、离休费、离休生活补助费，免征个人所得税。

根据《财政部 国家税务总局关于基本养老保险费 基本医疗保险费 失业保险费 住房公积金有关个人所得税政策的通知》（财税〔2006〕10号）规定，个人实际领（支）取原提存的基本养老保险金、基本医疗保险金、失业保险金和住房公积金时，免征个人所得税。

第二节　机关事业单位工作人员基本养老保险

一、基本概述

公职人员作为特殊群体，其养老保险制度的建立一般早于企业雇员养老保险制度，养老保险待遇比企业雇员的平均待遇优厚。目前，世界上约半数的国家将公职人员纳入统一的社会保障制度，还有半数国家对公职人员单独建立养老保险制度。近几十年来，随着社会经济条件的变化，统一公职人员和私营部门从业人员养老保险制度，正成为世界各国的改革趋势。我国对公职人员实行机关事业单位基本养老保险制度。我国机关事业单位职工原实行退休养老制度，与企业养老保险制度双轨运行。2015年初，国家决定结束“双轨制”，将全国机关事业单位的退休保障制度改革为社会化的养老保险制度，补齐了最后一块“非社会化”制度的短板。

我国机关事业单位原退休制度实行近70年，对保障退休人员生活、稳定干部队伍发挥了重要作用。随着经济和社会的发展，机关事业单位工作人员和退休人员一直沿用原退休保障制度，逐步暴露出一些矛盾：一是机关事业单位的退休费用由财政或单位承担，单位之间负担畸重畸轻，一些地区和单位特别是一些基层事业单位退休费不堪重负，无法保证及时足额支付；二是由于制度模式不同，工作人员在企业和机关事业单位流动，养老保险关系接续困难，制约了人力资源在企业和机关事业单位之间合理流动和有效配置；三是机关事业单位和企业单位的待遇差距拉大，社会有关方面对“待遇差、双轨制”问题反应强烈，很长一段时期成为舆论的焦点，要求实现养老保险制度公平的呼声越来越高。

党中央、国务院高度重视机关事业单位养老保险制度改革。《社会保险法》明确，各类用人单位及其职工都应当参加基本养老保险，并授权国务院制定公务员和参照公务员管理的工作人员养老保险的具体办法。党的十八大提出“全面建成覆盖城乡居民的社会保障体系”，党的十八届三中全会决定要求“推进机关事业单位养老保险制度改革”，《中华人民共和国公务员法》(以下简称《公务员法》)规定“公务员依法参加社会保险，按照国家规定享受保险待遇”。按照党的十八大和十八届三中、四中全会精神，根据《社会保险法》《公务员法》等法律规定，国务院印发《关于机关事业单位工作人员养老保险制度改革的决定》(国发〔2015〕2号)，自2014年10月1日起实施机关事业单位养老保险制度改革。决定明确，机关事业单位养老保险与企业职工养老保险并轨，实施相同的社会统筹与个人缴费相结合的养老保险制度模式。同时，为每位在职工作人员建立职业年金，建立多层次的养老保险制度体系。自此，机关事业单位养老保险实现重大变革，从单位自我管理走向社会化管理。

实施机关事业单位养老保险制度改革，与原有的退休制度相比，无论是制度模式，还是待遇确定模式等方面都有较大变化：一是在基本制度模式方面，从原来的单位保障方式改为社会保险方式。二是在待遇发放的筹资渠道方面，由财政或单位直接支付退休费改为单位和个人共同缴费形成基金，由基金支付基本养老金。三是在退休待遇确定机制方面，改革前，根据人员退休时的工作年限和所任职务（职称）按有关规定计发退休费。但是改革后，则主要按照参保职工本人历年缴费多少、缴费长短来计算基本养老金标准，与企业职工的基本养老金待遇计发办法相一致，体现基本规则的公平。四是在养老保障体系结构方面，制度改革后，机关事业单位统一建立职业年金，由单一的退休费改为基本养老保险加补充养老保险的多层次结构。

二、基本要素

（一）参保范围

《公务员法》所称公务员，是指依法履行公职、纳入国家行政编制、由国家财政负担工资福利的工作人员。《国务院关于机关事业单位工作人员养老保险制度改革的决定》（国发〔2015〕2号）明确的实施范围，与现行机关事业单位编制管理和经费保障相适应。

符合纳入参保范围条件的在职人员，是指经机构编制部门同意，组织或人力资源社会保障等部门按规定程序办理了相关手续的人员。因此，参加机关事业单位基本养老保险的工作人员，需满足两个基本条件：一是所在单位为机关事业单位；二是属于所在单位编制内的工作人员。

1. 应参保人员

以下人员依法应参加机关事业单位基本养老保险：①按照《公务员法》管理的单位的工作人员；②参照《公务员法》管理的机关（单位）的工作人员；③事业单位编制内的工作人员；④机关事业单位编制内劳动合同制工人；⑤军队文职人员；⑥计划分配到机关事业单位工作的军队转业干部和退役士兵。

2. 暂时参保人员

（1）目前划分为生产经营类，但尚未转企改制到位的事业单位职工，尚未参加企业职工基本养老保险的，暂参加机关事业单位基本养老保险，待其转企改制到位后，按有关规定纳入企业职工基本养老保险范围。

（2）目前尚未确定分类类型的事业单位职工，尚未参加企业职工基本养老保险的，暂参加机关事业单位基本养老保险，待其分类类型确定并改革到位后，纳入相应的养老保险制度。

3. 将来可能参保人员

（1）自主择业的军队转业干部被党和国家机关、人民团体或者财政拨款的事业单位选用为正式工作人员的，按照国家规定参加机关事业单位基本养老保险。

（2）编制管理不规范的单位，先按照有关规定进行清理规范，待明确工作人员身份后再纳入相应的养老保险制度。

（二）缴费基数

1. 单位缴费基数

机关事业单位基本养老保险费单位缴费基数为参加机关事业单位养老保险工作人员的个人缴费工资基数之和。

《国务院关于机关事业单位工作人员养老保险制度改革的决定》（国发〔2015〕2号）规定，单位缴纳机关事业单位基本养老保险费的基数为“本单位工资总额”。《人力资源社会保障部 财政部关于贯彻落实〈国务院关于机关事业单位工作人员养老保险制度改革的决定〉的通知》（人社部发〔2015〕28号）将“本单位工资总额”解释为“参加机关事业单位养老保险工作人员的个人缴费工资基数之和”。

2. 个人缴费基数

个人缴纳机关事业单位基本养老保险费基数为“本人缴费工资”。

工作人员个人月缴费基数根据本人上年度月平均工资确定，即工作人员本人上一自然年度内应该发放的、按国家和省规定纳入缴费工资基数项目的全年工资收入的月平均值。工作人员个人月平均工资高于本省上年全口径社会平均工资300%的，以本省上年全口径社会平均工资300%为本人缴费基数；低于本省上年全口径社会平均工资60%的，以本省上年全口径社会平均工资60%为本人缴费基数。

新设立单位和参保单位新增的工作人员按照本人起薪当月的月工资确定缴费基数。

需要说明的是，机关单位（含参公管理的单位）工作人员的个人缴费工资基数包括：本人上年度工资收入中的基本工资、国家统一的津贴补贴（艰苦边远地区津贴、西藏特贴、特区津贴、警衔津贴、海关津贴等国家统一规定纳入原退休费计发基数的项目）、规范后的津贴补贴（地区附加津贴）、年终一次性奖励。事业单位工作人员的个人缴费工资基数包括：本人上年度工资收入中的基本工资、国家统一的津贴补贴（艰苦边远地区津贴、西藏特贴、特区津贴等国家统一规定纳入原退休费计发基数的项目）、绩效工资。其余项目暂不纳入个人缴费工资基数。

（三）缴费比例

自2019年5月1日起，全国机关事业单位基本养老保险单位缴费比例统一为16%。机关事业单位工作人员基本养老保险费率统一为8%。

（四）应缴费额计算

机关事业单位基本养老保险费应缴费额，是指机关事业单位基本养老保险费的缴费人按照社会保险法律、法规规定的缴费工资基数的比例计算得出的应当缴纳的基本养老保险费金额。其计算公式为：

1. 单位应缴费额

机关事业单位应缴费额＝机关事业单位基本养老保险费单位缴费工资基数×费率－减（免）费额

公式中的机关事业单位基本养老保险费单位缴费工资基数，按照本单位职工个人缴费工资基数之和确定；减（免）费额，是指依照《社会保险法》和国务院的社会保险优惠规定减征、免征的应纳费额。

2. 职工个人应缴费额

职工个人应缴费额＝本人缴费工资×费率－减（免）费额

公式中的本人缴费工资，在实际计算中，通常按照本人上年度月平均工资经“上下限”调整后确定为月缴费基数；减（免）费额，是指依照《社会保险法》和国务院的社会保险优惠规定减征、免征的应纳费额。

三、缴费申报

（1）参保单位办妥工作人员的参保、停保手续后，应在每月25日前通过税务部门客户端办理当月基本养老保险费和职业年金缴费申报手续。

缴费标准按照向税务部门申报的缴费基数乘以缴费比例计算。

（2）每月最后一日前办理参保登记手续，且开始缴费时间为当月的工作人员，列入当月该单位缴费对象。

每月完成缴费申报后发生人员新增的，参保单位于次月办理参保增员手续后，通过税务部门客户端进行补申报，系统根据社会保险经办机构确认的缴费年月开始、停止时间确定应申报期限。

（3）办妥停保减员手续，且停保时间为上月的工作人员，不再列入该单位当月缴费对象。

完成当月缴费申报后办理停保减员手续的工作人员，从次月起不再列入缴费对象。

四、账户管理

2014 年 10 月 1 日前在机关事业单位工作的人员，个人账户建立时间从 2014 年 10 月开始，之后参加工作的人员，从其参加工作之月起建立个人账户。参保人员个人账户按月记账，用于记录个人缴费及利息等社会保险权益。个人账户包括个人基本信息、缴费信息和支付信息、转移接续信息、终止注销信息等内容。

机关事业单位基本养老保险制度改革后，参保人员存在两个及以上个人账户的，其原个人账户储存额部分，应与现个人账户合并计算。存在重复缴费的，由现参保地社会保险经办机构与本人协商确定保留其中一个基本养老保险关系和个人账户，同时其他关系予以清理，个人账户储存额退还本人，相应的个人缴费年限不重复计算。

《人力资源社会保障部 财政部关于印发统一和规范职工养老保险个人账户记账利率办法的通知》(人社部发〔2017〕31 号）规定，统一机关事业单位和企业职工基本养老保险个人账户记账利率，每年由国家统一公布。记账利率应主要考虑职工工资增长和基金平衡状况等因素研究确定，并通过合理的系数进行调整。记账利率不得低于银行定期存款利率。职工基本养老保险个人账户记账利率每年 6 月由人力资源社会保障部和财政部公布。

五、转移接续手续

2017 年，《人力资源社会保障部 财政部关于机关事业单位基本养老保险关系和职业年金转移接续有关问题的通知》(人社部规〔2017〕1 号）和《人力资源社会保障部办公厅关于印发〈机关事业单位基本养老保险关系和职业年金转移接续经办规程（暂行)〉的通知》(人社厅发〔2017〕7 号)，对 2014 年 10 月 1 日养老保险改革启动后，机关事业单位参保人员基本养老保险关系转移接续进行了明确。

（一）适用范围

参加基本养老保险的在职人员（以下简称参保人员)，在机关事业单位之间、机关事业单位与企业（含个体工商户和灵活就业人员）之间流动就业的，或因辞职辞退等原因离开机关事业单位的，应办理基本养老保险关系和职业年金的转移接续。

（二）资金转移

基本养老保险关系和职业年金的转移接续，由于涉及不同地区的财政平衡或者不同制度的基金平衡问题，在转接养老保险关系时，适用不同的政策。

1. 参保人员在同一统筹范围内的机关事业单位之间流动的，只转移基本养老保险关系，不转移基金。

2. 参保人员在机关事业单位养老保险制度内跨地区（即跨统筹范围）流动的，或从机关事业单位转入企业工作的人员，在转移养老保险关系的同时，转移单位缴费和个人账户资金。其中，个人缴费部分按记入本人基本养老保险个人账户的全部储存额计算转移；单位缴费部分以本人改革后各年度实际缴费工资为基数，按 12% 的总和转移基金。参保缴费不足 1 年的，按实际缴费月数计算转移基金。

高校、科研院所等事业单位专业技术人员离岗创业保留人事关系期间，可暂不转移基本养老保险关系。待其正式办理离职后，根据其重新就业情况，相应转移接续基本养老保险关系。

3. 参保人员从企业流动到机关事业单位的，在转移基本养老保险关系的同时，个人缴费部分和单位缴费部分转移比照国办发〔2009〕66 号文件相关规定执行。

4. 参保人员因辞职、辞退、未按规定程序离职、开除、判刑等原因离开机关事业单位的，应将基本养老保险关系转移至户籍所在地企业职工社会保险经办机构。

（三）权益累计计算

转续办法规定，工作人员发生养老保险关系转移接续后，基本养老保险缴费年限（含视同缴费年限）、个人账户储存额累计计算，无论哪种转移，个人权益都不受影响。

（四）待遇领取地确定

参加机关事业单位养老保险制度的人员达到退休年龄时，其退休时的基本养老保险关系所在地为待遇领取地。参保人员从机关事业单位流动到企业的，达到退休年龄时，按照国办发〔2009〕66 号文件等规定确定待遇领取地。

六、待遇发放

（一）领取条件

机关事业单位基本养老保险待遇领取条件与企业养老保险基本相同。参见本章第一节相关部分。

（二）领取时间

机关事业单位基本养老保险待遇领取时间与企业养老保险基本相同。参见本章第一节相关部分。

（三）领取标准

在机关事业单位养老保险制度改革后，按参保人员参保时间的不同，依照“老人老办法，新人新制度，中人逐步过渡”的基本原则，确定不同群体的待遇模式。

1. “老人”待遇标准计发

符合参加机关事业单位养老保险的单位中 2014 年 9 月 30 日（含）前已退休且原属于编制内的人员（即“老人”），继续按照国家和自治区规定的原待遇标准发放基本养老金，同时执行基本养老金调整办法。

老办法待遇计发标准 = $(A \times M + B + C + D) \times \prod_{n=2015}^{N} (1 + G_{n-1})$

$n = 2015$

A：2014 年 9 月工作人员本人的基本工资；

B：2014 年 9 月工作人员本人的职务职级（岗位、工人技术等级）等对应的退休补贴标准；

C：按照《国务院办公厅转发人力资源社会保障部 财政部关于调整机关事业单位工作人员基本工资标准和增加机关事业单位离退休人员离退休费三个实施方案的通知》（国办发〔2015〕3 号）规定相应增加的退休费标准；

D：2014 年 9 月本人职务、职级（岗位、工人技术等级）等对应的退休人员艰苦边远地区津贴；

M：本人退休时工作年限对应的老办法计发的比例（不包括劳模等人员加发的退休费比例）；

G_{n-1}：$n-1$ 年统一确定的工资增长率，$n \in [2015, N]$，且 $G_{2014} = 0$；

N：过渡期内退休人员的退休年度，$N \in [2015, 2024]$。2014 年 10 月 1 日至 2014 年 12 月 31 日期间退休的，退休年度视同 2015 年。

2. “新人”待遇标准计发

2014年10月1日后参加工作的人员（即“新人”），个人缴费年限累计满15年的，退休后按月发给养老金。

新人养老保险待遇 = 基础养老金 + 个人账户养老金 + 职业年金

基础养老金 = 退休时当地上年度在岗职工月平均工资 ×（1 + 本人平均缴费工资指数）÷2 × 缴费年限（含视同缴费年限）×1%

个人账户养老金 = 退休时个人账户储存额 ÷ 计发月数

3. “中人”待遇标准计发

2014年9月30日（含）前参加工作、2014年10月1日后退休的人员（即“中人”）。由于改革前后两套计发办法差距较大，为了确保实施机关事业单位工作人员养老保险制度改革后新老办法待遇计发标准平稳衔接，设立了10年过渡期，过渡期从2014年10月1日起至2024年9月30日止，其中2014年10月至2015年12月为一整年，2024年1至9月为一年，其余各年度按整年计，过渡期内实行新老待遇计发办法对比，保低限高。即新办法（含职业年金待遇）计发待遇低于老办法待遇标准的，按老办法待遇标准发放，保持待遇不降低；高于老办法待遇标准的，超出的部分，第一年退休的人员（2014年10月1日至2015年12月31日）发放超出部分的10%，第二年退休的人员（2016年1月1日至2016年12月31日）发放20%，依此类推，到过渡期末年退休的人员（2024年1月1日至2024年9月30日）发放超出部分的100%。过渡期结束后（2024年10月1日及以后）退休的人员执行新办法。

七、税务处理

机关事业单位养老保险的税务处理与企业养老保险基本相同。参见本章第一节相关内容。

【例2-3】 2019年1月1日后，某省属高校（属于财政全额拨款的参公单位）按月向税务机关自主申报缴纳社会保险费。2020年有在职职工87人，10月职工工资及各项补助如下：基本工资50000元，奖金70000元，教师津贴10000元，全勤职工补贴20000元，科研津贴2000元，出差伙食补助1000元，探亲路费500元，工龄津贴2000元，工会文教费600元，由单位缴纳的各项社会保险、住房公积金40000元，购买工作服5000元，支付给从保安公司招用人员的补贴5000元，支付给在学校实习的在校学生补贴2000元，支付给师范学院教授讲课费2000元，支付给校长个人房贴200元。假设每月申报缴费期限为1～25日，因工作疏忽，财务人员未按时申报缴纳，于10月30日前往办税服务厅补报补缴。

已知：医疗保险费单位缴费部分费率为6.5%（含生育0.5%），个人部分费率为2%；失业保险费单位缴费部分费率为0.7%，个人部分费率为0.3%；工伤保险费费率实行教育行业基准费率0.4%。

请计算：若财务人员申报时，手误导致单位缴费基数多输了一个零，缴费后发现问题申请退费，该单位的单位缴费部分应申请的退费额是多少？

解析：根据《关于工资总额组成的规定》[1990年国家统计局令（第1号）]和《国家统计局〈关于工资总额组成的规定〉若干具体范围的解释》（统制字〔1990〕1号），工资总额由下列六个部分组成：①计时工资；②计件工资；③奖金；④津贴和补贴；⑤加班加点工资；⑥特殊情况下支付的工资。

下列各项不列入工资总额的范围：①根据国务院发布的有关规定颁发的创造发明奖、自然科学奖、科学技术进步奖和支付的合理化建议和技术改进奖以及支付给运动员、教练员的奖金；②有关劳动保险和职工福利方面的各项费用；③有关离休、退休、退职人员待遇的各项支出；④劳动保护的各项支出；⑤稿费、讲课费及其他专门工作报酬；⑥出差伙食补助费、误餐补助、调动工作的旅费和安家费；⑦对自带工具、牲畜来企业工作职工所支付的工具、牲畜等的补偿费用；⑧实行租赁经营单位的承租人的风险性补偿收入；⑨对购买本企业股票和债券的职工所支付的股息（包括股金分红）和利息；⑩劳动合同制职工解除劳动合同时由企业支付的医疗补助费、生活补助费等；⑪因录用临时工而在工资以外向提供劳动力单位支付的手续费或管理费；⑫支付给家庭工人的加工费和按加工订货办法支付给承包单位的发包费用；⑬支付给参加企业劳动的在校学生的补贴；⑭计划生育独生子女补贴。

故题目中应被算入工资总额的工资包括：基本工资50000元、奖金70000元、教师津贴10000元、全勤职工补贴20000元、科研津贴2000元、工龄津贴2000元、支付房贴200元。

10月单位缴费基数＝50000＋70000＋10000＋20000＋2000＋2000＋200＝154200（元）

应缴费额＝154200×（16%＋6.5%＋0.7%＋0.4%）＝36391.2（元）

滞纳金＝36391.2×0.05%×（30－26＋1）＝90.98（元）

因手误实际缴费额＝1542000×（16%＋6.5%＋0.7%＋0.4%）＝363912

（元）

因手误实际缴滞纳金 = 363912 × 0.05% × （30 − 26 + 1） = 909.78（元）

应申请退费款 = 实缴费额 − 应缴费额 = （363912 + 909.78） − （36391.2 + 90.98） = 328339.6（元）

第三节　城乡居民基本养老保险

一、基本概述

城乡居民基本养老保险是指参加城乡居民基本养老保险的城乡居民按照国家规定标准缴纳的社会保险费，主要有以下功能：

（1）保障老年人在年老后获得一定的物质收入，保障基本生活，有利于化解家庭和社会结构变化带来的矛盾，促进社会和谐。

（2）实现城乡居民基本养老保险权益公平，缩小城乡保障差距，促进城乡经济社会协调发展。

（3）城乡居民基本养老保险与企业职工基本养老保险共同构成我国基本养老保险的两大制度平台，并通过转移接续政策相互连接，有利于促进社会公平和统筹城乡发展。

（4）筹集养老资金，保障养老保险制度安全稳定可持续。

二、基本要素

（一）参保范围

年满16周岁（不含在校学生），非国家机关和事业单位工作人员及不属于职工基本养老保险制度覆盖范围的城乡居民，可以在户籍地参加城乡居民养老保险。

这里的参保覆盖范围，可从三个层面理解：一是所有未被职工基本养老保险制度覆盖的人员都属于城乡居民养老保险覆盖范围，但不包括劳动年龄以下的少年儿童和在校学生、现役军人、服刑人员等；二是实行自愿参保的原则，不同于职工养老保险的强制原则，这是根据我国农村实际确定的方针；三是明确在户籍地参保。

（二）缴费基数

城乡居民养老保险没有固定的缴费基数。城乡居民基本养老保险费按年缴费，而不是像职工社会保险制度那样按月计缴，符合居民非工薪收入者的特点，缴费标准按绝对额形式设定，而不采取按工资或收入基数一定比例确定费率的形式，更便于居民特别是农民理解。

（三）缴费比例

城乡居民养老保险没有固定的缴费比例。国家设置了全国统一的缴费标准档次，允许各省在此基础上增设缴费档次，适应地区经济社会发展的差别，体现了统一性与灵活性相结合；同时规定地方增设的缴费标准最高不能超过当地灵活就业人员参加职工养老保险的年度缴费额，也是考虑到居民的经济承受能力以及与其他群体缴费负担的平衡。

（四）应缴费额计算

城乡居民养老保险基金由个人缴费、集体补助、政府补贴等构成。

1. 个人缴费

国家规定60周岁以下参加城乡居民养老保险的人员应当按规定缴纳养老保险费。缴费标准设为每年100元、200元、300元、400元、500元、600元、700元、800元、900元、1000元、1500元、2000元12个档次，省（自治区、直辖市）人民政府可以根据实际情况增设缴费档次，最高缴费档次标准原则上不超过当地灵活就业人员参加职工基本养老保险的年缴费额，并报人力资源社会保障部备案。人力资源社会保障部会同财政部依据城乡居民收入增长等情况适时调整缴费档次标准。参保人自主选择档次缴费，多缴多得。

这里的参保缴费，可从四个层面理解：一是城乡居民养老保险按年度缴费，原则上当年费用当年缴纳，也可以当年缴纳以前年度费用，而不是像职工社会保险制度那样按月计缴，符合居民非工薪收入者的特点。二是缴费标准按绝对额形式设定，而不采取按工资或收入基数的一定比例确定费率的形式，更便于居民特别是农民理解。三是设置多个缴费档次，由居民依据自身经济承受能力自主选择，体现了弹性原则，适应居民收入水平的差异性。四是国家既设置了全国统一的缴费标准档次，又允许各省在此基础上增设缴费档次，适应地区经济社会发展的差别，体现了统一性与灵活性相结合；同时规定地方增设的缴费标准最高不能超过当地灵活就业人员参加职工养老保险的年度缴费额，也是考虑到居民的经济承受能力以及与其他群体缴费负担的平衡。

2. 集体补助

政策要求有条件的村集体经济组织应当对参保人缴费给予补助，补助标准由村民委员会召开村民会议民主确定，鼓励有条件的社区将集体补助纳入社区公益事业资金筹集范围。鼓励其他社会经济组织、公益慈善组织、个人为参保人缴费提供资助。在经济条件较好的地区，这是一条补充的资金渠道；但为防止以此完全替代个人缴费义务，这些补助、资助的金额不超过当地设定的最高缴费档次标准。

3. 政府补贴

政府对城乡居民养老保险制度给予财政补贴，具体分为两部分：一是在参保缴费环节，规定地方政府应当对参保人缴费给予补贴（俗称“入口”补贴），具体标准和办法由省级政府确定，但国家统一明确了政策标准：①地方人民政府应当对参保人缴费给予补贴，对选择最低档次标准缴费的，补贴标准不低于每人每年 30 元；②对选择较高档次标准缴费的，适当增加补贴金额，其中对选择 500 元及以上档次标准缴费的，补贴标准不低于每人每年 60 元；③对重度残疾人等缴费困难群体，地方人民政府为其代缴部分或全部最低标准的养老保险费。二是在支付环节，政府对符合领取城乡居民养老保险待遇条件的参保人全额支付基础养老金（俗称“出口”补贴）。其中，中央财政对中西部地区按中央确定的基础养老金标准给予全额补助，对东部地区给予 50% 的补助。换句话说，就是按规定参加基本养老保险的城乡居民，60 岁以后都将享受到国家普惠式的养老金。

为贯彻党中央、国务院决策部署，巩固拓展社会保险扶贫成果，持续做好脱贫人口、困难群体社会保险帮扶，促进社会保险高质量可持续发展，助力全面实施乡村振兴战略，推动人的全面发展、全体人民共同富裕取得更为明显的实质性进展，2021 年 8 月 20 日，人力资源社会保障部、民政部、财政部、国家税务总局、国家乡村振兴局、中国残疾人联合会公布《关于巩固拓展社会保险扶贫成果助力全面实施乡村振兴战略的通知》（人社部发〔2021〕64 号），提出五个方面的具体落实措施。主要包括：①减轻困难群体参保缴费负担；②推进社会保险法定人员全覆盖；③提高社会保险待遇水平；④提升基金安全性和可持续性；⑤加强社会保险经办服务能力。

截至 2023 年底，为 2577 万困难群体代缴城乡居民基本养老保险费，困难群体基本养老保险参保率保持在 99% 以上。①

① 数据来源：人力资源社会保障部举行 2023 年四季度新闻发布会，http：//www. mohrss. gov. cn/SYrlzyhshbzb/dongtaixinwen/buneiyaowen/rsxw/202401/t20240124_512668. html。

三、缴费申报

城乡居民养老保险费征收，按照“政府主导、部门协同、社会参与”的工作思路，各地税务部门借助多方资源，充分利用信息化技术，积极拓展“非接触式”缴费渠道，让缴费更方便、更快捷，主要有以下缴费渠道。

（一）线上缴费

各地税务部门进一步优化缴费流程，借助电子税务局、移动客户端、微信公众号和小程序等多种线上渠道开发、升级缴费功能。

一是网上缴费。在已经开通电子税务局缴费的地区，缴费人可登录税务局的官方网站，完成注册后即可办理业务，包括选择缴费金额、维护银行扣款协议、办理当期申报缴费、查询历史申报缴费、开具社保缴费证明等。

二是掌上缴费。缴费人可以通过当地税务部门的手机 App，公众号或微信、支付宝等手机支付平台，进入城乡居民缴费模块，对系统显示的参保信息进行核实后，按照操作要求进行缴费。

（二）银行柜面缴费

各地税务部门陆续与当地银行进行联网合作，开通了城乡居民缴费功能。缴费人可以通过 12366 纳税服务热线查询当地合作银行名单。查询后，携带身份证、社保卡、银行卡等到银行网点，通过银行柜台或自助柜员机办理缴费。参保人也可以使用合作商业银行的手机 App 或银行 POS 机进行缴费。

（三）集中代收费款

考虑到农村和部分城镇居民居住相对集中，尤其是一些偏远地区网络、交通不便，税务部门保留并优化了村委会、居委会的集中代办渠道。村委会或居委会的代办人员在公共活动场所设置集中代办点，或直接上门服务办理缴费。

（四）办税服务厅缴费

在办税服务厅，缴费人可在征收窗口缴费，也可以使用办税服务厅摆放的自助终端设备，进入“城乡居民社保费”界面缴费。

为提高缴费效率，缴费人可以在办税服务厅或电子税务局签订委托银行划缴费款三方协议或两两协议，通过协议绑定个人的银行卡，将应缴费款存入银行卡中，税务部门通知银行定期扣款，这样缴费人“一次不用跑”，就可以申报缴费了。

四、账户管理

国家为每个参保的城乡居民建立终身记录的养老保险个人账户，个人缴费、地方人民政府对参保人的缴费补贴、集体补助及其他社会经济组织、公益慈善组织、个人对参保人的缴费资助，全部记入个人账户。个人缴费、补助、资助按缴入国库时间记账，从次月开始计息。城乡居民养老保险个人账户的结息年度一般为每年的1月1日至12月31日。

五、转移接续手续

城乡居民养老保险涉及与多项保障制度的相互衔接，其自身也有地区间、城乡间的转移接续政策。

（一）城乡居民养老保险（以下简称新农保）与农村社会养老保险（以下简称老农保）的制度转换

新农保的普及替代了过去的老农保制度。但全国有几千万农民曾参加过老农保，个人缴过费，有个人账户记录，有些还已经领取了老农保待遇。对新老制度之间的转换问题，总的方向是将老农保并入新农保，具体政策包括：①参加过老农保、年满60周岁且已领取老农保养老金的参保人，可直接享受新农保基础养老金；②未满60周岁且没有领取养老金的参保人，将老农保个人账户资金并入新农保个人账户，按新农保的缴费标准继续缴费，待符合规定条件时享受相应待遇。

（二）城乡居民养老保险与其他社会保障制度的衔接

退伍士兵优抚、城乡低保、农村五保供养等社会保障制度以及农村计划生育家庭奖励扶助制度都涉及部分老年人的保障，与城乡居民保险制度有重合、关联。处理这些制度之间衔接关系的现行基本方针是按各自政策规定执行，不相互取代冲销待遇。例如，一个农村家庭原本符合享受低保条件，即使因其老年人领取基本养老金而超过了家庭人均收入的低保标准，养老金也不计入评估低保标准的基数。

（三）城乡居民养老保险在地区间的转移接续

参加城乡居民养老保险的人员，在缴费期间户籍迁移、需要跨地区转移城乡居民养老保险关系的，可在迁入地申请转移养老保险关系，一次性转移个人账户全部储存额，并按迁入地规定继续参保缴费，缴费年限累计计算；已经按规定领取城乡居民养老保险待遇的，无论户籍是否迁移，其养老保险关系不转移，仍由原参保地支付待遇。

（四）城乡居民养老保险与职工养老保险制度转移接续

对参保人在城乡居民养老与职工养老之间的衔接，分三种情形规定了政策：①参保人从城乡居民养老保险转入职工养老保险的，其已有个人账户全部储存额并入职工养老保险个人账户，其城乡居民养老保险缴费年限不合并计算或折算为职工养老保险缴费年限；②参保人从职工养老保险转入城乡居民养老保险的，其已有个人账户全部储存额并入城乡居民养老保险个人账户，其参加职工养老保险的缴费年限合并计算为城乡居民养老保险的缴费年限；③参保人在同一年度内同时参加职工养老保险和城乡居民养老保险的，其重复缴费时段（按月计算）只计算职工养老保险缴费年限，并将城乡居民养老保险重复缴费时段相应个人缴费和集体补助退还本人。此外，政策还规定，参保人不得同时领取职工养老保险和城乡居民养老保险待遇，在两项制度中都具备领取待遇资格的，按职工养老保险计发基本养老金，终止并解除城乡居民养老保险关系，除政府补贴外的个人账户余额退还本人，已领取的城乡居民养老保险基础养老金予以退还。

六、待遇发放

（一）领取条件

1. 国家统一规定的一般条件

参加城乡居民养老保险的个人，年满 60 周岁、累计缴费满 15 年，且未领取国家规定的基本养老保障待遇的，可以按月领取城乡居民养老保险待遇。

2. 具有过渡性的特殊政策

在制度实施时已年满 60 周岁的，不用缴费，可以直接按月领取城乡居民养老保险基础养老金。

在制度实施时距规定领取年龄不足 15 年的，应逐年缴费，也允许补缴，累计缴费不超过 15 年；距规定领取年龄超过 15 年的，应按年缴费，累计缴费不少于 15 年。城乡居民养老保险待遇领取人员死亡的，从次月起停止支付其养老金。

（二）领取时间

参保人员从符合待遇领取条件的次月起开始享受城乡居民养老保险待遇。

待遇领取人员在领取养老金期间服刑的，县社保机构停止为其发放养老保险待遇。待服刑期满后，由本人提出待遇领取申请，社保机构于其服刑期满后的次月为其继续发放养老保险待遇，停发期间的待遇不予补发。

待遇领取人员自死亡次月起停止发放养老保险待遇。

（三）领取标准

城乡居民养老保险待遇由基础养老金和个人账户养老金两部分构成，按月支付，并支付终身。其计发公式为：

基本养老金待遇 = 基础养老金 + 个人账户养老金

1. 基础养老金

中央统一确定全国基础养老金标准，由国家财政全额支付。2009 年 9 月国务院在启动新农保的指导意见中，确定的中央基础养老金标准为每人每月 55 元，并根据经济发展和物价变动等情况适时调整。2014 年，首次统一提高全国城乡居民基础养老金最低标准，由原来每人每月 55 元提高至每人每月 70 元。2018 年、2020 年、2022 年，国家又先后三次部署统一提高城乡居民基础养老金标准。省级政府可以根据实际情况适当提高标准，对长期缴费的可适当加发基础养老金。一些地区对缴费满 15 年以上的参保人每多缴费一年加发一定金额的基础养老金，体现了“长缴多得”的机制。

2. 个人账户养老金

国家统一规定个人账户养老金的月计发标准为个人账户全部储存额（包括个人缴费、集体补助、政府补贴、社会资助的资金及利息）除以 139①，这与现行职工基本养老保险、机关事业单位养老保险 60 周岁退休人员的个人账户养老金计发办法相同，体现制度间的公平。参保人员死亡的，个人账户资金余额可以依法继承。

城乡居民养老保险待遇领取人员死亡的，从次月起停止支付其养老金。此外，国家支持有条件的地方人民政府可以结合本地实际探索建立丧葬补助金制度。

七、税务处理

（一）实际缴付基本养老保险费的税务处理

根据《财政部 国家税务总局关于基本养老保险费 基本医疗保险费 失业保险费 住房公积金有关个人所得税政策的通知》（财税〔2006〕10 号）规定，个人按照国家或省（自治区、直辖市）人民政府规定的缴费比例或办法

① 参见：《国务院关于建立统一的城乡居民基本养老保险制度的意见》（国发〔2014〕8 号）。

实际缴付的基本养老保险费，允许在个人应纳税所得额中扣除。

（二）个人账户计算利息的税务处理

《社会保险法》规定，个人账户记账利率不得低于银行定期存款利率，计算享有的利息收益免征个人所得税。

（三）实际领（支）取基本养老保险金的税务处理

根据《财政部 国家税务总局关于基本养老保险费基本医疗保险费 失业保险费 住房公积金有关个人所得税政策的通知》（财税〔2006〕10号）规定，个人实际领（支）取原提存的基本养老保险金、基本医疗保险金、失业保险金和住房公积金时，免征个人所得税。

【例2-4】张某一家三口均参加基本养老保险：张某是机关工作人员，2022年月基本工资是5400元，月平均津贴2060元；张某的妻子自己经营一家小超市，2022年月均收入7800元；张某的儿子大学毕业后在某外企工作，月工资为30500元。2021年当地在岗职工月平均工资为6862元，2021年当地企业职工基本养老保险费单位缴费比例为16%。

假设不考虑社保费阶段性降率政策和地区缴费比例差异，请回答下列问题。(单位为元，保留整数位)

1. 2022年张某个人每月需要缴纳的基本养老保险费为多少元?

2. 2022年张某儿子的用人单位每月需为其缴纳的基本养老保险费为多少元?

3. 2022年张某妻子每月如何缴纳基本养老保险费?

解析：1. 张某月工资 =5400 +2060 =7460（元），个人缴费比例为8%。

张某个人每月需要缴纳的基本养老保险费 =7460 ×8% =596.8（元）

2. 张某儿子的月工资为30500元，高于当地平均工资的300%，缴费基数 =6862 ×300% =20586（元）。

张某儿子用人单位应当为其缴纳的基本养老保险费 = 20586 × 16% = 3293.76（元）

3. 张某妻子是灵活就业人员，缴费基数的下限 = 6862 × 60% = 4117（元），缴费基数的上限 =6862 ×300% =20586（元）。张某可以在4117元至20586元之间选择适当的缴费基数，按照20%的缴费比例缴纳基本养老保险费。

第三章 补充养老保险

补充养老保险作为国家法定基本养老保险体系外的重要制度安排，是我国构建社会养老保障体系的重要组成部分。大力发展补充养老保险意义重大：有利于分散保险责任，适应我国向老龄化社会快速发展的需要；有利于减轻政府基本养老保险金支付压力，保障社会养老保险制度的顺利实施。我国自1991 年开始发展补充养老保险以来，覆盖人数逐步增多，保险规模日益增大，已具备良好的发展基础，截至2021 年底，参加企业（职业）年金的职工 7200 多万人，积累基金近 4.5 万亿元，补充养老作用初步显现。但受多种因素影响，补充养老保险尚未成为我国社会养老保障体系的重要支柱。

补充养老保险包括企业年金、职业年金和第三支柱个人养老金。

第一节 企业年金

一、基本概述

企业年金，也称企业补充养老保险，是指企业及其职工在依法参加基本养老保险的基础上，依据国家政策和本企业经济状况自愿建立的、旨在提高职工退休后生活水平、对国家基本养老保险进行重要补充的一种养老保险形式。

1991 年，我国提出“逐步建立起基本养老保险与企业补充养老保险和职工个人储蓄性养老保险相结合的制度”。1995 年，劳动部发布《关于建立企业补充养老保险制度的意见》（劳部发〔1995〕464 号），是我国构建第二层次养老保险的最初文件；2000 年将企业补充养老保险规范为企业年金；2004 年劳动和社会保障部印发《企业年金试行办法》（中华人民共和国劳动和社会保障部令第 20 号），2017 年人力资源社会保障部、财政部修订完善为《企业年金办法》(人力资源社会保障部、财政部令第36号)，2011年人力资源社会保障部等还制定了《企业年金基金管理办法》。这些文件确定了我国企业年金制度的主要政策依据。

二、基本要素

(一) 参保范围

企业和职工建立企业年金，应当依法参加基本养老保险并履行缴费义务，企业具有相应的经济负担能力。企业应当与职工一方通过集体协商确定，并制定企业年金方案，企业年金方案应当包括以下内容：①参加人员；②资金筹集与分配的比例和办法；③账户管理；④权益归属；⑤基金管理；⑥待遇计发和支付方式；⑦方案的变更和终止；⑧组织管理和监督方式；⑨双方约定的其他事项。企业年金方案适用于企业试用期满的职工，并应当提交职工代表大会或者全体职工讨论通过。

企业应当将企业年金方案报送所在地县级以上人民政府人力资源社会保障行政部门。中央所属企业的企业年金方案报送人力资源社会保障部。跨省企业的企业年金方案报送其总部所在地省级人民政府人力资源社会保障行政部门。省内跨地区企业的企业年金方案报送其总部所在地设区的市级以上人民政府人力资源社会保障行政部门。人力资源社会保障行政部门自收到企业年金方案文本之日起15日内未提出异议的，企业年金方案即行生效。

企业与职工一方可以根据本企业情况，按照国家政策规定，经协商一致，变更企业年金方案。变更后的企业年金方案应当经职工代表大会或者全体职工讨论通过，并重新报送人力资源社会保障行政部门。企业应当在企业年金方案变更后10日内报告人力资源社会保障行政部门，并通知受托人。

企业年金方案终止的情形包括：①企业因依法解散、被依法撤销或者被依法宣告破产等原因，致使企业年金方案无法履行的；②因不可抗力等原因致使企业年金方案无法履行的；③企业年金方案约定的其他终止条件出现的。企业应当在企业年金方案终止后10日内报告人力资源社会保障行政部门，并通知受托人。

企业应当在企业年金方案终止后，按国家有关规定对企业年金基金进行清算，并按照相关规定处理。

(二) 缴费基数

企业年金基金缴费基数包括企业缴费基数和企业职工个人缴费基数。

1. 企业缴费基数

企业缴费基数是本企业职工工资总额。

2. 企业职工个人缴费基数

企业和职工个人缴费合计不超过本企业职工工资总额的12%。具体所需费用，由企业和职工协商确定。职工个人缴费由企业从职工个人工资中代扣代缴。实行企业年金后，企业如遇到经营亏损、重组并购等当期不能继续缴费的情况，经与职工协商，可以中止缴费。不能继续缴费的情况消失后，企业和职工恢复缴费，并可以根据本企业实际情况，按照中止缴费时的企业年金方案予以补缴。补缴的年限和金额不得超过实际中止缴费的年限和金额。

（三）缴费比例

1. 企业缴费比例

根据《企业年金办法》（人力资源社会保障部、财政部令第36号）规定，自2018年2月1日起，企业缴费比例不高于8%。

2. 职工个人缴费比例

职工个人缴费比例并没有规定固定比例，但企业和职工个人缴费合计不超过本企业职工工资总额的12%。

（四）应缴费额计算

1. 企业应缴纳的企业年金

企业应缴纳的企业年金 = 企业缴费基数 × 企业缴费比例

2. 职工个人应缴纳的企业年金

职工个人应缴纳的企业年金 = 职工个人缴费基数 × 职工个人缴费比例

三、账户管理

（一）个人账户的资金来源

企业年金基金实行完全积累，为每个参加企业年金的职工建立企业年金个人账户。职工企业年金个人账户下设企业缴费子账户和个人缴费子账户，分别记录企业缴费分配给个人的部分及其投资收益，以及本人缴费及其投资收益。

企业缴费应当按照企业年金方案确定的比例和办法计入职工企业年金个人账户，职工个人缴费计入本人企业年金个人账户。企业应当合理确定本单位当期缴费计入职工企业年金个人账户的最高额与平均额的差距。企业当期缴费计入职工企业年金个人账户的最高额与平均额不得超过5倍。

（二）个人账户中企业缴费及其投资收益归属

职工企业年金个人账户中个人缴费及其投资收益自始归属于职工个人。职工企业年金个人账户中企业缴费及其投资收益，企业可以与职工一方约定其自始归属于职工个人，也可以约定随着职工在本企业工作年限的增加逐步归属于职工个人，完全归属于职工个人的期限最长不超过8年。

有下列情形之一的，职工企业年金个人账户中企业缴费及其投资收益完全归属于职工个人：①职工达到法定退休年龄、完全丧失劳动能力或者死亡的；②有企业年金方案终止情形之一的；③非因职工过错企业解除劳动合同的，或者因企业违反法律规定职工解除劳动合同的；④劳动合同期满，由于企业原因不再续订劳动合同的；⑤企业年金方案约定的其他情形。

企业年金暂时未分配至职工企业年金个人账户的企业缴费及其投资收益，以及职工企业年金个人账户中未归属于职工个人的企业缴费及其投资收益，计入企业年金企业账户。企业年金企业账户中的企业缴费及其投资收益应当按照企业年金方案确定的比例和办法计入职工企业年金个人账户。

（三）企业年金方案终止后的账户管理

企业年金方案终止后，职工原企业年金个人账户由法人受托机构发起的集合计划设置的保留账户暂时管理；原受托人是企业年金理事会的，由企业与职工一方协商选择法人受托机构管理。

四、转移接续手续

职工变动工作单位时，新就业单位已经建立企业年金或者职业年金的，原企业年金个人账户权益应当随同转入新就业单位企业年金或者职业年金。

职工新就业单位没有建立企业年金或者职业年金的，或者职工升学、参军、失业期间，原企业年金个人账户可以暂时由原管理机构继续管理，也可以由法人受托机构发起的集合计划设置的保留账户暂时管理；原受托人是企业年金理事会的，由企业与职工协商选择法人受托机构管理。

五、待遇发放

符合下列条件之一的，企业职工可以领取企业年金：

（1）职工在达到国家规定的退休年龄或者完全丧失劳动能力时，可以从本人企业年金个人账户中按月、分次或者一次性领取企业年金，也可以将本人企业年金个人账户资金全部或者部分购买商业养老保险产品，依据保险合同领取待遇并享受相应的继承权；

（2）出国（境）定居人员的企业年金个人账户资金，可以根据本人要求一次性支付给本人；

（3）职工或者退休人员死亡后，其企业年金个人账户余额可以继承。

未达到企业年金领取条件之一的，不得从企业年金个人账户中提前提取资金。

六、税务处理

为贯彻落实党中央、国务院决策部署，进一步支持我国养老保险事业的发展，建立多层次养老保险体系，财政部、人力资源社会保障部、国家税务总局三部门联合印发《关于企业年金 职业年金个人所得税有关问题的通知》（财税〔2013〕103 号），对企业年金实施递延纳税政策。所谓递延纳税，是指在年金缴费环节和年金基金投资收益环节暂不征收个人所得税，将纳税义务递延到个人实际领取年金的环节，也称 EET 模式（E 代表免税，T 代表征税）。自 2019 年 1 月 1 日起，我国已初步建立起综合与分类相结合的个人所得税制，为更好地适应现有税法规定，《关于个人所得税法修改后有关优惠政策衔接问题的通知》（财税〔2018〕164 号）对个人退休后领取的企业年金作出了新的征税规定。

（一）企业年金缴费

1. 企业根据国家有关政策规定的办法和标准，为在本单位任职或者受雇的全体职工缴付的企业年金单位缴费部分，在计入个人账户时，个人暂不缴纳个人所得税。

2. 个人根据国家有关政策规定缴付的年金个人缴费部分，在不超过本人缴费工资计税基数的 4% 标准内的部分，暂从个人当期的应纳税所得额中扣除。

3. 超过第 1 条和第 2 条规定的标准缴付的年金单位缴费和个人缴费部分，应并入个人当期的工资、薪金所得，依法计征个人所得税。税款由建立年金的单位代扣代缴，并向主管税务机关申报解缴。

4. 企业年金个人缴费工资计税基数为本人上一年度月平均工资。月平均工资按国家统计局规定列入工资总额统计的项目计算。月平均工资超过职工工作地所在设区城市上一年度职工月平均工资 300% 以上的部分，不计入个人缴费工资计税基数。

（二）年金基金投资运营收益

年金基金投资运营收益分配计入个人账户时，个人暂不缴纳个人所得税。

（三）领取年金

1. 个人达到国家规定的退休年龄，领取的企业年金，符合财税〔2013〕103号文件规定的，不并入综合所得，全额单独计算应纳税款。其中按月领取的，适用月度税率表计算纳税；按季领取的，平均分摊计入各月，按每月领取额适用月度税率表计算纳税；按年领取的，适用综合所得税率表计算纳税。

2. 个人因出境定居而一次性领取的年金个人账户资金，或个人死亡后，其指定的受益人或法定继承人一次性领取的年金个人账户余额，适用综合所得税率表计算纳税。对个人除上述特殊原因外一次性领取年金个人账户资金或余额的，适用月度税率表计算纳税。

（四）纳税申报

1. 单位建立年金计划后，应在建立年金计划的次月15日内，向其所在地主管税务机关报送年金方案、人力资源社会保障部门出具的方案备案函、计划确认函以及主管税务机关要求报送的其他相关资料。年金方案、受托人、托管人发生变化的，应在发生变化的次月15日内重新向其主管税务机关报送上述资料，供税务部门登记备案。

2. 缴费环节。由个人所在单位为其计算扣缴个人所得税，并向主管税务机关申报解缴。

3. 领取环节。应纳税款由受托人代表委托人委托托管人代扣代缴。年金账户管理人应及时向托管人提供个人年金缴费及对应的个人所得税纳税明细。托管人根据受托人指令及账户管理人提供的资料，按照规定计算扣缴个人当期领取年金待遇的应纳税款，并向托管人所在地主管税务机关申报解缴。

单位和托管人在扣缴个人所得税时，必须按照税法规定实行全员全额扣缴明细申报。

建立年金计划的单位、委托人、受托人、账户管理人之间要及时传递纳税相关的信息。受托人负责统筹协调并督促有关机构依法向税务部门办理扣缴申报及提供涉税资料。

第二节　职业年金

一、基本概述

职业年金，是指机关事业单位及其工作人员在参加机关事业单位基本养老保险的基础上，建立的补充养老保险制度，旨在保障机关事业单位工作人员退休后的生活水平，促进人力资源合理流动。

2015 年 1 月 3 日国务院印发《关于机关事业单位工作人员养老保险制度改革的决定》（国发〔2015〕2 号），决定改革机关事业单位工作人员养老保险制度。2015 年 3 月 27 日国务院办公厅印发《关于机关事业单位职业年金办法的通知》（国办发〔2015〕18 号），并自 2014 年 10 月 1 日起实施，标志着机关事业单位职业年金制度正式确立。

二、基本要素

（一）参保范围

职业年金计划实行参保即加入的原则。鉴于机关事业单位人事管理的特殊性，凡纳入机关事业单位基本养老保险制度的单位和个人均须建立职业年金，国家在改革基本养老保险制度的同时，为机关事业单位改革范围内的所有工作人员（不含已退休人员）建立职业年金。参加职业年金的机关事业单位和工作人员范围与参加机关事业单位基本养老保险的范围一致。

（二）缴费基数

职业年金所需费用由单位和工作人员个人共同承担。单位和个人缴费基数与机关事业单位工作人员基本养老保险缴费基数一致。

（三）缴费比例

单位缴纳比例为 8%，个人缴纳比例为 4%，由单位代扣代缴。国家适时调整单位和个人职业年金缴费的比例。

（四）应缴费额计算

1. 机关事业单位应缴纳的补充养老保险费

机关事业单位应缴纳的补充养老保险费 = 机关事业单位缴费基数 × 用人单位缴费比例

2. 职工个人应缴纳的补充养老保险费

职工个人应缴纳的补充养老保险费 = 职工个人缴费基数 × 职工个人缴费比例

三、账户管理

职业年金基金采用个人账户方式管理。个人缴费实行实账积累。对财政全额供款的单位，单位缴费根据单位提供的信息采取记账方式，每年按照国家统一公布的记账利率计算利息，工作人员退休前，本人职业年金账户的累计储存额由同级财政拨付资金记实；对非财政全额供款的单位，单位缴费实行实账积累。实账积累形成的职业年金基金，实行市场化投资运营，按实际收益计息。

单位缴费按照个人缴费基数的8%计入本人职业年金个人账户；个人缴费直接计入本人职业年金个人账户。职业年金基金投资运营收益，按规定计入职业年金个人账户。

四、转移接续手续

工作人员变动工作单位时，职业年金个人账户资金可以随同转移。工作人员升学、参军、失业期间或新就业单位没有实行职业年金或企业年金制度的，其职业年金个人账户由原管理机构继续管理运营。新就业单位已建立职业年金或企业年金制度的，原职业年金个人账户资金随同转移。

职业年金单位缴费采取记账方式管理的部分，按以下办法转移接续：①参保人员在由相应的同级财政全额供款的单位之间流动时，可转移本人的职业年金单位缴费部分的累计记账额，继续由转入单位采取记账方式管理；②参保人员由机关事业单位流动到企业、在非同级财政全额供款的单位之间流动，或者由财政全额供款单位流动到非财政全额供款单位的，应当由转出单位相应的同级财政保障拨付资金记实后转移接续；③参保人员由非财政全额供款单位流动到财政全额供款单位后，原实账积累的个人账户资金按规定转移接续，同时其到新就业单位后的职业年金单位缴费部分可采取记账方式管理。

五、待遇发放

符合下列条件之一的，机关事业单位工作人员可以领取职业年金：

(1) 工作人员在达到国家规定的退休条件并依法办理退休手续后，由本人选择按月领取职业年金待遇的方式。可一次性用于购买商业养老保险产品，依据保险契约领取待遇并享受相应的继承权；可选择按照本人退休时对应的计发月数计发职业年金月待遇标准，发完为止，同时职业年金个人账户余额享有继承权。本人选择任一领取方式后不再更改。

(2) 出国（境）定居人员的职业年金个人账户资金，可根据本人要求一次性支付给本人。

(3) 工作人员在职期间死亡的，其职业年金个人账户余额可以继承。

未达到上述职业年金领取条件之一的，不得从个人账户中提前提取资金。

六、税务处理

（一）年金缴费

1. 机关事业单位根据国家有关政策规定的办法和标准，为在本单位任职或者受雇的全体职工缴付的职业年金单位缴费部分，在计入个人账户时，个人暂不缴纳个人所得税。

2. 个人根据国家有关政策规定缴付的年金个人缴费部分，在不超过本人缴费工资计税基数的 4% 标准内的部分，暂从个人当期的应纳税所得额中扣除。

3. 超过上述第 1 条和第 2 条规定的标准缴付的年金单位缴费和个人缴费部分，应并入个人当期的工资、薪金所得，依法计征个人所得税。税款由单位代扣代缴，并向主管税务机关申报解缴。

4. 职业年金个人缴费工资计税基数为职工岗位工资和薪级工资之和。职工岗位工资和薪级工资之和超过职工工作地所在设区城市上一年度职工月平均工资 300% 以上的部分，不计入个人缴费工资计税基数。

（二）年金基金投资运营收益

年金基金投资运营收益分配计入个人账户时，个人暂不缴纳个人所得税。

（三）领取年金

1. 个人达到国家规定的退休年龄，领取的职业年金，符合财税〔2013〕103 号文件规定的，不并入综合所得，全额单独计算应纳税款。其中按月领取的，适用月度税率表计算纳税；按季领取的，平均分摊计入各月，按每月领取额适用月度税率表计算纳税；按年领取的，适用综合所得税率表计算纳税。

2. 个人因出境定居而一次性领取的年金个人账户资金，或个人死亡后，其指定的受益人或法定继承人一次性领取的年金个人账户余额，适用综合所得税率表计算纳税。对个人除上述特殊原因外一次性领取年金个人账户资金或余额的，适用月度税率表计算纳税。

（四）纳税申报

职业年金的纳税申报与企业年金相同，参见本章第一节相关内容。

第三节　第三支柱个人养老金

一、基本概述

第三支柱个人养老金，是指完全由个人出资、自愿参与的养老储蓄，包括但不限于保险公司的人寿或养老保险产品以及能起到保险保障作用的养老储蓄、养老目标基金、养老信托、养老理财等金融产品。

在政策支持下，金融业进行了一些个人养老金相关产品的试点探索。

（1）保险业方面，适用个人所得税优惠政策的商业健康保险于2015年5月开始试点，2017年7月推广至全国，购买适用个人所得税优惠政策的商业健康保险允许在当年（月）计算应纳税所得额时予以税前扣除，限额每年2400元（每月200元）。自2023年8月1日起，将适用个人所得税优惠政策的商业健康保险产品范围扩大至医疗保险、长期护理保险和疾病保险等商业健康保险主要险种。同时，扩大产品被保险人群体，投保人可为本人投保，也可为其配偶、子女和父母投保。个人税收递延型商业养老保险于2018年5月开始在上海、福建和苏州工业园区试点，通过对购买养老保险的资金和投资收益免税、在领取时征税以激励个人购买商业养老保险。截至2021年10月末，有23家保险公司参与试点，实现保费收入近6亿元，参保人数超过5万人。2021年6月，浙江省（含宁波市）和重庆市开展专属商业养老保险试点，专属商业养老保险具有普惠特性，且保费缴费和养老金领取更加灵活。截至2022年4月末，专属商业养老保险承保保单12万件，累计保费近9亿元。

（2）银行业方面，2021年9月，银保监会批准“四地四机构”开展养老理财产品试点。2022年3月起，养老理财试点范围扩展为“十地十机构”。首批试点理财公司的募集资金上限上调至500亿元，新增试点理财公司的募集资金总规模上限为100亿元。截至2022年6月底，已有23.1万投资者累计认购养老理财超过600亿元。

（3）证券基金业方面，2018年8月，证监会批准了8家基金公司的养老目标基金上市。截至2021年末，有130多只养老目标基金上市，募集资金规模超过1000亿元。2022年11月4日，证监会发布《个人养老金投资公开募集证券投资基金业务管理暂行规定》（中国证券监督管理委员会公告〔2022〕46号），规范个人养老金投资公开募集证券投资基金业务。

2022年4月21日，国务院办公厅印发《关于推动个人养老金发展的意见》（国办发〔2022〕7号），标志着我国账户制个人养老金制度的确立。该意见明确了我国第三支柱养老保险采用账户制模式，账户资金可投资于多样化的金融产品。2022年9月26日，国务院常务会议确定了对个人养老金实行个人所得税优惠。2022年11月3日，《财政部 税务总局关于个人养老金有关个人所得税政策的公告》（财政部 税务总局公告2022年第34号）规定，自2022年1月1日起，在个人养老金先行城市实施递延纳税优惠政策。2022年9月29日，银保监会人身险部向各银保监局、保险公司下发《关于促进保险公司参与个人养老金制度有关事项的通知（征求意见稿）》。2022年11月21日，中国银保监会发布《关于保险公司开展个人养老金业务有关事项的通知》（银保监规〔2022〕17号），推动保险公司积极参与个人养老金制度，其中明确了保险公司参与个人养老金相关业务的基本要求、产品规范等重点内容。

为贯彻落实《国务院办公厅关于推动个人养老金发展的意见》（国办发〔2022〕7号）以及《个人养老金实施办法》（人社部发〔2022〕70号）、《中国银保监会关于保险公司开展个人养老金业务有关事项的通知》（银保监规〔2022〕17号）等要求，促进个人养老金业务健康有序发展，经商财政部、人力资源社会保障部和国家税务总局，金融监管总局决定于2023年开展个人税收递延型商业养老保险试点与个人养老金衔接工作，并出台了《国家金融监督管理总局关于个人税收递延型商业养老保险试点与个人养老金衔接有关事项的通知》（金规〔2023〕4号）。自2024年1月1日起，个税递延型养老保险信息平台停止为投保人提供账户管理、续期交费、信息查询等其他服务。个税递延型养老保险试点与个人养老金衔接工作全面完成后，个税递延型养老保险信息平台停止服务。这也意味着，试点了5年的个税递延型养老保险正式完成历史使命，与个人养老金制度进行衔接。

二、个人养老金

（一）基本要素

1. 参加范围

在中国境内参加城镇职工或者城乡居民基本养老保险的劳动者，均可参加个人养老金。一方面，只有参加了基本养老保险，实现了保“基本”这一前提，参加个人养老金才能体现“补充”养老保险的功能；另一方面，有意愿的劳动者参加，可以实现个人养老金长期缴费，持续增加个人账户资金积累。

2. 缴费水平

个人养老金缴费上限为每年12000元，并根据经济社会发展水平、多层次养老保险体系发展情况等因素适时调整。

（二）账户管理

个人养老金实行个人账户制度。参加人通过人力资源社会保障部组织建设的个人养老金信息管理服务平台（以下简称个人养老金信息平台），建立本人的个人养老金账户。个人养老金账户具有唯一性，是参加个人养老金、享受税收优惠政策的基础。之后，参加人指定或者开立一个本人唯一的个人养老金资金账户，用于个人养老金缴费、归集收益、支付，以及缴纳个人所得税，实行完全积累、封闭运行，其权益归参加人所有。个人养老金资金账户可以在符合规定的商业银行指定或者开立，也可以通过其他符合规定的金融产品销售机构指定。

（三）转移接续手续

参加人变更开户银行时，应当经个人养老金信息平台校验，将原个人养老金资金账户内的资金转移至新的个人养老金资金账户并注销原资金账户。

（四）待遇发放

参加人达到领取基本养老金年龄、完全丧失劳动能力、出国（境）定居，或者具有其他符合国家规定的情形，经个人养老金信息平台核验领取条件后，可以按月、分次或者一次性领取个人养老金，领取方式一经确定不得更改。领取时，应将个人养老金由个人养老金资金账户转入本人社会保障卡银行账户。参加人死亡后，其个人养老金资金账户中的资产可以继承。一是领取条件与领取基本养老金挂钩，可以切实保障实现补充养老功能。二是领取方式多样化，方便个人选择。三是将个人养老金待遇归集至本人社会保障卡银行账户，有利于参加人三个支柱养老权益的整合和服务，并为调整完善养老保险政策提供支撑。

（五）税务处理

1. 缴费环节

在缴费环节，个人向个人养老金资金账户的缴费，按照每年 12000 元的限额标准，在综合所得或经营所得中据实扣除。

个人缴费享受税前扣除优惠时，以个人养老金信息平台出具的扣除凭证为扣税凭据。取得工资薪金所得、按累计预扣法预扣预缴个人所得税劳务报酬所得的，其缴费可以选择在当年预扣预缴或次年汇算清缴时在限额标准内据实扣除。选择在当年预扣预缴的，应及时将相关凭证提供给扣缴单位。扣缴单位应按照要求为纳税人办理税前扣除有关事项。取得其他劳务报酬、稿酬、特许权使用费等所得或经营所得的，其缴费在次年汇算清缴时在限额标准内据实扣除。

2. 投资环节

在投资环节，计入个人养老金资金账户的投资收益暂不征收个人所得税。

3. 领取环节

个人领取的个人养老金，不并入综合所得，单独按照 3% 的税率计算缴纳个人所得税，其缴纳的税款计入“工资、薪金所得”项目。

个人按规定领取养老金时，需要由商业银行机构代扣代缴其应缴的个人所得税，商业银行有关分支机构应及时对在该行开立个人养老金资金账户纳税人的纳税情况进行全员全额明细申报，保证信息真实准确。

三、个人税收递延型商业养老保险

为进一步推进多层次养老保险体系建设，鼓励符合条件的人员参加个人养老金制度并依规领取个人养老金，发挥税收对养老保险第三支柱的支持引导作用，2018 年 4 月 2 日，财政部、国家税务总局、人力资源社会保障部、中国银行保险监督管理委员会、证监会联合印发《关于开展个人税收递延型商业养老保险试点的通知》（财税〔2018〕22 号）。自 2018 年 5 月 1 日起，在上海市、福建省（含厦门市）和苏州工业园区三个地区实施个人税收递延型商业养老保险试点。试点期限暂定一年。财政部、税务总局公告 2022 年第 34 号规定，自 2022 年 1 月 1 日起，上海市、福建省（含厦门市）、苏州工业园区等已实施个人税收递延型商业养老保险试点的地区，统一按照个人养老金的税收政策执行。

（一）适用对象

试点政策适用人群主要分为两类：一是在试点地区取得综合所得的个人；二是在试点地区取得经营所得的个体工商户业主、个人独资企业投资者、合伙企业自然人合伙人、承包承租经营者。

（二）政策规定

1. 缴费环节

个人购买税收递延型商业养老保险产品缴纳的保费，可凭借中国保险信息技术管理有限公司建立的信息平台（以下简称中保信平台）出具的税延养老扣除凭证，按照每年12000元的限额标准据实扣除。具体是：取得工资薪金所得、按累计预扣法预扣预缴个人所得税劳务报酬所得的，其缴费可以选择在当年预扣预缴或次年汇算清缴时在限额标准内据实扣除。取得其他劳务报酬、稿酬、特许权使用费等所得或经营所得的，其缴费在次年汇算清缴时在限额标准内据实扣除。

取得工资、薪金所得和连续性劳务报酬所得的个人，应及时将相关凭证提供给扣缴单位。扣缴单位应按照有关要求，为纳税人办理税前扣除有关事项。

个人在试点地区范围内从两处或者两处以上取得所得的，只能选择在其中一处享受试点政策。

2. 投资环节

个人商业养老资金账户由专业的保险公司运营，投资收益相对稳健，账户权益长期增值。试点政策对这一阶段的增值暂不征收个人所得税，能直接增加个人商业养老保险账户的收益。

3. 领取环节

个人领取的商业养老金收入，不并入综合所得，单独按照3%的税率计算缴纳个人所得税，其缴纳税款计入“工资、薪金所得”项目。

个人按规定领取商业养老金时，由保险公司代扣代缴其应缴的个人所得税。

（三）三个关联问题

1. 什么是个人商业养老账户

个人商业养老账户，是指由纳税人指定的、用于归集税收递延型商业养老保险缴费、收益以及资金领取等的商业银行个人专用账户。

2. 如何购买个人商业养老保险产品

纳税人需通过中保信平台，购买由保险公司按照“收益稳健、长期锁定、终身领取、精算平衡”原则开发设计出来的个人商业养老保险产品。这些保险产品将采取名录方式管理，具体产品指引由中国银行保险监督管理委员会（现为国家金融监督管理总局）提出，商财政部、人力资源社会保障部、国家税务总局后发布。

3. 如何判定业务发生在“试点地区”

（1）对于在试点地区取得工资薪金所得、连续性劳务报酬所得的个人是以扣缴单位是否在试点地区代扣代缴个人所得税作为是否属于试点地区的判定标准，不受纳税人的实际工作地等因素影响。

（2）对于在试点地区取得个体工商户生产经营所得以及对企事业单位承包承租经营所得的个体工商户业主、个人独资企业投资者、合伙企业自然人合伙人、承包承租经营者，以个体工商户、个人独资企业和合伙企业的实际经营地，作为是否属于试点地区的判定标准。

需要注意的是，如果纳税人在试点地区范围内同时从两处及以上取得上述所得的，只能选择在其中一处享受政策，不能重复享受。

第四章　基本医疗保险

党的二十大报告指出，人民健康是民族昌盛和国家强盛的重要标志。健康是促进人的全面发展的必然要求，是经济社会发展的基础条件，党和国家历来高度重视人民健康。“共建共享、全民健康”，是建设健康中国的战略主题。基本医疗保障是新形势下推进健康中国建设，落实人民健康优先发展战略的制度基础，是减轻群众就医负担、增进民生福祉、维护社会和谐稳定的重大制度安排。习近平总书记指出，要加快建立覆盖全民、城乡统筹、权责清晰、保障适度、可持续的多层次医疗保障体系。新一轮医改以来，贯彻党中央、国务院决策部署，我国已建成全世界最大、覆盖全民的基本医疗保障网，为全面建成小康社会、实现第一个百年奋斗目标作出了积极贡献。

截至2023年底，基本医疗保险参保人数达133386.9万人，参保覆盖面稳定在95%以上，参保质量持续提升。参加职工基本医疗保险人数37093.88万人。参加城乡居民基本医疗保险人数96293.02万人。2023年，原承担医保脱贫攻坚任务的25个省份通过医疗救助共资助7308.2万人参加基本医疗保险，支出153.8亿元，人均资助210.5元，农村低收入人口和脱贫人口参保率稳定在99%以上。基本医疗保险、大病保险、医疗救助三重制度累计惠及农村低收入人口就医18649.8万人次，减轻医疗费用负担1883.5亿元。[①]

根据《国务院办公厅关于印发“十四五”全民医疗保障规划的通知》(国办发〔2021〕36号）要求，到2025年，医疗保障制度将更加成熟定型，基本完成待遇保障、筹资运行、医保支付、基金监管等重要机制和医药服务供给、医保管理服务等关键领域的改革任务，医疗保障政策规范化、管理精细化、服务便捷化、改革协同化程度明显提升。展望2035年，基本医疗保障

---

① 《2023年医疗保障事业发展统计快报》，国家医保局，https：//www.nhsa.gov.cn/art/2024/4/11/art_7_12348.html。

制度更加规范统一，多层次医疗保障体系更加完善，医疗保障公共服务体系更加健全，医保、医疗、医药协同治理格局总体形成，中国特色医疗保障制度优越性充分显现，全民医疗保障向全民健康保障积极迈进。

第一节　职工基本医疗保险

一、基本概述

我国基本医疗保险坚持“以收定支、收支平衡、略有结余”原则，统筹发挥基本医保、大病保险和医疗救助三重制度综合保障效能，科学合理确定基本医保保障水平。稳定居民医保住院待遇水平，确保政策范围内基金支付比例稳定在70%左右。完善门诊保障措施，继续做好高血压、糖尿病门诊用药保障，健全门诊慢性病、特殊疾病（以下简称门诊慢特病）保障。增强大病保险、医疗救助门诊保障功能，探索将政策范围内的门诊高额医疗费用纳入大病保险合规医疗费用计算口径，统筹门诊和住院救助资金使用，共用年度救助限额。合理提高居民医保生育医疗费用保障水平，切实支持三孩生育政策，减轻生育医疗费用负担，促进人口长期均衡发展。我国基本医疗保险制度主要分为城镇职工基本医疗保险制度，城乡居民基本医疗保险。

根据《国务院办公厅关于全面推进生育保险和职工基本医疗保险合并实施的意见》（国办发〔2019〕10号）规定，经国务院同意，生育保险和职工基本医疗保险合并实施，生育保险基金并入职工基本医疗保险基金，统一征缴，统筹层次一致。

二、基本要素

（一）参保范围

职工基本医疗保险费的征缴范围包括国有企业、城镇集体企业、外商投资企业、城镇私营企业和其他城镇企业及其职工，国家机关及其工作人员，事业单位及其职工，民办非企业单位及其职工，社会团体及其专职人员。

无雇工的个体工商户、未在用人单位参加职工基本医疗保险的非全日制从业人员以及其他灵活就业人员可以参加职工基本医疗保险，由个人按照国家规定缴纳基本医疗保险费。

根据《国家医保局 财政部 国家税务总局关于加强和改进基本医疗保险

参保工作的指导意见》(医保发〔2020〕33 号) 要求，深入实施全民参保计划，职工基本医疗保险要逐步以本地区劳动就业人口作为参保扩面对象。

1. 应参保人员

(1) 普通群体。

用人单位及职工。包括企业(国有企业、集体企业、外商投资企业、私营企业等)、机关、事业单位、社会团体、民办非企业单位及其职工，都要参加基本医疗保险。

(2) 特殊群体。

①离休人员、老红军、二等乙级以上革命伤残军人、退休人员。

②国家公务员、军队文职人员。

③领取失业保险金期间的失业人员。

④在内地(大陆)依法注册或者登记的企业、事业单位、社会组织、有雇工的个体经济组织等用人单位依法聘用、招用的港澳台居民。

⑤在中国境内依法注册或者登记的企业、事业单位、社会团体、民办非企业单位、基金会、律师事务所、会计师事务所等组织依法招用的外国人，以及与境外雇主订立雇用合同后，被派遣到在中国境内注册或者登记的分支机构、代表机构工作的外国人。

2. 可参保人员

(1) 无雇工的个体工商户、未在用人单位参加职工基本医疗保险的非全日制从业人员以及其他灵活就业人员。

(2) 在内地(大陆)依法从事个体工商经营的港澳台居民、在内地(大陆)灵活就业且办理港澳台居民居住证的港澳台居民。

(二) 缴费基数

根据《国务院关于建立城镇职工基本医疗保险制度的决定》(国发〔1998〕44 号) 规定，用人单位的缴费基数为职工工资总额，个人缴费基数为本人工资收入总额。用人单位的缴费基数每年核定一次，年度内一般不作调整。用人单位职工人数发生改变的除外。根据《关于规范社会保险缴费基数有关问题的通知》(劳社险中心函〔2006〕60 号) 规定，参保单位缴纳基本医疗保险、失业保险、工伤保险、生育保险费的基数为职工工资总额，基本医疗保险、失业保险职工个人缴费基数为本人工资，为便于征缴可以以上一年度个人月平均工资为缴费基数。目前，一些地方为整合经办资源，实行社会保险费的统一征收和统一稽核，并将各险种单位和个人的缴费基数统一为单位和个人缴纳基本养老保险费的基数，这种做法方便了参保企业和参保人员，有利于提高稽核效率。因此，实务操作中常以缴费单位和缴费个人申报的实际工资收入情况，按照上年度全市在岗职工平均工资的60%～300%来核定其缴费基数。

退役士兵参加基本医疗保险缴纳费用，原则上单位缴费部分由所在单位负担，个人缴费部分由个人负担。原单位已不存在或缴纳确有困难的，由原单位上级主管部门负责补缴；上级主管部门不存在或无力缴纳的，由安置地退役军人事务主管部门申请财政资金解决。政府补缴年限不超过本人军龄。上述单位缴费财政补助部分由中央、省、市、县四级承担，安置地省级政府承担主体责任，中央财政对地方给予适当补助。对于个人缴费部分，个人属于最低生活保障对象、特困人员的，地方政府对其个人缴费予以适当补助。退役士兵补缴城镇职工基本医疗保险，缴费工资基数由参保地按照补缴时上年度职工平均工资的60%予以确定，单位和个人缴费费率按参保地规定执行。

（三）缴费比例

根据《国务院关于建立城镇职工基本医疗保险制度的决定》（国发〔1998〕44号）规定，职工基本医疗保险费由用人单位和职工共同缴纳。用人单位缴费率应控制在职工工资总额的6%左右，职工缴费率一般为本人工资收入的2%。随着经济发展，用人单位和职工缴费率可作相应调整。

职工基本医疗保险遵循现收现付原则，由统筹地区根据参保人年龄结构、医疗费用水平等因素，执行属地政策。实际执行中大部分统筹地区都超过了6%，全国平均为7.1%。

（四）应缴费额计算

职工基本医疗保险费额的计算公式为：

用人单位应缴纳的基本医疗保险费＝用人单位缴费基数×用人单位缴费比例

职工个人应缴纳的基本医疗保险费＝职工个人缴费基数×职工个人缴费比例

三、缴费申报

职工基本医疗保险积极运用大数据、互联网、云计算、区块链等技术，助力管理精细化、服务智能化，让群众分享更多的智慧医保建设红利。医疗保险保实现“掌上办”“网上办”，政务服务事项线上可办率达50%，2025年将达到80%。异地就医直接结算服务已覆盖全国所有统筹地区，截至2023年底，跨省联网定点医药机构55.04万家，其中跨省联网定点医疗机构数量为19.8万家，定点零售药店35.24万家。①

2023年，门诊费用跨省直接结算1.18亿人次，基金支付185.48亿元，比2022年就诊人次增长2.6倍，基金支付增长2.96倍；住院费用跨省直接结算1125.48万人次，基金支付1351.26亿元，比2022年跨省直接结算住院就诊人次增长98%，基金支付同比增长77%。②

职工基本医疗保险费征缴首先应根据《社会保险法》相关规定进行社保登记、征缴。用人单位应当自行申报、按时足额缴纳职工基本医疗保险费，非因不可抗力等法定事由不得缓缴、减免。职工应当缴纳的职工基本医疗保险费由用人单位代扣代缴，用人单位应当按月将缴纳明细情况告知本人。无雇工的个体工商户、未在用人单位参加社会保险的非全日制从业人员以及其他灵活就业人员，可以直接向社会保险费征收机构缴纳职工基本医疗保险费。

特殊群体符合一定条件的，允许参保和补缴职工基本医疗保险费。退役士兵入伍时未参加城镇职工基本养老、基本医疗保险的，入伍时间视为首次参保时间；2012年7月1日《中华人民共和国军人保险法》实施前退役的，军龄视同为基本养老保险、基本医疗保险缴费年限；在《中华人民共和国军人保险法》实施后退役、国家给予军人退役基本养老保险补助的，军龄与参加基本养老保险、基本医疗保险的缴费年限合并计算。参保后缴费中断的允许补缴。退役士兵参加基本养老保险出现欠缴、断缴的，允许按不超过本人军龄的年限补缴，补缴免收滞纳金。达到法定退休年龄、基本养老保险累计缴费年限（含军龄）未达到国家规定最低缴费年限的，允许延长缴费至最低缴费年限；2011年7月1日《社会保险法》实施前首次参保、延长缴费5年后仍不足最低缴费年限的，允许一次性缴费至最低缴费年限。达到法定退休年龄、城镇职工基本医疗保险累计缴费年限（含军龄）未达到国家规定年限的，可以缴费至国家规定年限。

---

① 数据来源：《让医保含金量更高——我国不断织密“医疗保障网”》，中国政府网，https://www.gov.cn/zhengce/202407/content_6964448.htm。

② 数据来源：《2023年全国跨省异地就医直接结算运行平稳》，中国政府网，https://www.gov.cn/lianbo/bumen/202401/content_6929010.htm。

四、账户管理

职工基本医疗保险基金由统筹基金和个人账户构成。根据《国务院办公厅关于建立健全职工基本医疗保险门诊共济保障机制的指导意见》（国办发〔2021〕14号）规定，医疗保险改革后个人账户按个人缴费基数2%计入，单位缴纳的基本医疗保险费全部计入统筹基金，不再划入个人账户。退休个人由于个人不缴费，按照当年基本养老金平均水平的2%左右定额划入个人账户。

国办发〔2021〕14号文件出台前，职工个人账户由个人缴纳的基本医疗保险费和单位缴费基数的一定比例计入；用人单位缴纳的基本医疗保险费分为两部分，一部分用于建立统筹基金，一部分划入个人账户。划入个人账户的比例一般为用人单位缴费的30%左右，具体比例由统筹地区根据个人账户的支付范围和职工年龄等因素确定。

基本医疗保险基金纳入财政专户管理，专款专用，不得挤占挪用。社会保险经办机构负责基本医疗保险基金的筹集、管理和支付，并要建立健全预决算制度、财务会计制度和内部审计制度。社会保险经办机构的事业经费不得从基金中提取，由各级财政预算解决。基本医疗保险基金的银行计息办法：当年筹集的部分，按活期存款利率计息；上年结转的基金本息，按3个月期整存整取银行存款利率计息；存入社会保障财政专户的沉淀资金，比照3年期零存整取储蓄存款利率计息，并不低于该档次利率水平。个人账户的本金和利息归个人所有，可以结转使用和继承。各级劳动保障和财政部门，要加强对基本医疗保险基金的监督管理。审计部门要定期对社会保险经办机构的基金收支情况和管理情况进行审计。统筹地区应设立由政府有关部门代表、用人单位代表、医疗机构代表、工会代表和有关专家参加的医疗保险基金监督组织，加强对基本医疗保险基金的社会监督。

职工基本医疗保险基金收入按规定分别计入职工基本医疗保险统筹基金收入和职工基本医疗保险个人账户收入。

职工基本医疗保险统筹基金收入包括按规定计入统筹基金账户的医疗保险费收入、财政补贴收入、利息收入、上级补助收入、下级上解收入、其他收入。其中，医疗保险费收入指用人单位和个人按照规定缴费基数和费率缴纳的医疗保险费以及其他资金资助参保对象缴纳的保费收入。

职工基本医疗保险个人账户收入包括按规定计入个人账户的医疗保险费

收入、利息收入、转移收入、上级补助收入、下级上解收入、其他收入。

统筹基金的起付标准原则上控制在当地职工年平均工资的10%左右，统筹基金的最高支付限额原则上控制在当地职工年平均工资的4倍左右。起付标准以下的医疗费用，从个人账户中支付或由个人自付。起付标准以上、最高支付限额以下的医疗费用，主要从统筹基金中支付，个人也要负担一定比例。超过最高支付限额的医疗费用，可以通过商业医疗保险等途径解决。统筹基金的具体起付标准、最高支付限额以及在起付标准以上和最高支付限额以下医疗费用的个人负担比例，由统筹地区根据以收定支、收支平衡的原则确定。

职工基本医疗保险基金将增强门诊共济保障功能。建立完善职工医保普通门诊费用统筹保障机制，在做好高血压、糖尿病等群众负担较重的门诊慢特病医疗保障工作的基础上，逐步将多发病、常见病的普通门诊费用纳入统筹基金支付范围。普通门诊统筹覆盖职工医保全体参保人员，政策范围内支付比例从50%起步，随着医保基金承受能力增强逐步提高保障水平，待遇支付可适当向退休人员倾斜。针对门诊医疗服务特点，科学测算起付标准和最高支付限额，并做好与住院费用支付政策的衔接。同步完善城乡居民基本医疗保险门诊统筹，并逐步提高保障水平。

根据医保基金承受能力，逐步扩大由统筹基金支付的门诊慢特病病种范围，将部分治疗周期长、对健康损害大、费用负担重的疾病门诊费用纳入共济保障，对部分适合在门诊开展、比住院更经济方便的特殊治疗，可参照住院待遇进行管理。不断健全门诊共济保障机制，逐步由病种保障向费用保障过渡。将符合条件的定点零售药店提供的用药保障服务纳入门诊保障范围，支持外配处方在定点零售药店结算和配药，充分发挥定点零售药店便民、可及的作用。探索将符合条件的“互联网+”医疗服务纳入保障范围。

自2022年7月1日起，将统一实施职工医保个人账户家庭共济功能，进一步扩展个人账户的使用范围，惠及广大参保人员。实现家庭共济后，职工和退休人员的医保个人账户资金除了供参保人用于本人看门诊、药店购药，或者住院时支付个人负担部分等，经本人授权，其家庭成员也可共济使用。

五、转移接续手续

参加职工基本医疗保险的个人，基本医疗保险关系转移接续时，基本医疗保险缴费年限累计计算。个人跨统筹地区就业的，其基本医疗保险关系随本人转移，缴费年限累计计算。目前基本医保关系转移接续、异地就医备案等多项高频医保服务事项已实现“跨省通办”。

（一）适用范围

主要适用于职工基本医疗保险参保人员（不含退休人员，以下简称职工医保参保人员）和城乡居民基本医疗保险参保人员（以下简称居民医保参保人员）因跨统筹地区就业、户籍或常住地变动的，按规定办理基本医疗保险关系转移接续，包括个人医保信息记录的传递、职工医保个人账户（以下简称个人账户）资金的转移和医保待遇衔接的处理。

办理基本医疗保险关系转移接续，具体包括三种情形：

一是职工医保制度内转移接续。职工医保参保人员跨统筹地区就业，转出地已中止参保，在转入地按规定参加职工医保的，应申请转移接续。

二是居民医保制度内转移接续。居民医保参保人员因户籍或常住地变动跨统筹地区流动，原则上当年度在转入地不再办理转移接续手续，参保人员按转入地规定参加下一年度居民医保后，可申请转移接续。

三是职工医保和居民医保跨制度转移接续。职工医保参保人员跨统筹地区流动，转出地已中止参保，在转入地按规定参加居民医保的，可申请转移接续；居民医保参保人员跨统筹地区流动，转出地已中止参保，在转入地按规定参加职工医保的，可申请转移接续。

（二）参保缴费年限

参加职工基本医疗保险的个人，基本医疗保险关系转移接续时，基本医疗保险缴费年限累计计算。达到法定退休年龄时，享受退休人员基本医疗保险待遇的缴费年限按照各地规定执行。各地不得将办理职工医保退休人员待遇与在当地按月领取基本养老金绑定。

（三）待遇衔接

办理转移接续的职工医保参保人员，在转移接续前中断缴费 3 个月（含）以内的，可按转入地规定办理职工基本医疗保险费补缴手续，补缴后不设待遇享受等待期[①]，缴费当月即可在转入地按规定享受待遇，中断期间的待遇可

---

① 医保待遇等待期是指参保人断交医保时间在 3 个月以上，即使再次参加医保，也无法立即享受医保待遇，需要等待一段时间才能使用医保报销，这段时间就是医保待遇等待期。在医保待遇等待期内发生医保范围以内的医疗费用，医保无法报销，需要参保人自己承担。如果参保人医保缴满 2 年及以上，且医保中断时间不超过 3 个月的话，则没有医保待遇等待期，重新缴费后就能正常享受医保待遇。

按规定追溯享受。中断缴费3个月以上的，基本医疗保险待遇按各统筹地区规定执行，原则上待遇享受等待期不超过6个月。

参保人员已连续2年（含2年）以上参加基本医疗保险的，因就业等个人状态变化在职工医保和居民医保间切换参保关系的，且中断缴费3个月（含）以内的，可按转入地规定办理基本医疗保险费补缴手续，补缴后不设待遇享受等待期，缴费当月即可在转入地按规定享受待遇，中断期间的待遇可按规定追溯享受。中断缴费3个月以上的，基本医疗保险待遇按各统筹地区规定执行，原则上待遇享受等待期不超过6个月。

（四）申请方式

为给参保人提供高效便捷的医保服务，参保人通过线上或线下方式均可申请办理基本医保关系转移接续。转出地和转入地经办机构均已上线全国统一的医保信息平台，且开通转移接续业务线上办理渠道的，申请人可通过国家医保服务平台（网址：https：//fuwu. nhsa. gov. cn）首页下方的地方公服网厅入口提交申请，也可在转入地或转出地经办机构窗口申请。

有单位的职工医保参保人员可由单位为其申请办理转移接续，灵活就业人员及居民等参保人员由个人申请办理。

（五）办理流程

为推动提升基本医保关系转移接续工作标准化、规范化、便捷化水平，现行政策进一步优化转移接续流程，实现了转移接续“跨省通办”。主要有三方面亮点：一是线上流转材料。此前，转出地和转入地通过邮寄材料办理转移接续，手续烦琐，周期较长。《基本医疗保险关系转移接续暂行办法》（医保办发〔2021〕43号，以下简称《转移接续暂行办法》）实施后，参保人申请转移接续，材料流转方式由信函邮寄转变为线上推送，大大提高了办理效率。二是进一步精简材料、优化流程、压缩时限。此前，转移接续申请需参保人填写《基本医疗保险关系转移接续申请表》，办理需经转出地出具《基本医疗保险参保凭证》、转入地出具《基本医疗保险关系转移接续联系函》、转出地出具《基本医疗保险关系转移接续信息表》等环节。《转移接续暂行办法》实施后，取消了《基本医疗保险关系转移接续申请表》这项申请材料以及转出地出具《基本医疗保险参保凭证》和转入地出具《基本医疗保险关系转移接续联系函》两个办理环节，办理时限由原先的45个工作日缩短至不超过15个工作日，同时鼓励各地在规定时限基础上，进一步压缩办理时限。三是办理进度全程可查。在办理过程中，参保人员或用人单位可通过国家医保服务平台进入地方网厅查询业务办理进度。

具体办理流程：申请人通过线上途径或线下窗口发起申请，转出地和转入地校验是否符合转移接续条件，不符合条件则不予受理申请并一次性告知原因，符合条件则予以受理。成功受理后，转出地经办机构 10 个工作日内完成基本医疗保险关系转出，生成并上传《参保人员基本医疗保险信息表》，同时划转职工医保个人账户余额，转入地经办机构收到信息后，5 个工作日内将《参保人员基本医疗保险信息表》同步至本地医保信息平台，完成转入，并接收职工医保个人账户金额。

六、待遇发放

（一）领取条件

职工基本医疗保险待遇支出按规定分别计入职工基本医疗保险统筹基金待遇支出和职工基本医疗保险个人账户待遇支出。

职工基本医疗保险统筹基金待遇支出指按规定在统筹基金支付范围以内，在起付标准以上、最高支付限额以下由统筹基金支付的医疗费补偿支出，包括住院费用支出、门诊大病和门诊统筹费用支出。生育保险与职工基本医疗保险合并实施的统筹地区，职工基本医疗保险统筹基金待遇支出中包含生育待遇支出。生育待遇支出包括生育医疗费用支出和生育津贴支出。

职工基本医疗保险个人账户待遇支出指按规定由个人账户开支的支出，主要包括个人自付的门诊费用支出、住院费用支出、在定点零售药店发生的医药费支出。个人账户资金原则上不得用于非医疗支出。职工基本医疗保险基金的转移支出在个人账户基金中列支。

职工基本医疗保险基金的补助下级支出、上解上级支出根据具体情况分别在统筹基金和个人账户基金中列支。

基本医疗保险用药范围通过制定《基本医疗保险药品目录》进行管理。确定《基本医疗保险药品目录》中药品品种时要考虑临床治疗的基本需要，也要考虑地区间的经济差异和用药习惯，中西药并重。《基本医疗保险药品目录》中的西药和中成药在《国家基本药物》的基础上遴选，并分“甲类目录”和“乙类目录”。“甲类目录”的药品是临床治疗必需，使用广泛，疗效好，同类药品中价格低的药品。“乙类目录”的药品是可供临床治疗选择使用，疗效好，同类药品中比“甲类目录”药品价格略高的药品。“甲类目录”由国家统一制定，各地不得调整。“乙类目录”由国家制定，各省、自治区、直辖市可根据当地经济水平、医疗需求和用药习惯，适当进行调整，增加和减少的品种数之和不得超过国家制定的“乙类目录”药品总数的15%。

各省、自治区、直辖市对本省（自治区、直辖市）《基本医疗保险药品目录》“乙类目录”中易滥用、毒副作用大的药品，可按临床适应证和医院级别分别予以限定。

基本医疗保险参保人员使用《基本医疗保险药品目录》中的药品，所发生的费用按以下原则支付。使用“甲类目录”的药品发生的费用，按基本医疗保险的规定支付。使用“乙类目录”的药品发生的费用，先由参保人员自付一定比例，再按基本医疗保险的规定支付。个人自付的具体比例，由统筹地区规定，报省、自治区、直辖市人力资源社会保障部门备案。使用中药饮片所发生的费用，除基本医疗保险基金不予支付的药品外，均按基本医疗保险的规定支付。

基本医疗保险实行定点医疗机构（包括中医医院）和定点药店管理。国家医保局会同卫生部①、财政部等有关部门制定定点医疗机构和定点药店的资格审定办法。社会保险经办机构要根据中西医并举，基层、专科和综合医疗机构兼顾，方便职工就医的原则，负责确定定点医疗机构和定点药店，并同定点医疗机构和定点药店签订合同，明确各自的责任、权利和义务。在确定定点医疗机构和定点药店时，要引进竞争机制，职工可选择若干定点医疗机构就医、购药，也可持处方在若干定点药店购药。国家药品监督管理局会同有关部门制定定点药店购药事故处理办法。

国家《基本医疗保险药品目录》原则上每两年调整一次，各省、自治区、直辖市《基本医疗保险药品目录》进行相应调整。国家《基本医疗保险药品目录》的新药增补工作每年进行一次，各地不得自行进行新药增补。增补进入国家“乙类目录”的药品，各省、自治区、直辖市可根据实际情况，确定是否进入当地的“乙类目录”。在制定《基本医疗保险药品目录》的工作中，各级人力资源社会保障部门不再进行药品检验，不得向药品生产和经销企业收取评审费和各种名目的费用，不得巧立名目加重企业的负担。制定《基本医疗保险药品目录》所需经费由医保部门向财政部门提出申请，由同级财政拨款解决。

职工基本医疗保险不予支付的范围包括：

---

① 编者注：现为国家卫生健康委。

（1）应当从工伤保险基金中支付的。

（2）应当由第三人负担的。

（3）应当由公共卫生负担的。

（4）在境外就医的。

（5）体育健身、养生保健消费、健康体检。

（6）国家规定的基本医疗保险基金不予支付的其他费用。遇对经济社会发展有重大影响的，经法定程序，可做临时调整。

（二）领取时间

参保人员在协议医疗机构发生的医疗费用，符合《基本医疗保险药品目录》《基本医疗保险诊疗项目》和《基本医疗保险医疗服务设施标准》的，按照国家规定从基本医疗保险基金中支付。参保人员确需急诊、抢救的，可以在非协议医疗机构就医；因抢救必须使用的药品可以适当放宽范围。参保人员急诊、抢救的医疗服务具体管理办法由统筹地区根据当地实际情况制定。

参加职工基本医疗保险的个人，达到法定退休年龄时累计缴费达到国家规定年限的，退休后不再缴纳基本医疗保险费，按照国家规定享受基本医疗保险待遇；未达到国家规定年限的，可以缴费至国家规定年限。

失业人员在领取失业保险金期间，参加职工基本医疗保险，享受基本医疗保险待遇。基本医疗保险费从失业保险基金中支付，个人不缴费。基本医疗保险费支出指按规定为领取失业保险金人员参加职工基本医疗保险缴纳的基本医疗保险费支出，包括按规定支付给失业人员在领取失业保险金期间的医疗补助金支出。

（三）领取标准

1. 住院待遇领取政策

（1）起付标准。

职工医保的起付标准原则上不高于统筹地区年职工平均工资的10%，具体标准由各地根据本地实际情况确定。不同级别医疗机构适当拉开差距。大病保险起付标准原则上不高于统筹地区居民上年度人均可支配收入的50%。低保对象、特困人员原则上全面取消救助门槛，暂不具备条件的地区，对其设定的年度起付标准不得高于统筹区上年居民人均可支配收入的5%，并逐步探索取消起付标准，低收入家庭成员按10%左右确定，因病致贫家庭重病患者按25%左右确定。

（2）支付比例。

对于起付标准以上、最高支付限额以下的政策范围内的费用，基本医保总体支付比例75%左右，职工医保和城乡居民医保保持合理差距，不同级别医疗机构适当拉开差距。大病保险支付比例不低于60%。医疗救助对低保对象、特困人员可按不低于70%比例给予救助，其他救助对象救助水平原则上略低于低保对象，具体比例由各统筹地区根据实际确定。

（3）基金最高支付限额。

职工医保叠加职工大额医疗费用补助、居民医保叠加大病保险的最高支付限额原则上达到当地职工年平均工资和居民人均可支配收入的6倍左右。医疗救助年度最高限额根据经济社会发展、人民健康需求、基金支撑能力合理设定。

2. 门诊待遇领取政策

（1）普通门诊。

对于起付标准以上、最高支付限额以下的政策范围内的费用，居民医保门诊统筹支付比例不低于50%。

（2）门诊慢特病。

把高血压、糖尿病等门诊用药纳入医保报销。恶性肿瘤门诊放化疗、尿毒症透析、器官移植术后抗排异治疗、重性精神病人药物维持治疗、糖尿病胰岛素治疗、肺结核、日间手术等，可参照住院管理和支付。对罹患慢性病需要长期服药或者患重特大疾病需要长期门诊治疗，导致自负费用较高的符合救助条件的对象给予门诊救助。门诊年度救助限额由县级以上人民政府根据当地救助对象需求和救助资金筹集情况研究确定。

七、税务处理

企事业单位按照国家或省（自治区、直辖市）人民政府规定的缴费比例或办法实际缴付的基本医疗保险费，免征个人所得税；个人按照国家或省（自治区、直辖市）人民政府规定的缴费比例或办法实际缴付的基本医疗保险费，允许在个人应纳税所得额中扣除。企事业单位和个人超过规定的比例和标准缴付的基本医疗保险费，应将超过部分并入个人当期的工资、薪金收入，计征个人所得税。个人实际领（支）取原提存的基本医疗保险金时，免征个人所得税。

【例4-1】朱某、薛某、何某均系何某某（已故）亲属。何某某与某保安公司存在劳动关系，该公司未为何某某缴纳社会保险。何某某于2019年5月27日摔伤，因医治无效于同年9月4日去世。治疗期间，何某某共产生医疗费用420834元，其中符合医保报销范围的为288152.73元。朱某、薛某、何某已通过新型农村合作医疗（以下简称新农合）报销医疗费用27612.21元。2019年10月22日，朱某、薛某、何某申请劳动仲裁，请求裁令某保安公司支付医疗费420834元。仲裁裁决后，某保安公司不服，诉至法院。

法院认为，何某某共产生医疗费用420834元，其中符合医保报销范围的为288152.73元。某保安公司未为何某某参加职工基本医疗保险，故该医保可报销的费用288152.73元为某保安公司应向何某某赔偿的医疗保险待遇损失。鉴于朱某、薛某、何某已经通过新农合报销了27612.21元，该部分应予扣除，故判决某保安公司支付医疗费260540.52元。

解析：城镇职工基本医疗保险和新农合在参保对象、资金统筹、保障范围、主管机构等方面均有所不同，尤其在保障范围方面，职工基本医疗保险所保障的范围和标准远高于新农合。用人单位为劳动者参加社会保险，是其法定义务。

本案中，用人单位未为劳动者参保职工基本医疗保险，导致劳动者无法享受职工基本医疗保险待遇。法院判决用人单位赔偿当事人基本医疗保险待遇相应损失，不仅符合《社会保险法》的立法目的，维护职工参加社会保险和享受社会保险待遇的合法权益，更可以使职工共享发展成果，促进社会和谐稳定，实现社会法的社会安全目标。同时，该裁判有利于促进我国社会保险制度的城乡一体化进程，彰显制度的公平性，保证农村居民群体的基本医疗水平，还可以均衡企业负担，创造公平竞争的社会环境，建立统一的劳动力市场，促进劳动者的合理流动。

第二节　城乡居民基本医疗保险

一、基本概述

2016年前，我国城乡居民基本医疗保险包括城镇居民基本医疗保险及新型农村合作医疗保险。根据《国务院关于整合城乡居民基本医疗保险制度的意见》（国发〔2016〕3号）指导精神，整合城镇居民基本医疗保险和新型农村合作医疗两项制度，建立统一的城乡居民基本医疗保险制度。这是推进医药卫生体制改革、实现城乡居民公平享有基本医疗保险权益、促进社会公平正义、增进人民福祉的重大举措，对促进城乡经济社会协调发展、全面建成小康社会具有重要意义。

我国建立了城乡居民基本医疗保险制度，推进大病保险，形成基本医疗保险、大病保险、城乡居民医疗救助三重保障体系。同时，城乡居民基本医疗保险将进一步落实持居住证参保政策，逐步实现以本地区非就业居民为参保扩面对象。目前我国县域政策范围内住院费用支付比例总体稳定在70%左右。

二、基本要素

（一）参保范围

我国城乡居民基本医疗保险主要包括除职工基本医疗保险应参保人员以外的其他所有城乡居民。农民工和灵活就业人员依法参加职工基本医疗保险，有困难的可按照当地规定参加城乡居民医保。

具体主要包括：

（1）农村非职业居民（原新农合参保人员）。

（2）城镇非从业居民（原城镇居民参保人员）。

（3）中小学生（含托幼机构儿童）、高校大学生。

（4）国家和省市规定的其他人员，如退捕渔民、灵活就业人员以及在内地（大陆）居住且办理港澳台居民居住证的未就业港澳台居民、在内地（大陆）就读的港澳台大学生等。

同时城乡居民医保制度覆盖范围各地要完善参保方式，促进应保尽保，避免重复参保。

（二）缴费基数

1. 定额缴费

城乡居民基本医疗保险普遍采取按年缴费的方式，每年确定一次缴费标准。各统筹区根据本地区医保政策调整范围和基金收支情况，充分考虑参保人个人身份、家庭经济状况等因素，在国家规定的标准范围内对不同人群确定不同的缴费标准。

2. 政府补贴

中央财政通过转移支付方式对特定地域、特定人群参保城乡居民基本医疗保险给予补贴补助。例如：鼓励引导退捕渔民按规定参加基本医疗保险；

资助符合条件的残疾人参加城乡居民基本医疗保险；对残疾人个体工商户和安置残疾人就业单位社会保险进行补贴等政策。

3. 多重保障结合

城乡居民医保制度将整合纳入全民医保体系发展和深化医改全局，统筹安排，合理规划，突出医保、医疗、医药三医联动，以医疗救助托底保障，完善统一的城乡居民基本医疗保险制度，巩固住院待遇保障水平，完善统一的城乡居民基本医疗保险制度，合理提高政府补助标准和个人缴费标准，健全重大疾病医疗保险和救助制度。

（三）缴费比例

城乡居民基本医疗保险费计征实行个人缴费和政府补贴相结合。目前我国并未对城乡居民基本医疗保险缴费标准进行统一规定，各地根据当地经济发展水平以及成年人和未成年人等不同人群的基本医疗消费需求，同时考虑当地居民家庭和财政负担能力，探索建立居民医保筹资标准和居民人均可支配收入相挂钩的动态筹资机制，进一步优化筹资结构。

（四）应缴费额计算

城乡居民基本医疗保险一般采取定额缴纳方式。

根据《关于做好 2023 年城乡居民基本医疗保障工作的通知》（医保发〔2023〕24 号）规定，2023 年居民医保筹资标准为 1020 元，其中人均财政补助标准达到每人每年不低于 640 元，个人缴费标准达到每人每年 380 元。各级财政部门要按规定落实财政补助政策，将财政补助资金及时足额拨付到位。中央财政继续按规定对地方实施分档补助，对西部、中部地区省份分别按照人均财政补助标准 80%、60% 的比例给予补助，对东部地区省份分别按照一定比例补助。统筹居民医保和大病保险资金安排和使用，确保大病保险待遇水平不降低，稳步提升保障绩效。

享受最低生活保障的人、丧失劳动能力的残疾人、低收入家庭六十周岁以上的老年人和未成年人等所需个人缴费部分，由政府给予补贴。

三、缴费申报

当前，很多地方都实现了城乡居民基本医疗保险缴费申报网上办、掌上办。缴费人可以通过当地政务服务平台、电子税务局、微信、支付宝、银行 APP 等线上渠道以及服务大厅、自助终端等线下渠道进行缴费。

四、账户管理

城乡居民基本医疗保险基金收入包括城乡居民基本医疗保险费收入、财政补贴收入、利息收入、上级补助收入、下级上解收入、其他收入。其中：城乡居民基本医疗保险费收入指城乡居民按照规定缴费标准缴纳的保费收入，有条件的用人单位对职工家属参保缴费给予的资助，乡村集体经济组织对农民参保缴费给予的资助，以及城乡医疗救助基金等资助参保对象缴纳的保费收入。

城乡居民基本医疗保险基金支出包括城乡居民基本医疗保险待遇支出、划转用于城乡居民大病保险支出、补助下级支出、上解上级支出、其他支出。城乡居民基本医疗保险待遇支出指基金对参保城乡居民医疗费用的补偿支出，主要包括住院费用支出，门诊费用纳入基金支付范围的地区也包括门诊费用支出。划转用于城乡居民大病保险支出指按照规定从城乡居民基本医疗保险基金中划出一定比例或额度作为城乡居民大病保险的支出。

五、转移接续手续

对于农村低收入人口参保和关系转移接续工作，跨区域参保关系转移接续以及非因个人原因停保断保的，原则上不设待遇享受等待期，确保待遇接续享受。

六、待遇发放

（一）领取条件

参保居民就诊就医应执行“社区首诊，逐级转诊”的就医原则，并持本人社会保障卡就医结算，享受城乡居民基本医疗保险待遇。参保居民住院医疗费用超过起付标准以上的部分按“分级支付”的原则支付。统筹基金支付金额计算方式如下：

统筹基金支付金额 =（住院总费用 - 自费费用 - 先行自付费用 - 起付标准）×统筹基金支付比例

其中，自费费用是指《基本医疗保险药品目录》《基本医疗保险诊疗项目》《基本医疗保险医疗服务设施标准》范围以外的药品、诊疗项目及超标服务设施的费用。先行自付费用是指需参保人员先行自付一部分费用后，即乙类药品先行自付10%的费用和部分准予支付的诊疗项目先行自付15%或20%

的费用。

（二）领取时间

参加城乡居民基本医疗保险的少年儿童和成年居民，在医保定点医疗机构门诊发生的基本医疗费用，可按比例报销。参保人患有门诊特定病种相应疾病的（如高血压、糖尿病等），在具有认定资质的定点医疗机构备案登记后，可享受门诊特殊病种待遇。参保居民在定点医疗机构发生的政策范围内的住院医疗费用，起付标准以下由个人支付，起付标准以上由统筹基金按比例支付，报销比例根据各地区标准而定。参保人员因患重特大病发生的高额医疗费用，在基本医疗保险支付的基础上，需个人负担的符合规定的高额医疗费用由大病保险给予进一步保障。符合条件的参保人，按规定办理异地就医备案后，在其备案地的联网定点医疗机构就医时，可以实现异地就医联网直接结算，从而减轻医疗垫付负担。符合规定的救助对象经基本医疗保险、大病保险支付后，个人及其家庭难以承受的符合规定的自付医疗费用给予救助。

（三）领取标准

城乡居民基本医疗保险统筹基金支付采取国际通行的复合支付方式，即按人头付费、按病种付费、按床日付费、总额预付等多种付费方式相结合。

城乡居民基本医疗保险统筹基金实行统一的起付标准，在不同的统筹区域内起付标准有所差异。

在《基本医疗保险药品目录》《基本医疗保险诊疗项目》和《基本医疗保险医疗服务设施标准》范围内，城乡居民医保政策范围内住院费用报销比例为：一级医疗机构（包括乡镇卫生院、社区卫生服务中心）为80%，二级医疗机构为70%，三级医疗机构为60%，转本市行政区域外住院治疗的为55%。最高支付限额为6万元。跨年度住院的参保人员，享受出院年度统筹基金最高支付限额。

“十三五”时期，城乡居民基本医疗保险政策范围内住院费用支付比例稳定在70%左右。

七、税务处理

个人按照国家或省（自治区、直辖市）人民政府规定的缴费比例或办法实际缴付的基本养老保险费、基本医疗保险费和失业保险费，允许在个人应纳税所得额中扣除。企事业单位和个人超过规定的比例和标准缴付的基本养老保险费、基本医疗保险费和失业保险费，应将超过部分并入个人当期的工资、薪金收入，计征个人所得税。

八、典型案例解析

L 区税务局成功处理医疗保险费欠费投诉案例①

2022 年初，L 区税务局成功处理一起医疗保险费欠费投诉案例，被投诉人为××物业管理有限公司，投诉人为其原职工，投诉该用人单位未为其缴纳 2016 年 8 月至 2020 年 2 月的基本医疗保险费、生育保险费。经多方努力，目前该企业已缴清所欠基本医疗保险费、生育保险费及滞纳金共计 28112.92 元。此案例是 L 区税务局自社会保险费划转税务部门征收后受理的第一起涉费投诉案件。

2022 年 3 月 1 日，L 区税务局社会保险费和非税收入股接到市税务局案件转办通知和市医保部门出具的《医疗保险稽核告知书》和《医保欠费收缴移交函》后，第一时间向局领导进行了汇报，之后立即组织人员讨论处理方案。在市税务局科室指导下，对外加强部门协同，积极与市医保局对接前期案件处理进度，联合做好应对处理和解释答复；对内注重案头分析，召集相关业务骨干深入讨论劳动裁决书和一审、二审判决书了解案件经过，严格按照省税务局《关于税务部门社会保险费征收职责相关问题的意见》要求，厘清部门职责边界，积极拟定应对方案，争取尽快解决投诉人诉求。

该企业主管税务机关为 M 税务分局。2022 年 3 月 2 日上午，分局工作人员在约谈室与企业人力资源部两位负责人员进行了面对面沟通交流。在了解案件详情后，鉴于该案件劳动关系清晰，涉案金额相对较小，积极发挥“枫桥经验”做法，着力预防纠纷、化解矛盾，采取了“柔性引导”与“刚性执法”相结合的工作方式方法，一方面将缴纳社会保险费的相关政策进行详细讲解，告知用人单位与职工建立劳动关系，就有为职工缴纳包括医疗保险、生育保险在内所有社会保险费的法定义务；另一方面进行说服教育工作，给企业讲明欠缴社会保险费的不利影响，如果企业坚持拒缴，税务部门将履行相关职责，也可能会给企业带来处罚、征信等方面的严重后果。

通过约谈、走访企业多种形式进行数次说服教育工作，××物业管理有

① 案例摘自兰山区人民政府官网，http：//www. lyls. gov. cn/info/2002/196920. htm，有删改。

限公司负责人表示，通过税务部门的辅导和沟通交流，大大提高了对社会保险费缴纳义务的认识，深刻了解了欠缴社会保险费应承担的法律责任，承诺尽快补缴所欠金额，同时企业将引以为戒，今后加强用人规范，为员工及时足额缴纳社会保险费。投诉人收到企业结清欠费处理反馈后，对处理结果表示非常满意。

在本次案件处理过程中，L区税务局按照目前法律规定及S省政府确定的“人社医保核定，税务征收”社会保险费征收模式，本着各部门应明确案例受理边界的原则，积极与市医保部门沟通协商，建议尽快规范部门间欠费案件推送流程、健全完善欠费收缴移交传递文书，目前市医保部门已经制作下发文书模板供全市参考使用，确保各项工作平稳有序运行。

解析：该投诉案件的处理，加强了税务医保部门之间的沟通协作，进一步规范了社会保险费投诉举报案件的处理流程，积累了涉费案件处理经验，也为优化调整社会保险费申报缴纳流程打下坚实基础。

第五章 生育保险

第一节 生育保险基本概述

生育保险是为维护企业女职工的合法权益而设立，对生育职工因生育而暂时中断劳动，提供必要的经济补偿和医疗保健的一项社会制度，保障她们在生育期间得到必要的经济补偿和医疗保健，对促进经济和社会协调发展、保障妇女平等就业、促进企业公平竞争、维护妇女合法权益等方面具有重要作用。生育保险通过社会保险立法，按属地原则组织，实行社会统筹。

生育保险根据“以支定收，收支基本平衡”的原则筹集资金，企业按照其工资总额的一定比例缴纳生育保险费，建立生育保险基金。生育保险费的提取比例由当地人民政府根据计划内生育人数和生育津贴、生育医疗费等项费用确定，并可根据费用支出情况适时调整，但最高不得超过工资总额的1%。企业缴纳的生育保险费作为期间费用处理，列入企业管理费用。职工个人不缴纳生育保险费。

生育保险实行医疗机构协议管理，签订协议的医疗机构范围要考虑基本医疗保险定点医疗机构和妇产医院、妇幼保健院等医疗机构。社会保险经办机构在对这些医疗机构的保险管理、服务质量、信息管理等服务能力评价的基础上，选择适合生育保险要求的医疗机构签订生育保险医疗服务协议，明确双方的权利和义务。参保职工在生育保险协议医疗机构因生育所发生符合规定的医疗费用，由生育保险基金支付。生育保险医疗费用支付的范围原则上按照《基本医疗保险药品目录》《基本医疗保险诊疗项目》和《基本医疗保险医疗服务设施标准》执行，具体支付办法由各地根据实际情况制定。

女职工生育按照法律、法规的规定享受产假。产假期间的生育津贴按照本企业上年度职工月平均工资计发，由生育保险基金支付。女职工生育的检查费、接生费、手术费、住院费和药费由生育保险基金支付。超出规定的医疗服务费和药费（含自费药品和营养药品的药费）由职工个人负担。

女职工生育出院后，因生育引起疾病的医疗费，由生育保险基金支付；其他疾病的医疗费，按照医疗保险待遇的规定办理。女职工产假期满后，因病需要休息治疗的，按照有关病假待遇和医疗保险待遇规定办理。

第二节　生育保险基本要素

一、参保范围

生育保险覆盖范围包括城镇企业及其职工。由企业按照其工资总额的一定比例缴纳生育保险费，建立生育保险基金。职工个人不缴纳生育保险费。同时相关政策强调应将下列人员纳入生育保险范围：

（1）与境外雇主订立雇用合同后，被派遣到在中国境内注册或者登记的分支机构、代表机构工作的外国人；

（2）农民合同制工人；

（3）内地（大陆）依法注册或者登记的企业、事业单位、社会组织、有雇工的个体经济组织等用人单位依法聘用、招用的港澳台居民。

截至 2023 年底，生育保险参保人数 24907.06 万人，同比增加 300.41 万人。生育保险基金待遇支出 1069.10 亿元，比上年增加 117.75 亿元，增长 12.38%。[①]

根据《社会保险法》规定，用人单位按照国家规定缴纳生育保险费，职工个人不缴纳生育保险费。因此，按规定参加生育保险的各类城镇企业等用人单位，是生育保险的缴费义务人。

二、缴费基数

生育保险费由企业按月缴纳。企业缴费总基数为本企业符合条件的职工缴费基数之和。职工基本医疗保险和生育保险合并实施后，生育保险已经纳入医疗保险范畴，生育保险缴费基数与职工基本医疗保险缴费基数一致。

---

① 《2023 年医疗保障事业发展统计快报》，国家医保局，https：//www.nhsa.gov.cn/art/2024/4/11/art_7_12348.html。

三、缴费比例

生育保险费用实行社会统筹，根据以支定收、收支基本平衡的原则进行筹集，不留积累。企业按其工资总额的一定比例缴费，具体缴费比例由各省、自治区、直辖市确定，缴费比例原则上控制在企业工资总额的0.6%左右，可根据费用支出情况适时调整，但最高不得超过企业工资总额的1%。

四、应缴费额计算

生育保险费的计算公式为：

生育保险费 = 单位缴费比例 × 缴费基数

根据《国务院办公厅关于全面推进生育保险和职工基本医疗保险合并实施的意见》(国办发〔2019〕10号)，参加职工基本医疗保险的在职职工同步参加生育保险。生育保险基金并入职工基本医疗保险基金，统一征缴，统筹层次一致。按照用人单位参加生育保险和职工基本医疗保险的缴费比例之和确定新的用人单位职工基本医疗保险费率，个人不缴纳生育保险费。

第三节　生育保险费管理

一、缴费申报

职工基本医疗保险和生育保险合并实施后，要统一经办管理，规范经办流程。经办管理统一由基本医疗保险经办机构负责，经费列入同级财政预算。充分利用医疗保险信息系统平台，实行信息系统一体化运行。原有生育保险医疗费用结算平台可暂时保留，待条件成熟后并入医疗保险结算平台。完善统计信息系统，确保及时全面准确反映生育保险基金运行、待遇享受人员、待遇支付等方面情况。

生育保险事务经办管理由医疗保险经办机构负责。生育保险与职工基本医疗保险合并实施以后，两险统一参保登记、统一基金管理、统一医疗服务管理、统一经办和信息服务。

二、账户管理

职工基本医疗保险和生育保险合并实施后，生育保险与职工基本医疗保险根据职工基本医疗保险基金支出情况和生育待遇的需求，按照收支平衡的原则，建立费率确定和调整机制。职工基本医疗保险基金严格执行社会保险基金财务制度，不再单列生育保险基金收入，在职工基本医疗保险统筹基金待遇支出中设置生育待遇支出项目。探索建立健全基金风险预警机制，坚持基金运行情况公开，加强内部控制，强化基金行政监督和社会监督，确保基金安全运行。

三、转移接续手续

原参保地经办机构为符合条件的职工打印《生育保险参保凭证》，由个人或新用人单位持《生育保险参保凭证》，到新参保地经办机构指定窗口申请参保并办理转移，填写《生育保险关系转移接续申请表》。属个人办理的，应提供居民身份证或社会保障卡等身份证明材料，代办人员还应携带代办人身份证。

四、待遇发放

（一）领取条件

生育保险待遇包括《社会保险法》规定的生育医疗费用和生育津贴，所需资金从职工基本医疗保险基金中支付。用人单位已经缴纳生育保险费的，其职工享受生育保险待遇；职工未就业配偶按照国家规定享受生育医疗费用待遇。

职工享受生育保险待遇，应当同时满足“用人单位已为职工缴纳一定时间的社保”要求。各地对于缴纳的时间规定有所不同，具体参照各地相关政策确定。

（二）领取标准

1. 生育医疗费用

女职工因怀孕、生育或流产，以及职工因实施计划生育手术所发生的医疗费用。包括妊娠期、分娩期、产褥期内因生育发生的医疗检查费、接生费、手术费、住院费和药品费等医疗费用，以及女职工生育出院后因生育引起疾病的医疗费。女职工生育或者流产的医疗费用，按照生育保险规定的项目和标准，对已经参加生育保险的，由生育保险基金支付；对未参加生育保险的，由用人单位支付。超出规定的医疗服务费和药费由职工个人负担。职工未就业配偶按照国家规定享受生育医疗费用待遇。

生育医疗费用包括下列各项：

（1）生育的医疗费用；

（2）计划生育的医疗费用；

（3）法律、法规规定的其他项目费用。

2. 生育津贴

生育津贴指对职业妇女因生育而离开工作岗位期间，给予的生活费用。职工有下列情形之一的，可以按照国家规定享受生育津贴：

（1）女职工生育享受产假；

（2）享受计划生育手术休假；

（3）法律、法规规定的其他情形。

生育津贴支付期限按照《女职工劳动保护特别规定》（中华人民共和国国务院令第619号）等法律法规规定的产假期限执行。女职工产假期间的生育津贴，对已经参加生育保险的，按照用人单位上年度职工月平均工资的标准由生育保险基金支付；对未参加生育保险的，按照女职工产假前工资的标准由用人单位支付。

女职工生育或者流产的医疗费用，按照生育保险规定的项目和标准，对已经参加生育保险的，由生育保险基金支付；对未参加生育保险的，由用人单位支付。

五、税务处理

生育保险并入基本医疗保险后，生育保险涉税处理依照基本医疗保险相关税收待遇执行。

第六章　长期护理保险

第一节　长期护理保险概述

党的二十大报告提出“建立长期护理保险制度”。2022 年 2 月 21 日，国务院印发《“十四五”国家老龄事业发展和养老服务体系规划》（国发〔2021〕35 号），对稳步建立长期护理保险制度提出明确要求。

长期护理保险，是指对个体由于年老、疾病或伤残导致生活不能自理，需要在家中或疗养院治病医疗由专人陪护所产生的费用进行支付的保险，属于健康保险范畴，标的物为个体的身体健康状况。长期护理通常护理期限较长，可能为半年、一年、几年甚至十几年，护理的意义在于尽可能长地维持个体的身体机能而不是以治愈为主要目的，长期护理保险可以作为对护理费用的经济补偿。

长期护理险保障主要是支付老年人的日常照顾费用，或者由于疾病或伤残引起的日常照顾费用。对老年人的照料一般分为家庭照料和机构照料。长期护理保险与医疗保险的区别在于，医疗保险主要保障医疗治疗所需要的费用，而长期护理险主要用于保障一般生活照料所支付的费用，一般不包含医疗介入。长期护理保险制度主要是为被保险人在丧失日常生活能力、年老患病或身故时，侧重于提供护理保障和经济补偿的制度安排。2016 年，长期护理保险开始试点，以长期处于失能状态的参保人群为保障对象，重点解决重度失能人员基本生活照料和医疗护理所需费用。

为实施积极应对人口老龄化国家战略，推动老龄事业和产业协同发展，构建和完善兜底性、普惠型、多样化的养老服务体系，不断满足老年人日益增长的多层次、高品质健康养老需求，我国将稳步建立长期护理保险制度。探索建立长期护理保险制度，这是党中央、国务院为应对人口老龄化、健全社会保障体系作出的一项重要部署。

稳步建立长期护理保险制度。适应我国经济社会发展水平和老龄化发展趋势，构建长期护理保险制度政策框架，协同促进长期照护服务体系建设。建立公平适度的待遇保障机制，合理确定待遇保障范围和基金支付水平。制定全国统一的长期护理保险失能等级评估标准，建立并完善长期护理保险需求认定、等级评定等标准体系和管理办法，明确长期护理保险基本保障项目。做好与经济困难的高龄、失能老年人补贴以及重度残疾人护理补贴等政策的衔接。健全长期护理保险经办服务体系。

2020 年 9 月，经国务院同意，国家医保局会同财政部印发《关于扩大长期护理保险制度试点的指导意见》（医保发〔2020〕37 号），将长期护理保险试点城市增至 49 个，在制度框架、政策标准、运行机制、管理办法等方面作出探索。

截至 2023 年 6 月底，49 个试点城市长期护理保险制度参保人数达到 1.7 亿人，累计超 200 万人享受待遇，累计支出基金约 650 亿元。①

第二节　长期护理保险基本要素

一、参保范围

试点阶段从职工基本医疗保险参保人群起步，重点解决重度失能人员基本护理保障需求，优先保障符合条件的失能老年人、重度残疾人。有条件的地方可随试点探索深入，综合考虑经济发展水平、资金筹集能力和保障需要等因素，逐步扩大参保对象范围，调整保障范围。

二、缴费基数

长期护理保险费探索建立互助共济、责任共担的多渠道筹资机制。科学测算基本护理服务相应的资金需求，合理确定本统筹地区年度筹资总额。建立与经济社会发展和保障水平相适应的筹资动态调整机制。长期护理保险一般由用人单位和参保人以当期缴纳职工基本医保缴费基数作为长护险缴费的

① 国家医保局举行 2023 年下半年例行新闻发布会，国家医保局，https：//www. nhsa. gov. cn/art/2023/9/22/art_52_11322. html。

基数。

三、缴费比例

长期护理保险制度由用人单位和个人按照同比例承担，具体缴费比例或金额在试点期间由各地区根据实际情况统筹安排。

四、应缴费额计算

长期护理保险费的计算公式为：

长期护理保险费个人部分 = 缴费基数 × 个人缴费比例

长期护理保险费单位部分 = 缴费基数 × 单位缴费比例

第三节　长期护理保险费管理

一、缴费申报

长期护理保险以单位和个人为缴费主体，单位和个人缴费原则上按同比例分担，其中单位缴费基数为职工工资总额，起步阶段可从其缴纳的职工基本医疗保险费中划出，不增加单位负担；个人缴费基数为本人工资收入，可由其职工基本医疗保险个人账户代扣代缴。有条件的地方可探索通过财政等其他筹资渠道，对特殊困难退休职工缴费给予适当资助。

二、账户管理

长期护理保险基金管理参照现行社会保险基金有关制度执行。基金单独建账，单独核算。建立健全基金监管机制，创新基金监管手段，完善举报投诉、信息披露、内部控制、欺诈防范等风险管理制度，确保基金安全。

加快长期护理保险系统平台建设，推进“互联网 +”等创新技术应用，逐步实现与协议护理服务机构以及其他行业领域信息平台的信息共享和互联互通。

三、转移接续手续

长期护理保险目前正处于试点阶段，因此对于转移接续手续多依据当地相关规定。现行有部分城市明确关于长期护理保险转移接续规定如下：

1. 职工医保参保人员在享受长期照护保险待遇期间，暂停或终止城镇职工基本医疗保险关系，3 个月（含）内接续参加当年度城乡居民基本医疗保险，从终止城镇职工基本医疗保险关系次月起，按城乡居民长期照护保险政策规定享受待遇。

2. 居民医保参保人员在享受长期照护保险待遇期间，在城乡居民基本医疗保险保险年度结束后 3 个月（含）内以统账结合方式接续参加城镇职工基本医疗保险的，从接续参保当月起，按城镇职工长期照护保险政策规定享受待遇。

3. 因征地农转非参加城镇职工基本医疗保险的，自城镇职工基本医疗保险统筹基金医疗保险待遇生效之月起，按城镇职工长期照护保险政策规定享受待遇。

四、待遇发放

（一）领取条件

长期护理保险基金主要用于支付符合规定的机构和人员提供基本护理服务所发生的费用。经医疗机构或康复机构规范诊疗、失能状态持续 6 个月以上，经申请通过评估认定的失能参保人员，可按规定享受相关待遇。

为稳步推进长期护理保险制度试点，协同促进养老服务体系建设，2021 年 7 月，国家医保局办公室会同民政部办公厅印发了《关于印发〈长期护理失能等级评估标准（试行）〉的通知》（医保办发〔2021〕37 号）。长期护理保险失能等级评估标准是长期护理保险待遇享受和基金支付的重要依据，是构成完整制度体系的重要部分。自 2016 年长期护理保险制度试点开展以来，各试点地区借鉴国际经验，因地制宜、积极探索，初步形成了适宜的地方评估标准。在总结地方经验的基础上，从待遇均衡性、制度公平性方面考虑，国家医保局会同民政部研究制定了该评估标准，主要对评估指标、评估实施和评估结果判定作了规定。

1. 评估指标

失能等级评估指标包括一级指标和二级指标。一级指标共 3 个，包括日常生活活动能力、认知能力、感知觉与沟通能力。二级指标共 17 个（详见表 6－1）。日常生活活动能力包括 10 个二级指标，认知能力包括 4 个二级指标，感知觉与沟通能力包括 3 个二级指标。

表 6－1 长期护理失能等级评估指标

一级指标	二级指标
日常生活活动能力	进食、穿衣、面部与口腔清洁、大便控制、小便控制、用厕、平地行走、床椅转移、上下楼、洗澡
认知能力	时间定向、人物定向、空间定向、记忆力
感知觉与沟通能力	视力、听力、沟通能力

2. 评估实施

（1）评估主体。

评估主体为长期护理保险定点评估机构及其评估人员，或其他符合试点地区医保部门相关规定的、具备相应资质的评估机构及评估人员等。

（2）评估对象。

提出评估申请、符合试点地区医保部门相关规定并通过受理审核的长期护理保险参保人员。

（3）评估地点。

评估地点按照就近便利原则，现场评估地点安排在评估对象现居住地或其所在养老服务机构、医疗机构等。

（4）评估流程。

评估流程主要包括评估申请、受理审核、现场评估、复核与结论、公示与送达等环节。

（5）评估要求。

现场评估过程中，至少 2 名评估人员开展评估，至少 1 名评估对象的监护人或代理人在场，并进行全过程影像记录。

3. 评估结果

（1）指标得分。

日常生活活动能力通过 10 个二级指标的评定，将其得分相加得到一级指标总分及对应等级；认知能力通过 4 个二级指标的评定，将其得分相加得到一级指标总分及对应等级；感知觉与沟通能力通过 3 个二级指标的评定，将其得分相加得到一级指标总分及对应等级（详见表 6－2）。

表 6－2　长期护理失能等级评估指标得分及对应等级

一级指标 等级	能力完好	轻度受损	中度受损	重度受损
日常生活活动能力	100 分	65～95 分	45～60 分	0～40 分
认知能力	16 分	4～15 分	2～3 分	0～1 分
感知觉与沟通能力	12 分	4～11 分	2～3 分	0～1 分

（2）等级划分。

综合日常生活活动能力、认知能力、感知觉与沟通能力 3 个一级指标等级，通过组合法综合确定评估对象长期护理失能等级。长期护理失能等级分 0 级（基本正常）、1 级（轻度失能）、2 级（中度失能）、3 级（重度失能 Ⅰ 级）、4 级（重度失能Ⅱ级）、5 级（重度失能Ⅲ级）六个级别（详见表 6－3）。

表 6－3　长期护理失能等级划分

日常生活活动能力	认知能力/感知觉与沟通能力（以失能等级严重的判断）			
	能力完好	轻度受损	中度受损	重度受损
能力完好	基本正常	基本正常	轻度失能	轻度失能
轻度受损	轻度失能	轻度失能	轻度失能	中度失能
中度受损	中度失能	中度失能	中度失能	重度 Ⅰ 级
重度受损	重度 Ⅰ 级	重度 Ⅰ 级	重度 Ⅱ 级	重度 Ⅲ 级

（3）评估结论。

长期护理失能等级确定后按规定向评估对象出具评估结论，评估结论是享受长期护理保险待遇的依据。符合待遇享受条件的，根据护理需求，选择护理服务方式、定点护理服务机构等，接受护理服务，享受相应待遇。

（二）领取时间

1. 入院登记

参保人员符合长期护理险待遇享受条件，办理长期护理险待遇入院登记手续时需出示长期护理保险凭证，长期护理保险凭证遗失或重制期间，可暂凭挂失证明或重制卡回执及本人有效身份证件办理长期护理险相关业务。

2. 费用记账

长期护理险费用中属长期护理险基金支付的部分可在长期护理定点机构

记账，属于个人负担部分由参保人员自行支付。长期护理保险的在院结算周期因地区而异，以当地医疗保障局或社会保险经办机构规定为准。当前，部分地区规定定点护理服务机构应每3个月与参保人办理中途结算，因病情变化或其他原因结束护理服务的应及时结算。参保人员发生的居家上门照护和社区日间照护范围的服务费用，应在接受居家上门照护之日起的3个月内，向定点护理服务机构申请结算。

3. 出院登记

符合长期护理险待遇终止情况（死亡、自理能力好转经重新鉴定不符合长期护理险待遇享受条件、鉴定评估结果有效期届满但未按规定申请鉴定评估）或符合待遇暂停情况（医保住院、急诊留观、工伤保险住院及生育保险住院等）的参保人员应及时办理长期护理险待遇出院结算手续。

五、税务处理

根据《财政部 税务总局 保监会关于将商业健康保险个人所得税试点政策推广到全国范围实施的通知》（财税〔2017〕39号）和《国家税务总局关于推广实施商业健康保险个人所得税政策有关征管问题的公告》（国家税务总局公告2017年第17号）的规定，取得工资薪金所得、连续性劳务报酬所得的个人，以及取得个体工商户的生产经营所得、对企事业单位的承包承租经营所得的个体工商户业主、个人独资企业投资者、合伙企业个人合伙人和承包承租经营者，对其购买符合规定的商业健康保险产品支出，允许在当年（月）计算个人所得税应纳税所得额时予以税前扣除，扣除限额为每年2400元（每月200元）。单位统一为员工购买符合规定的商业健康保险产品的支出，应分别计入员工个人工资、薪金，视同个人购买，按上述限额予以扣除。

根据《国家金融监督管理总局关于适用商业健康保险个人所得税优惠政策产品有关事项的通知》（金规〔2023〕2号）规定，适用个人所得税优惠政策的商业健康保险产品范围包括符合相关要求的医疗保险、长期护理保险和疾病保险。

第七章 失业保险

第一节 失业保险概述

一、失业概述

（一）失业相关的概念

失业是一种经济风险，难以完全依靠个人或家庭来抵御或化解，需要社会共同面对。失业也是一个复杂的社会问题，涉及国家的就业政策、失业保险政策等。根据国际劳工组织的定义，失业指在某个年龄以上，在考察期内没有工作，而又有工作能力并且正在努力寻找工作的状态。在我国，失业是指在国家规定的劳动年龄内，劳动者具有工作能力、可以工作且在寻找工作的情况下，不能得到适宜职业而失去收入的情况。

失业率是评价一个国家或地区就业和失业状况的主要指标。目前，国际上通用的失业率概念，是指失业人数同从业人数与失业人数之和的比。我国目前有两个反映失业率的指标，一个是城镇调查失业率，另一个是城镇登记失业率，这两个指标的统计方法、指标定义和作用有明显的区别。城镇调查失业率是通过城镇劳动力情况抽样调查所取得的城镇就业与失业汇总数据进行计算的，具体是指城镇调查失业人数占城镇调查从业人数与城镇调查失业人数之和的比。城镇登记失业率，是中国特有的失业统计指标，是指在报告期末城镇登记失业人数占期末城镇从业人员总数与期末实有城镇登记失业人数之和的比重，具体计算公式为：

城镇登记失业率＝城镇登记失业人员÷（城镇单位就业人员－农村劳动力－聘用的离退休人员－港澳台及外方人员＋不在岗职工＋城镇私营业主＋城镇个体户主＋城镇私营企业和个体就业人员＋城镇登记失业人员）×100%

（二）失业的类型

一般可以将失业分为摩擦性失业、结构性失业、周期性失业三类。

摩擦性失业是由于求职的劳动者与需要提供的岗位之间，存在着时间上的差异而导致的失业。如新生劳动力找不到工作，工人想转换工作岗位时出现的工作中断等，它在性质上是过渡性或短期性的，持续时间不长。因此，通常不认为摩擦性失业是严重的经济问题。

结构性失业是由经济变化引起特定市场和区域中的特定类型劳动力的需求相对低于其供给，在性质上是长期的。在特定市场中，造成劳动力需求相对较低的主要因素有三个。一是技术变化。技术变化大都能减少成本，提高社会生产能力，但对特定市场具有极大的影响。由于使用新机器设备和材料，采用新的生产工艺和新的生产管理方式，出现社会局部劳动力过剩。二是消费者偏好的变化。人们的消费习惯发生了变化，对原有产品和服务的需求减少，造成这些行业的劳动力过剩。三是劳动力转移。劳动力向其他地区、其他类型岗位转移需要时间和成本，延长了由于技术变化或消费习惯改变而造成的失业时间。

周期性失业是由经济波动引起的失业，它是由整个经济的产品和服务总需求减少造成的。总需求的减少降低了总产出，引起整个经济体系的一般性失业，通常发生在经济低速增长或负增长时期。

二、失业保险制度概述

（一）失业保险制度的概念和特征

失业保险是对在劳动年龄范围内，有就业能力并有就业愿望的人由于非本人原因而失去工作，无法获得维持生活所需的工资收入，在一定期间内由国家和社会为其提供基本生活保障的社会保险制度。失业保险主要保障结构性失业和周期性失业，这两种失业类型持续时间长，与整体经济特征联系密切，完全依靠失业者自身很难再就业。失业保险主要包含以下三层含义：

（1）失业保险的核心是社会建立失业保险基金，分散职工劳动风险，使处于失业状态的劳动者生活获得基本保障。

（2）失业保险是针对劳动者在市场竞争中被淘汰或者企业破产风险一旦发生，保险责任发生效力的保障行为。

（3）失业保险对失业者提供的基本生活保障具有法定时限，超过一定时限不再属于失业保险保障范围。

各国失业保险制度都有不同的特点，但通常具有七个方面共同的基本特征。一是普遍性，它是为保障工资收入的劳动者失业后的基本生活而建立的，其覆盖范围应十分广泛；二是强制性，制度范围内的用人单位及其劳动者必须按照法律、法规规定参加失业保险，并履行缴费义务；三是互济性，收缴的失业保险费在统筹地区内统一安排使用，不记入个人账户，不需要偿还；四是社会化，基金来源要多渠道，由用人单位、劳动者和国家分担；五是水平适度，失业保险待遇必须与经济发展水平相适应，并保障失业人员的基本生活，同时尽可能减轻用人单位和政府的负担；六是适度积累，在采取现收现付办法的同时，保留一定数量的基金以备应急之用；七是专款专用，基金只能用于法律法规规定的与失业保险有关的支出项目，不得用于平衡财政收支和其他不相关支出。

失业保险同其他社会保险项目一样都是政府行为，侧重于保障基本生活需求，并以货币为主要形式提供帮助，不同之处在于失业保险除保障失业人员基本生活外，还具有预防失业和促进就业的功能作用，与劳动力市场相互关联的程度十分密切。

（二）建立失业保险制度的基本原则

从我国实际情况看，建立和完善失业保险制度坚持了以下基本原则：

（1）广覆盖、低水平的原则。失业保险是社会保险体系中的一个重要项目，其基本特点是具有广泛的社会性。我国是社会主义国家，保障每一个劳动者的基本权益是我们的宗旨。从这个意义上说，失业保险应覆盖到每一个劳动者，覆盖到各类单位及其职工甚至新生劳动力中尚未实现就业的人员。当然，要实现这一目标，离不开雄厚的物质基础和先进的技术手段的支持，但目前还不具备条件，需要有一个渐进发展的过程。我国失业保险制度建立以来，根据形势变化，已经几次扩大了覆盖范围。从今后发展看，覆盖范围还有进一步扩大的必要，以实现广覆盖的目标。低水平是指要切实保障失业人员的基本生活水平，这是确立失业保险待遇标准的一个基本原则，是由我国目前的经济发展水平所决定的。一方面，我国是发展中国家，政府财力、社会财力都很有限，不可能拿出更多的资金投入失业保险之中。在资金有限的条件下，保障待遇的低水平可以为更多失业人员提供帮助。另一方面，目前部分地区群众生活水平还比较低，失业保险待遇标准适当保持低水平，可以满足失业人员基本生活需求，有利于促进失业人员积极寻找工作，尽快实现再就业。

（2）体现“保生活、防失业、促就业”三位一体的失业保险制度保障的原则。要求失业保险政策保证失业人员的基本生活，在失业时给予他们基本的物质帮助权；失业保险的积极就业政策属性，要求失业保险政策和其他就业政策联动机制，要能够促进失业人员的再就业，要有助于预防失业。正是因为失业保险的二重性，一方面需要失业保险制度发挥保生活的职能，另一方面要能够发挥防失业促就业功能。这就决定了失业保险的基金支出不能仅限于失业保险金，还要有促进就业预防失业的项目；失业保险基金的支付对象，不能仅限于失业人员，还应将参保职工和用人单位纳入覆盖范围，从减少失业和预防失业的角度发挥“防失业”的作用。

（3）用人单位、职工和国家共同负担费用的原则。失业保险基金是失业保险制度运行的物质基础。从国际通行做法看，失业保险基金筹集方式主要有两种。一是缴费制。即由用人单位、职工按照工资的一定比例缴纳失业保险费。有的国家也采取由用人单位一方缴纳的办法，而国家财政主要承担管理费用和弥补赤字，这是主要模式。二是通过国家税收，目前只有少数国家采用这一模式。我国一直采用的是缴费制，1999 年《中华人民共和国失业保险条例》（以下简称《失业保险条例》）颁布前，由企业单方缴费，《失业保险条例》调整为用人单位和职工个人分别缴费，财政给予补贴。这种由三方负担费用的机制，一方面有利于增强职工的社会保险意识，另一方面可以分散资金压力，不会造成某一方负担过重，影响基金收入。

三、失业保险制度的构成要素

1. 覆盖范围

确定覆盖范围通常考虑两个因素：一是必要性；二是可操作性。如多数国家未将公务员纳入覆盖范围，主要考虑到公务员这一职业稳定性强，可以采取其他办法保障少数失业者的基本生活，没有必要将其纳入其中。再如，多数国家未将临时工、季节工等工作不稳定人员纳入范围，主要考虑到这部分人员在就业和失业之间频繁转换，纳入范围难以操作。

2. 失业保险基金的筹集

失业保险基金的筹集一般有三个来源：企业按劳动者工资总额的一定比例缴费，劳动者按自己工资的一定比例缴费，政府财政提供补贴。具体采取哪种方式，需由本国的情况决定。通常是企业和劳动者双方缴费，政府补贴差额。另外，还要明确缴费的具体办法和相应的法律责任。

3. 领取失业保险金的条件

领取失业保险金的条件，一般来说，主要包括非自愿失业、进行失业登记、有求职要求，且在一定时间内履行了参保缴费义务等。

4. 失业保险金的给付水平

确定失业保险金的给付水平通常考虑几个因素：本人失业前收入水平或社会平均收入水平、基本生活消费水平、资金支付能力、对再就业是否产生消极影响等。一些国家以本人失业前收入水平为确定依据，作为其收入损失的补偿，也有的是根据社会消费水平支付等额的失业保险金，通常以最低工资为上限。

5. 失业保险金的给付时间

领取失业保险金人员一般仍具有劳动能力，也有就业的可能，给付失业保险金必须确定期限。对超过期限仍未就业的，可以通过其他措施给予帮助。确定给付时间，通常考虑几个因素：就业的总体状况和失业率的高低、基金支付能力、失业人员年龄或参保时间等。多数国家在半年左右，少数国家更长一些。失业状况恶化时期，一些国家规定可以延长。另外，对一些本人有过失的失业人员，一些国家规定可以扣减一定期限。

6. 失业保险基金的管理

以缴费为主要资金来源的国家，通常对基金实行封闭式管理，除用于法定项目外，不能用于其他支出，专款专用。另外，对基金结余部分也一般采取谨慎的态度，通常不能用于股票等资本市场的运营。

7. 失业保险的组织管理

失业保险涉及缴费、资格认定、待遇支付和基金管理等多方面事务，必须明确管理机构和管理办法。一般是由政府行政部门负责政策制定和业务监督，另设立经办机构负责具体操作。经办机构通常与就业服务机构是一体或紧密联系的。

四、失业保险的特点

失业保险除具有社会保险强制性、互济性和普遍性等共同特征外，还具有风险差异性、功能多重性、待遇短期性、运行周期性的特点。

1. 风险差异性

不同于其他化解丧失或暂时丧失劳动能力下收入损失风险的社会保险，失业保险化解的是失业风险，是劳动者在仍具有劳动能力的条件下失去劳动机会带来的风险。

2. 功能多重性

不同于其他社会保险项目功能的单一性特点（如医疗保险就是满足劳动者的疾病医疗需求，养老保险只给劳动者的养老提供经济保障），失业保险既可以保障失业者的基本生活，又有预防失业和促进就业等功能。

3. 待遇短期性

失业保险属于短期待遇，给付失业保险金必须确定期限，对超过期限仍未就业的，可以通过其他措施给予帮助。

4. 运行周期性

与经济运行呈周期性变化一样，失业保险也具有周期性的特征，失业保险基金的征缴、发放规模伴随着经济上的变化呈周期性的变动，经济运行良好时失业率会下降，缴纳失业保险费的人多，领取失业保险金的人少，失业保险基金收多支少，经济衰退时则相反。

五、我国失业保险制度的历史沿革

我国失业保险制度的建立经历了一个由失业救济到待业保险，再到失业保险的历史演变过程。

第一阶段：新中国成立初期的失业救济制度。新中国成立初期面临千疮百孔的国民经济和大量失业人员，1950 年 6 月，经政务院批准，劳动部及时发布了《救济失业工人暂行办法》，确定了新中国成立初期的失业救济制度。这一制度对妥善安置失业工人、稳定社会、促进国民经济的恢复和发展起到重要作用。

第二阶段：20 世纪 80 年代中期到 90 年代初期的待业保险制度。20 世纪 80 年代以后，我国开始了由农村到城市经济体制的全面改革，企业改革是城市改革的中心环节。为了适应企业进入市场的需要，劳动用工领域进行了重大改革。1986 年 7 月国务院发布了《国营企业职工待业保险暂行规定》（国发〔1986〕77 号），明确国营企业中的 4 类职工为待业人员，并对待业救济金的来源、筹集与使用作了规定。1993 年《国有企业职工待业保险规定》（中华人民共和国国务院令第 110 号）在 1986 年《国营企业职工待业保险暂行规定》基础上，调整了基金收缴基数，设立了有一定幅度的基金收缴比例，提高了救济金的发放标准，并进一步完善了待业保险基金的管理、监督制度。国务院上述两个规定的执行，既推动了企业改革的深化，也建立了失业保险制度的雏形。

第三阶段：以《失业保险条例》出台为起点，我国失业保险制度开始建立并逐步完善。国务院1999年1月发布了《失业保险条例》，是我国失业保险制度由不规范走向比较规范，从计划走向市场的重要标志。《失业保险条例》与1993年《国有企业职工待业保险规定》相比，有以下几个方面的重要变化：一是扩大了失业保险的覆盖范围，将1993年《国有企业职工待业保险规定》规定的待业保险范围由城镇企业，扩大到城镇所有企业和事业单位；二是提高了失业保险费的费率，将企业缴费费率由0.6%～1%提高到2%，并增加了1%的个人缴费，同时增加了关于事业单位及其缴费的规定；三是提高了失业保险基金的统筹层次，由县级统筹提高到地市级统筹，并建立了省级失业保险调剂金制度；四是重新确定了失业保险金发放的标准。

在总结以往经验和梳理现存问题的基础上，2010年10月28日第十一届全国人民代表大会常务委员会第十七次会议通过的《社会保险法》设专章对失业保险作了规定，为失业保险的长远发展提供了法律保障。

党的十八大以来，党中央一直将就业工作放在六大民生工程的首位，强调要“努力让劳动者实现体面劳动、全面发展”，对于贫困人群也始终关切，使我国就业政策朝着实现更高质量的新目标迈进。在以习近平同志为核心的党中央对民生工作高度重视的大背景下，失业保险抢抓有利契机，响应时代号召，更加紧密围绕维护就业局势总体稳定目标任务，转变理念，开拓创新，立足于从基本生活保障向职业技能提升拓展、从事后帮扶就业向事前预防失业拓展、从保障失业人员向保障所有参保职工拓展，通过持续的变革与发展构建具有中国特色的积极失业保险政策体系。一是落实习近平总书记“减税降费”“降低成本”“抓好社保费阶段性减免”重要指示精神，自2015年起失业保险费率“三降五延”，总费率由3%降至1%，政策执行期限至2025年底。二是落实习近平总书记关于抓好失业保险稳岗返还的重要指示精神，自2015年起创新实施稳岗返还政策，对不裁员少裁员的企业返还一定比例的失业保险费。三是落实习近平总书记“扩大失业保险覆盖范围，更好保障失业人员基本生活”重要指示精神，2020年创新推出阶段性扩围政策，首次将覆盖范围扩大到城乡所有参保人员。四是落实习近平总书记“大规模开展职业技能培训”重要指示精神，从失业保险基金结余中拿出资金用于职工技能提升和转岗转业培训，拓宽技能提升补贴政策受益范围，开展技能提升“展翅行动”。五是落实习近平总书记“加快推动线上登记失业和申领失业保险金，确保失业人员应发尽发、应保尽保”重要指示精神，开展“畅通领、安全办”，取消证明材料、申领期限、捆绑条件、附加义务，实现“免证即办”；深入推动网上办理，上线运行失业保险待遇申领全国统一入口，失业人员“免跑即领”。

第二节　失业保险基本要素

一、参保范围

失业保险制度的建立及功能的扩展与社会需求和供给能力的情况密不可分，既应与经济发展水平、社会和劳动者对失业保险的需求相适应，也应与失业保险管理服务能力水平相适应。失业保险参保范围以适度为宜，而不是越早普及或覆盖面越大越好。我国失业保险制度建立以来，覆盖范围在逐步扩大。在《失业保险条例》发布前，失业保险费由单位缴纳，职工个人不缴费。1999 年国务院颁布了《失业保险条例》，进一步扩大了失业保险的覆盖范围。《失业保险条例》第二条规定：“城镇企业事业单位、城镇企业事业单位职工依照本条例的规定，缴纳失业保险费。城镇企业事业单位失业人员依照本条例的规定，享受失业保险待遇。本条所称的城镇企业，是指国有企业、城镇集体企业、外商投资企业、城镇私营企业以及其他城镇企业。”

目前，落实习近平总书记“扩大失业保险覆盖面”的重要指示精神主要体现在参保范围上，巩固城镇企事业单位和职工参保，推进农民工、中小微企业职工等流动性大的群体的参保工作，推动地方将个体工商户、社会团体、民办非企业单位等组织及其职工纳入参保范围，实现更大范围的参保公平。2020 年，人力资源社会保障部、财政部联合发布了《关于扩大失业保险保障范围的通知》（人社部发〔2020〕40 号），要求将失业保险的保障范围扩大到所有参保人员；自 2019 年 12 月起，延长大龄失业人员领取失业保险金期限，对领取失业保险金期满仍未就业且距法定退休年龄不足 1 年的失业人员，可继续发放失业保险金至法定退休年龄；2020 年 3 月至 12 月，领取失业保险金期满仍未就业的失业人员、不符合领取失业保险金条件的参保失业人员，可以申领 6 个月的失业补助金，标准不超过当地失业保险金的 80%；对《失业保险条例》规定的参保单位招用、个人不缴费且连续工作满 1 年的失业农民工，及时发放一次性生活补助，阶段性扩大失业农民工保障范围；畅通失业保险待遇申领渠道。

截至2023年末，全国参加失业保险人数24373万人，比上年末增加566万人。年末全国领取失业保险金人数352万人，全年为730万名失业人员发放不同期限的失业保险金。①

大多数国家的失业保险费是由雇员和雇主共同支付的，双方负担的比例由法律规定。由单方缴费的国家数量不多。我国《社会保险法》第四十四条规定："职工应当参加失业保险，由用人单位和职工按照国家规定共同缴纳失业保险费。"因此，以职工身份参保的，用人单位和职工个人都是失业保险缴费义务人。

二、缴费基数

从缴费基数看，多数国家的失业保险是以税前工资作为缴费基数的，实行"下不保底、上不封顶"的政策，也有部分国家规定了缴费基数的下限和上限。

（一）缴费基数的确定

我国用人单位的缴费基数为国家规定的本单位职工工资总额，个人缴费基数为本人工资额。实践中，目前大部分省市失业保险和基本养老保险执行相同的单位缴费基数。

（二）特殊规定

部分地区个体工商户和灵活就业人员可以参加失业保险。以广东省为例，灵活就业人员首次参加失业保险原则上以其参保前灵活就业12个月的平均收入申报失业保险缴费基数，按照国家和省规定的失业保险基准费率（单位和个人费率之和）缴纳失业保险费。其后每年7月申报一次缴费基数，申报后本年7月至次年6月按该缴费基数缴纳失业保险费。灵活就业人员申报的缴费基数不得低于失业保险关系所在地级以上市最低工资标准，月平均收入高于失业保险关系所在地级以上市上年度在岗职工月平均工资3倍的，以失业保险关系所在地级以上市上年度在岗职工月平均工资的3倍为基数申报。首次参保时灵活就业不足12个月的，按照实际就业月数的平均收入申报缴费基数。停止参保的灵活就业人员重新参保的，参照首次参加失业保险有关规定

① 《2023年度人力资源和社会保障事业发展统计公报》，人力资源社会保障部，https：//www.mohrss.gov.cn/SYrlzyhshbzb/zwgk/szrs/tjgb/202406/W020240617617024381518.pdf。

执行，若停保和重新参保时间在同一社会保险年度的，可不重新申报缴费基数。①

城镇企业事业单位招用的农民合同制工人本人不缴纳失业保险费，但用人单位仍需为其缴纳失业保险费。

（三）个人缴费基数的上下限

失业保险没有明确的个人缴费基数上下限规定。但实际操作中，大部分省市失业保险和基本养老保险执行相同的个人缴费基数。《关于规范社会保险缴费基数有关问题的通知》（劳社险中心函〔2006〕60 号）第五条第二款规定，基本医疗保险、失业保险职工个人缴费基数为本人工资，为便于征缴可以以上一年度个人月平均工资为缴费基数。目前，一些地方为整合经办资源，实行社会保险费的统一征收和统一稽核，将各险种单位和个人的缴费基数统一为单位和个人缴纳基本养老保险费的基数，这种做法方便了参保企业和参保人员，有利于提高稽核效率。

三、缴费比例

在建立失业保险制度的国家中，大多数选择统一的费率模式，但也有部分国家选择浮动费率模式，如企业浮动费率或者行业差别费率。失业保险待遇支出项目、待遇水平的高低、基金收支情况、经济政治因素，这些都会影响失业保险的费率水平，同样也会影响失业保险的费率调整机制。

按照我国《失业保险条例》规定，城镇企业事业单位按照本单位工资总额的 2% 缴纳失业保险费。城镇企业事业单位职工按照本人工资的 1% 缴纳失业保险费。城镇企业事业单位招用的农民合同制工人本人不缴纳失业保险费。省、自治区、直辖市人民政府根据本行政区域失业人员数量和失业保险基金数额，报经国务院批准，可以适当调整本行政区域失业保险费的费率。

费率是失业保险制度设计的关键因素。从 1986 年我国建立失业保险制度至今，失业保险费率政策经历过 3 次大的调整，逐步建立起“全国统一费率，地方自行决定水平和分担机制，随基金运行适时调整”的费率政策。为进一步完善失业保险费率政策，降低企业成本，增强企业活力，促进就业稳定，经国务院同意，人力资源社会保障部会同财政部从 2015 年起连续三年降低失业保险费率。自 2015 年 3 月 1 日起，失业保险总费率暂由 3% 降至 2%，单位

① 参见：《广东省灵活就业人员参加失业保险办法（试行）》（粤人社规〔2021〕31 号。

和个人缴费的具体费率由各省、自治区、直辖市人民政府确定。在省、自治区、直辖市行政区域内，单位及职工的费率应当统一。自2016年5月1日起，失业保险总费率在2015年已降低1个百分点基础上可以阶段性降至1%～1.5%，其中个人费率不超过0.5%，降低费率的期限暂按两年执行。具体方案由各省（自治区、直辖市）确定。自2017年1月1日起，失业保险总费率为1.5%的省（自治区、直辖市），可以将总费率降至1%，在省（自治区、直辖市）行政区域内，单位及个人的费率应当统一，个人费率不得超过单位费率。经过几次延期，该政策的执行期限至2025年底。

从失业保险制度建立至今，失业保险费率政策经过数次变迁，并在总的费率水平和费率分担机制以及调整机制上，给予各地一定的自主权，允许各地根据基金收支情况、失业动态变动情况等调整费率水平。从总体情况上看，各省份费率政策及其调整存在以下特征：一是总体的费率政策按照中央费率政策调整而变动，且费率水平不高于全国水平；二是在省级区划范围内费率政策保持统一；三是各省级人民政府的费率政策存在一定的差异性，尤其是各地方在对外部经济社会环境发生重大变化时期，以及对特殊地区或参保对象的费率政策上，存在较大差异。

四、应缴费额计算

失业保险费应缴费额公式为：

用人单位应缴纳的失业保险费 = 单位缴费基数 × 缴费比例

职工个人应缴纳的失业保险费 = 个人缴费基数 × 缴费比例

第三节　失业保险费管理

一、缴费申报

为保障缴费人合法权益和全面提高服务水平，自2023年起各省陆续发布优化调整社会保险费申报缴纳流程的公告，将原来社会保险经办机构先核定应缴费额、再推送税务部门征收社会保险费的申报缴纳流程，优化调整为用人单位和灵活就业人员自行向税务部门申报缴纳社会保险费。失业保险费缴费申报具体流程参见基本养老保险。

二、账户管理

失业保险费账户管理包含以下几个方面：

第一，账户建立。失业保险缴费记录和账户余额等个人账户信息被记录在当地社会保险机构的数据库中，可以通过输入个人的身份证号码或者社保卡号码查询。

第二，账户查询。参保者可以到当地社会保险机构的窗口查询个人账户信息。此外，也可以通过社保 App 查询个人账户信息。

第三，账户变动。失业保险账户的变动会根据参保人的缴费情况和当地的失业保险政策进行相应的变化。

第四，账户使用。在符合相关规定的情况下，参保者可以申请领取失业保险金，这是失业保险账户的主要用途。

第五，账户监督。社保机构会对失业保险账户进行监督，以确保账户的合法性和安全性。参保者也可以通过定期查询个人账户信息，了解自己的缴费记录和账户余额情况，及时纠正错误，保证自己的权益不受损失。

三、转移接续手续

《社会保险法》第五十二条规定，职工跨统筹地区就业的，其失业保险关系随本人转移，缴费年限累计计算。失业保险关系的转移接续是畅通失业保险待遇申领渠道，保障劳动者的失业保险权益的重要保障。

（一）适用范围

失业保险关系转移接续涉及跨省、自治区、直辖市转迁的失业人员保险关系转移接续和在省、自治区范围内跨统筹地区转迁的失业人员保险关系转移接续。失业人员跨统筹地区转移的，凭失业保险关系迁出地经办机构出具的证明材料到迁入地经办机构领取失业保险金。

失业人员失业保险关系跨省、自治区、直辖市转迁的，失业保险费用应随失业保险关系相应划转。失业人员失业保险关系在省、自治区范围内跨统筹地区转迁，失业保险费用的处理由省级人力资源社会保障部门规定。由于目前各省对本省内跨统筹地区转迁的失业人员政策不同，因此本书将主要介绍失业人员失业保险关系跨省、自治区、直辖市转迁的政策规定。

（二）关系转移与缴费年限

参保职工跨省就业的，失业保险关系应随之转迁，缴费年限累计计算。

参保失业人员符合领取失业保险金条件的，在最后参保地申领失业保险金及其他相关待遇，也可以选择回户籍地申领，待遇发放期间不得中途变更发放地。选择户籍地申领的，须办理失业保险关系转移。

对不符合领取失业保险金条件、符合领金条件但未申领，以及正在领金期间的参保失业人员，跨省重新就业并参保的，失业保险关系应随之转移至新参保地，缴费年限累计计算。

失业保险关系跨省转迁的，失业保险费用应随失业保险关系相应划转。但在转出地参保缴费不满 1 年的，只转移失业保险关系，不转移失业保险费用。

（三）需划转的失业保险费用

需划转的失业保险费用包括失业保险金，领金期间基本医疗保险费，领金期间接受职业培训、职业介绍的补贴。其中，基本医疗保险费和职业培训、职业介绍补贴按参保失业人员应享受失业保险金总额的一半计算。

转入地经办机构按照本统筹地区规定和标准，为参保失业人员核定失业保险金发放期限和各项失业保险待遇。

转出地划转的失业保险费用，不足待遇支付部分由转入地失业保险基金支付，超出待遇支付部分并入转入地失业保险基金。

（四）办理流程

转移失业保险关系包括以下内容：姓名、社保卡号、就业失业状态、参保缴费记录（已核定失业保险金缴费记录和未核定失业保险金缴费记录）、应当领取而尚未领取的失业保险金记录、失业原因、失业保险待遇标准、基金转移金额、转入地和转出地经办机构信息及其他必要信息。

参保职工或参保失业人员可先到转出地经办机构开具转移凭证，之后到转入地经办机构办理关系转入。对符合条件的，转出地经办机构收到申请后应在 5 个工作日内办理转出，转入地经办机构收到转出地开具的《失业保险关系转移接续联系函》后，应在 5 个工作日内办理转入。对不符合条件的，要说明理由。

参保职工或参保失业人员也可直接到转入地经办机构申请转移失业保险关系，转入地经办机构不得要求申请人再到转出地开具相关证明。对符合条件的，转入地经办机构在收到申请后，应在 5 个工作日受理并向转出地经办机构发出《失业保险关系转移接续联系函》，转出地收到《失业保险关系转移接续联系函》后，应在 5 个工作日内办理转出。对不符合条件的，要说明理由。

转出地经办机构应在失业保险关系转出后的1个月内向转入地划转失业保险费用。失业保险费用划转期间，不影响转入地经办机构按规定为参保失业人员发放失业保险待遇。转入地经办机构不得以费用未划转到位为由，拒发失业保险待遇。

四、待遇发放

（一）领取条件

具备下列条件的失业人员，可以领取失业保险金：

（1）按照规定参加失业保险，所在单位和本人已按照规定履行缴费义务满1年的；

（2）非本人意愿中断就业的；

（3）已办理失业登记，并有求职要求的。

失业人员在领取失业保险金期间，按照规定同时享受其他失业保险待遇。

失业人员在领取失业保险金期间有下列情形之一的，停止领取失业保险金，并同时停止享受其他失业保险待遇：

（1）重新就业的；

（2）应征服兵役的；

（3）移居境外的；

（4）享受基本养老保险待遇的；

（5）被判刑收监执行或者被劳动教养[①]的；

（6）无正当理由，拒不接受当地人民政府指定的部门或者机构介绍的工作的；

（7）有法律、行政法规规定的其他情形的。

（二）领取时间

失业人员失业前所在单位和本人按照规定累计缴费时间满1年不足5年的，领取失业保险金的期限最长为12个月；累计缴费时间满5年不足10年的，领取失业保险金的期限最长为18个月；累计缴费时间10年以上的，领取失业保险金的期限最长为24个月，重新就业后，再次失业的，缴费时间重

---

① 根据《全国人民代表大会常务委员会关于废止有关劳动教养法律规定的决定》规定，自2013年12月28日起，劳动教养制度废止。

新计算，领取失业保险金的期限可以与前次失业应领取而尚未领取的失业保险金的期限合并计算，但是最长不得超过24个月。

（三）失业保险金标准

《社会保险法》第四十七条规定，失业保险金的标准，由省、自治区、直辖市人民政府确定，不得低于城市居民最低生活保障标准。《失业保险条例》第十八条规定，失业保险金的标准，按照低于当地最低工资、高于城市居民最低生活保障标准的水平，由省、自治区、直辖市人民政府确定。由此可见，《社会保险法》仅规定了失业保险金标准的下限，而《失业保险条例》既规定了失业保险金标准的下限也规定了失业保险金标准的上限。

（四）其他待遇

失业人员在领取失业保险金期间患病就医的，可以按照规定向社会保险经办机构申请领取医疗补助金。医疗补助金的标准由省、自治区、直辖市人民政府规定。失业人员在领取失业保险金期间死亡的，参照当地对在职职工的规定，对其家属一次性发给丧葬补助金和抚恤金。

五、税务处理

（一）企业所得税

根据《中华人民共和国企业所得税法实施条例》（以下简称《企业所得税法实施条例》）第三十五条规定，企业依照国务院有关主管部门或者省级人民政府规定的范围和标准为职工缴纳的失业保险费准予扣除。

（二）个人所得税

根据《财政部 国家税务总局关于基本养老保险费基本医疗保险费失业保险费住房公积金有关个人所得税政策的通知》（财税〔2006〕10号）规定，企事业单位按照国家或省（自治区、直辖市）人民政府规定的缴费比例或办法实际缴付的失业保险费免征个人所得税，个人按照国家或省（自治区、直辖市）人民政府规定的缴费比例或办法实际缴付的失业保险费允许在个人应纳税所得额中扣除。企事业单位和个人超过规定的比例和标准缴付的失业保险费，应将超过部分并入个人当期的工资、薪金收入，计征个人所得税。个人实际领（支）取原提存的失业保险金时，免征个人所得税。

第四节　失业保险援企稳岗政策

为贯彻落实2023年中央经济工作会议精神，充分发挥失业保险保生活、防失业、促就业功能作用，支持企业稳定岗位，兜住、兜准、兜牢民生底线，国家延续实施失业保险稳岗返还政策和技能提升补贴政策，并优化经办服务。

一、延续实施失业保险稳岗返还政策

参保企业足额缴纳失业保险费12个月以上，上年度未裁员或裁员率不高于上年度全国城镇调查失业率控制目标，30人（含）以下的参保企业裁员率不高于参保职工总数20%的，可以申请失业保险稳岗返还。大型企业按不超过企业及其职工上年度实际缴纳失业保险费的30%返还，中小微企业按不超过60%返还。稳岗返还资金可用于职工生活补助、缴纳社会保险费、转岗培训、技能提升培训等稳定就业岗位以及降低生产经营成本支出。社会团体、基金会、社会服务机构、律师事务所、会计师事务所、以单位形式参保的个体工商户参照实施。实施上述稳岗返还政策的省（自治区、直辖市），上年度失业保险基金滚存结余备付期限应在1年以上。政策执行期限至2024年12月31日。

二、延续实施技能提升补贴政策

参加失业保险1年以上的企业在职职工或领取失业保险金人员取得技能人员职业资格证书或职业技能等级证书的，可按照初级（五级）不超过1000元、中级（四级）不超过1500元、高级（三级）不超过2000元的标准申请技能提升补贴。每人每年享受补贴次数最多不超过三次，同一职业（工种）同一等级只能申请并享受一次，且技能提升补贴和职业培训补贴不得重复享受；已享受同一职业（工种）高级别证书技能提升补贴的，不再享受低级别证书补贴。实施上述技能提升补贴政策的省（自治区、直辖市），上年度失业保险基金滚存结余备付期限应在1年以上。政策执行期限至2024年12月31日。

三、经办服务方式

各地要采取免申即享的经办模式，通过后台数据比对，向符合条件的企业精准发放稳岗返还资金，并通过短信等方式告知企业；对没有对公账户的小微企业，可将资金直接返还至当地税务部门协助提供的其缴纳社会保险费的账户；指导劳务派遣单位主动申请稳岗返还，并按规定及时拨付和使用资金，避免出现截滞留问题。

进一步畅通失业人员申领失业保险金渠道，大力推广免跑即领、免证即办经办模式，全面取消证明材料、申领时限、捆绑条件和附加义务，确保失业人员仅凭身份证或社保卡即可申领；用好待遇申领和转移接续两个全国性平台，提高审核办理效率，推动实现失业人员随时随地申领。

【例 7－1】 自然人 A 在 2019 年 7 月 1 日与甲公司签订劳动合同，合同期限为 3 年。合同履行期间，甲公司为原告缴纳了 2020 年 5 月至 2021 年 3 月期间社保费用。2021 年 3 月 18 日自然人 A 因犯罪被依法追究刑事责任，甲公司解除了劳动合同。

问题一：甲公司为自然人 A 缴纳养老保险、失业保险和医疗费用的时间段是否合规？

解析：不合规。根据《社会保险法》第五十八条规定，用人单位应当自用工之日起 30 日内为其职工向社会保险经办机构申请办理社会保险登记。未办理社会保险登记的，由社会保险经办机构核定其应当缴纳的社会保险费。甲公司应补缴 2019 年 7 月 1 日至 2020 年 4 月的社保费用。

问题二：自然人 A 是否符合非因本人意愿中断就业情形？

解析：符合。根据《劳动合同法》第三十九条第六款规定，劳动者被依法追究刑事责任的，用人单位可以解除劳动合同。根据《实施〈中华人民共和国社会保险法〉若干规定》（中华人民共和国人力资源和社会保障部令第 13 号）第十三条第二款规定，由用人单位依照《劳动合同法》第三十九条规定解除劳动合同的，属于非因本人意愿中断就业。因此，自然人 A 属于非因本人意愿中断就业情形。

问题三：甲公司在符合规定为自然人 A 缴纳社保费用的情况下，自然人 A 是否有权申请领取失业保险？

解析：可以。根据《社会保险法》第四十五条规定，失业人员符合下列条件的，从失业保险基金中领取失业保险金：①失业前用人单位和本人已经缴纳失业保险费满一年的；②非因本人意愿中断就业的；③已经进行失业登记，并有求职要求的。自然人 A 进行失业登记后，并有求职要求的情况下可以申请领取失业保险。

问题四：甲公司在符合规定为自然人 A 缴纳社保费用的情况下，自然人 A 在满足申请领取失业保险时，可以最多申请领取失业保险金的期限为多长时间？

解析：12 个月。根据《社会保险法》第四十六条规定，失业人员失业前用人单位和本人累计缴费满 1 年不足 5 年的，领取失业保险金的期限最长为 12 个月。

第八章　工伤保险

任何国家、任何社会，都有老、弱、病、残人员，关注老、弱、病、残及其保障问题，历史悠久。1884 年 7 月 6 日，德国颁布世界上第一部工伤保险立法——《工伤事故保险法》，随后欧洲各国纷纷效仿。进入 20 世纪，美洲、亚洲等国家陆续建立工伤保险制度。据初步统计，世界上现有近 200 个国家和地区建立了各种各样的社会保障制度。《中华人民共和国宪法》第十四条规定，国家建立健全同经济发展水平相适应的社会保障制度。社会保险是社会保障体系的核心部分，包括养老保险、失业保险、医疗保险、工伤保险和生育保险。

工伤保险是世界上产生最早的社会保障项目，也是大多数国家最早建立的社会保险险种之一，也称职业伤害保险、工业伤害保险、工人伤害补偿保险或因工伤害保险，根据“职业风险”原则建立，是对因工作原因遭受事故伤害或患职业病的劳动者提供物质帮助的一项社会保障制度，对劳动力的保护和可持续具有非常重要的意义。从世界范围的工伤保险发展趋势看，工伤保险覆盖范围仍在不断扩大，逐步从企业雇员扩展到非正规就业人群。同时，工伤预防和职业康复工作越来越得到重视。

第一节　工伤保险概述

1951 年 2 月，原劳动部颁布了《劳动保险条例》，确立了中国的工伤保险制度。1992 年劳动部、卫生部、全国总工会制定发布《职工工伤与职业病致残程度鉴定标准（试行）》；1996 年 3 月，劳动部和卫生部对这一试行标准进行了修订。1996 年 8 月，劳动部在总结历史和各地经验的基础上，发布了《企业职工工伤保险试行办法》，规定了工伤保险的认定条件、缴费比例、待遇标准和管理程序，决定建立工伤保险基金，缓解了工伤事故处理矛盾，保障了工伤职工的合法权益，形成了规范的工伤保险制度，推动工伤保险制度改革从试点进入了全面实施阶段。2003 年 4 月，国务院颁布了《工伤保险条例》(中华人民共和国国务院令第 375 号)，于 2004 年 1 月 1 日起施行[①]，标志着我国工伤保险制度走上法制化的轨道。2010 年 10 月，修订后的《工伤保险条例》公布，于 2011 年 1 月 1 日起施行。

一、工伤保险的定义

工伤亦称职业伤害、工作伤害。1921 年国际劳动大会通过的公约将工伤规范定义为“由于工作直接或间接引起的事故伤害”。1964 年，第 48 届国际劳工大会通过了《工伤事故和职业病津贴公约》，规定工伤补偿应将职业病和上下班交通事故包括在内。

工伤保险，是指劳动者在工作中或在规定的特殊情况下，遭受意外伤害或患职业病导致暂时或永久丧失劳动能力以及死亡时，劳动者或其遗属从国家和社会获得物质帮助的一种社会保险制度。

二、工伤保险的特点

工伤保险除了具有保险本身的特点，与其他社会保险比较，在补偿性之外，还向工伤预防与工伤康复保障延伸。所谓补偿性，是指在绝大多数国家，工伤保险费用不实行分担方式，全部费用由用人单位缴纳，劳动者个人不缴纳。工伤保险实行补偿与预防、康复相结合。工伤补偿、工伤预防与工伤康复三者密切相连。工伤预防是最基本的，政府致力于采取各项措施减少事故。工伤事故发生后，应立即对受伤者予以医治并给予经济补偿，使受伤害者能够得到及时救治，同时使其（或家庭）生活得到一定保障。还要及时对受伤害者进行医学康复及职业康复，使其尽可能恢复或部分恢复劳动能力，能够具备从事某种职业的能力。工伤保险向工伤预防与工伤康复保障延伸的原因是现代工伤保险已不仅限于对工伤职工给予工伤补偿，而是把它与工伤补偿、职业康复和工伤预防紧密结合起来，以便更好地发挥其在维护劳动者权益、社会稳定、保护和促进生产力发展方面的积极作用。

（1）工伤保险对象的范围是在生产劳动过程中的劳动者。由于职业危害

---

① 随着 2004 年国务院颁布的《工伤保险条例》的实施，《企业职工工伤保险试行办法》自然废止。

无所不在，无时不在，任何人都不能完全避免职业伤害。因此工伤保险作为抗御职业危害的保险制度适用于所有职工，任何职工发生工伤事故或遭受职业疾病，都应毫无例外地获得工伤保险待遇。

（2）工伤保险的责任具有赔偿性。也就是说劳动者的生命健康权、生存权和劳动权受到影响、损害甚至被剥夺了。因此工伤保险是基于对工伤职工的赔偿责任而设立的一种社会保险制度，而其他社会保险是基于对职工生活困难的帮助和补偿责任而设立的。

（3）工伤保险实行无过错责任原则。无论工伤事故的责任归于用人单位还是职工个人或第三者，用人单位均应承担保险责任。

（4）工伤保险不同于养老保险等险种，劳动者不缴纳保险费，全部费用由用人单位负担。即工伤保险的缴费人为用人单位。

（5）工伤保险待遇相对优厚，标准较高，但因工伤事故的不同而有所差别。

（6）工伤保险作为社会福利，其保障内容比商业意外保险要丰富。除了在工作时的意外伤害，也包括职业病的报销、急性病猝死保险金、丧葬补助等（工伤身故）。

三、工伤保险的作用

工伤保险作为社会保险制度的一个组成部分，是国家通过立法强制实施的，是国家对职工履行的社会责任，也是职工应该享有的基本权利。工伤保险的实施有利于保障因工作遭受事故伤害或者患职业病的职工获得医疗救治和经济补偿，促进工伤预防和职业康复，分散用人单位的工伤风险。

实行工伤保险保障了工伤职工医疗以及其基本生活、伤残抚恤和遗属抚恤，在一定程度上解除了职工和家属的后顾之忧，工伤补偿体现出国家和社会对职工的尊重，有利于提高他们的工作积极性。

建立工伤保险有利于促进安全生产，保护和发展社会生产力。工伤保险与生产单位改善劳动条件、防病防伤、安全教育、医疗康复、社会服务等工作紧密相连。这对提高生产经营单位和职工的安全生产，防止或减少工伤、职业病，保护职工的身体健康，至关重要。

工伤保险保障了受伤害职工的合法权益，有利于妥善处理事故和恢复生产，维护正常的生产、生活秩序，维护社会安定。《工伤保险条例》第四条规定，用人单位和职工应当遵守有关安全生产和职业病防治的法律法规，执行安全卫生规程和标准，预防工伤事故发生，避免和减少职业病危害。职工发生工伤时，用人单位应当采取措施使工伤职工得到及时救治。

第二节　工伤保险基本要素

一、参保范围

世界各国的工伤保险实施范围是不同的。在部分发展中国家，仍把一些非体力劳动者或者工资收入超过一定数额的人排除在工伤保险覆盖范围之外。此外，由于小企业在投保管理方面的困难，工伤保险对小企业工人的限制在许多发展中国家也比较常见。但从总的发展趋势看，各国都在逐步扩大工伤保险的覆盖范围，一些国家已经将保姆、家庭工人、家庭教师等纳入工伤保险范围。①

《社会保险法》第三十三条规定，职工应当参加工伤保险，由用人单位缴纳工伤保险费，职工个人不缴纳工伤保险费。因此，用人单位是工伤保险费的缴费义务人。

《工伤保险条例》第二条规定，中华人民共和国境内的企业、事业单位、社会团体、民办非企业单位、基金会、律师事务所、会计师事务所等组织和有雇工的个体工商户应当依照该条例规定参加工伤保险，为本单位全部职工或者雇工缴纳工伤保险费。中华人民共和国境内的企业、事业单位、社会团体、民办非企业单位、基金会、律师事务所、会计师事务所等组织的职工和个体工商户的雇工，均有依照该条例的规定享受工伤保险待遇的权利。

2021 年人力资源社会保障部、中共中央组织部、财政部、退役军人事务部、国家税务总局联合下发了《公务员工伤保险管理办法》(人社部发〔2021〕111 号)。《公务员工伤保险管理办法》规定，实施公务员法管理的各级机关及其公务员参加工伤保险适用该办法。公务员工伤保险实行属地化管理。公务员工伤保险费由机关缴纳，相关支出在其基本支出中列支，所需资金列入本级部门预算。公务员个人不缴费。

达到或超过法定退休年龄，但未办理退休手续或者未依法享受城镇职工

---

① 《社会保险法知识读本》编写组编．社会保险法知识读本［M］．北京：中国税务出版社，2020：12.

基本养老保险待遇，继续在原用人单位工作期间受到事故伤害或患职业病的，用人单位依法承担工伤保险责任。用人单位招用已经达到、超过法定退休年龄或已经领取城镇职工基本养老保险待遇的人员，在用工期间因工作原因受到事故伤害或患职业病的，如招用单位已按项目参保等方式为其缴纳工伤保险费的，应适用《工伤保险条例》。职工在两个或两个以上用人单位同时就业的，每个用人单位都应当为该职工缴纳工伤保险费。

截至2023年末全国参加工伤保险人数30174万人，比上年末增加1057万人。全国新开工工程建设项目工伤保险参保率99.6%。全年认定（视同）工伤137.5万人，评定伤残等级102.5万人。全年有222万人享受工伤保险待遇。①

二、缴费基数

《工伤保险条例》第十条规定，用人单位缴纳工伤保险费的数额为本单位职工工资总额乘以单位缴费费率之积。对难以按照工资总额缴纳工伤保险费的行业，其缴纳工伤保险费的具体方式，由国务院社会保险行政部门规定。《工伤保险条例》第六十四条规定，该条例所称工资总额，是指用人单位直接支付给本单位全部职工的劳动报酬总额。该条例所称本人工资，是指工伤职工因工作遭受事故伤害或者患职业病前12个月平均月缴费工资。本人工资高于统筹地区职工平均工资300%的，按照统筹地区职工平均工资的300%计算；本人工资低于统筹地区职工平均工资60%的，按照统筹地区职工平均工资的60%计算。

《社会保险法》第三十五条规定，用人单位应当按照本单位职工工资总额，根据社会保险经办机构确定的费率缴纳工伤保险费。因此，用人单位应当按照本单位职工工资总额确定缴费基数，即按上年用人单位月平均工资总额或上月工资总额确定缴费基数。但实际操作中，由于工伤保险常与养老保险同时申报，一般采用企业职工养老保险缴费基数上下限规定。部分统筹地区根据实际情况规定了工伤保险缴费基数的上限和下限，还有部分地区对工伤保险缴费基数不设上限。

根据《公务员工伤保险管理办法》规定，机关缴纳工伤保险费的数额为

---

① 《2023年度人力资源和社会保障事业发展统计公报》，人力资源社会保障部，https://www.mohrss.gov.cn/SYrlzyhshbzb/zwgk/szrs/tjgb/202406/W020240617617024381518.pdf。

本单位公务员工资总额乘以单位缴费费率之积。

三、缴费比例

工伤保险费率是所有社会保险费费率中最为复杂的。《工伤保险条例》第八条规定，工伤保险费根据以支定收、收支平衡的原则，确定费率。国家根据不同行业的工伤风险程度确定行业的差别费率，并根据工伤保险费使用、工伤发生率等情况在每个行业内确定若干费率档次。统筹地区经办机构根据用人单位工伤保险费使用、工伤发生率等情况，适用所属行业内相应的费率档次确定单位缴费费率。《社会保险法》第三十四条规定，国家根据不同行业的工伤风险程度确定行业的差别费率，并根据使用工伤保险基金、工伤发生率等情况在每个行业内确定费率档次。社会保险经办机构根据用人单位使用工伤保险基金、工伤发生率和所属行业费率档次等情况，确定用人单位缴费费率。

因此，我国工伤保险实行行业差别费率和浮动费率制度。

（一）行业差别费率

国民经济行业种类繁多，各行业职业风险程度差别很大。虽然工伤保险采取基金统筹互济模式，但如果对各行业实行相同的费率，让低风险行业长期承担高风险行业负担，这将有失公平。因此，工伤保险实行行业差别费率，行业差别费率是工伤保险费率确定的基础。差别费率使用人单位的缴费与所属行业风险程度、事故发生频率相挂钩。

2015 年，《人力资源社会保障部 财政部关于调整工伤保险费率政策的通知》（人社部发〔2015〕71 号）将工伤保险行业风险类别确定为八类（见表 8－1）。

表 8－1　　工伤保险行业风险分类表

行业类别	行业名称
一	软件和信息技术服务业，货币金融服务，资本市场服务，保险业，其他金融业，科技推广和应用服务业，社会工作，广播、电视、电影和影视录音制作业，中国共产党机关，国家机构，人民政协、民主党派，社会保障，群众团体、社会团体和其他成员组织，基层群众自治组织，国际组织
二	批发业，零售业，仓储业，邮政业，住宿业，餐饮业，电信、广播电视和卫星传输服务，互联网和相关服务，房地产业，租赁业，商务服务业，研究和试验发展，专业技术服务业，居民服务业，其他服务业，教育，卫生，新闻和出版业，文化艺术业

续表

行业类别	行业名称
三	农副食品加工业，食品制造业，酒、饮料和精制茶制造业，烟草制品业，纺织业，木材加工和木、竹、藤、棕、草制品业，文教、工美、体育和娱乐用品制造业，计算机、通信和其他电子设备制造业，仪器仪表制造业，其他制造业，水的生产和供应业，机动车、电子产品和日用产品修理业，水利管理业，生态保护和环境治理业，公共设施管理业，娱乐业
四	农业，畜牧业，农、林、牧、渔服务业，纺织服装、服饰业，皮革、毛皮、羽毛及其制品和制鞋业，印刷和记录媒介复制业，医药制造业，化学纤维制造业，橡胶和塑料制品业，金属制品业，通用设备制造业，专用设备制造业，汽车制造业，铁路、船舶、航空航天和其他运输设备制造业，电气机械和器材制造业，废弃资源综合利用业，金属制品、机械和设备修理业，电力、热力生产和供应业，燃气生产和供应业，铁路运输业，航空运输业，管道运输业，体育
五	林业，开采辅助活动，家具制造业，造纸和纸制品业，建筑安装业，建筑装饰和其他建筑业，道路运输业，水上运输业，装卸搬运和运输代理业
六	渔业，化学原料和化学制品制造业，非金属矿物制品业，黑色金属冶炼和压延加工业，有色金属冶炼和压延加工业，房屋建筑业，土木工程建筑业
七	石油和天然气开采业，其他采矿业，石油加工、炼焦和核燃料加工业
八	煤炭开采和洗选业，黑色金属矿采选业，有色金属矿采选业，非金属矿采选业

注：根据《公务员工伤保险管理办法》规定，机关缴费费率按照一类行业基准费率确定。

不同工伤风险类别的行业执行不同的工伤保险行业基准费率。各行业工伤风险类别对应的全国工伤保险行业基准费率为，一类至八类分别控制在该行业用人单位职工工资总额的0.2%、0.4%、0.7%、0.9%、1.1%、1.3%、1.6%、1.9%左右。

（二）浮动费率

由于同一行业中各单位实际发生的工伤事故多少和严重程度是不同的。为此，我国在实行行业差别费率的基础上，根据用人单位工伤保险出现情况、工伤保险基金使用情况、工伤发生率等因素实行浮动费率。通过费率浮动的办法确定每个行业内的费率档次。一类行业分为三个档次，即在基准费率的基础上，可向上浮动至120%、150%，二类至八类行业分为五个档次，即在基准费率的基础上，可分别向上浮动至120%、150%或向下浮动至80%、50%。各统筹地区人力资源社会保障部门要会同财政部门，按照“以支定收、收支平衡”的原则，合理确定本地区工伤保险行业基准费率具体标准，并征求工会组织、用人单位代表的意见，报统筹地区人民政府批准后实施。基准费率的具体标准可根据统筹地区经济产业结构变动、工伤保险费使用等情况适时调整。

统筹地区社会保险经办机构根据用人单位工伤保险费使用、工伤发生率、职业病危害程度等因素，确定其工伤保险费率，并可依据上述因素变化情况，每一至三年确定其在所属行业不同费率档次间是否浮动。对符合浮动条件的用人单位，每次可上下浮动一档或两档。统筹地区工伤保险最低费率不低于本地区一类风险行业基准费率。

（三）阶段性降低工伤保险费率

为进一步降低企业用工成本，增强企业发展活力，近几年国家不断降低工伤保险费的费率。《人力资源社会保障部 财政部关于阶段性降低社会保险费率的通知》（人社部发〔2016〕36 号）提出，各地要继续贯彻落实国务院 2015 年关于降低工伤保险平均费率 0. 25 个百分点的决定。《人力资源社会保障部 财政部关于继续阶段性降低社会保险费率的通知》（人社部发〔2018〕25 号）提出，自 2018 年 5 月 1 日起，在保持八类费率总体稳定的基础上，工伤保险基金累计结余可支付月数在 18（含）至 23 个月的统筹地区，可以现行费率为基础下调 20%；累计结余可支付月数在 24 个月（含）以上的统筹地区，可以现行费率为基础下调 50%，降低费率的期限暂执行至 2019 年 4 月 30 日。下调费率期间，统筹地区工伤保险基金累计结余达到合理支付月数范围的，停止下调。具体方案由各省（自治区、直辖市）研究确定。2019 年 4 月 4 日，国务院办公厅下发的《关于印发降低社会保险费率综合方案的通知》（国办发〔2019〕13 号）明确：自 2019 年 5 月 1 日起，延长阶段性降低工伤保险费率期限至 2020 年 4 月 30 日。2019 年 12 月，《国务院关于进一步做好稳就业工作的意见》（国发〔2019〕28 号）要求加大援企稳岗力度，阶段性降低工伤保险费率的政策，实施期限延长至 2021 年 4 月 30 日。根据经济发展需要和基金可持续运行情况，《人力资源社会保障部办公厅 财政部办公厅 国家税务总局办公厅关于 2021 年社会保险缴费有关问题的通知》（人社厅发〔2021〕2 号）明确，阶段性降低工伤保险费率政策 2021 年 4 月 30 日到期后，延续实施 1 年至 2022 年 4 月 30 日。《人力资源社会保障部 财政部 国家税务总局关于做好失业保险稳岗位提技能防失业工作的通知》（人社部发〔2022〕23 号）明确，延续实施阶段性降低工伤保险费率政策 1 年，执行期限至 2023 年 4 月 30 日。《人力资源社会保障部 财政部 国家税务总局关于阶段性降低失业保险、工伤保险费率有关问题的通知》（人社部发〔2023〕19 号）明确，自 2023 年 5 月 1 日起，按照《国务院办公厅关于印发降低社会保险费率综合方案的通知》（国办发〔2019〕13 号）有关实施条件，继续实施阶段性降低工伤保险费率政策，实施期限延长至2025年底。

四、应缴费额计算

（一）工伤保险费的应缴费额的一般计算

工伤保险费应缴费额公式为：

工伤保险费应缴费额=工伤保险费缴费基数×工伤保险费费率

（二）部分行业企业工伤保险费缴纳办法

《工伤保险条例》第十条第三款规定，对难以按照工资总额缴纳工伤保险费的行业，其缴纳工伤保险费的具体方式，由国务院社会保险行政部门规定。《部分行业企业工伤保险费缴纳办法》（中华人民共和国人力资源和社会保障部令第10号）规定，部分行业企业是指建筑、服务、矿山等行业中难以直接按照工资总额计算缴纳工伤保险费的建筑施工企业、小型服务企业、小型矿山企业等。

（1）建筑施工企业可以实行以建筑施工项目为单位，按照项目工程总造价的一定比例，计算缴纳工伤保险费。

（2）商贸、餐饮、住宿、美容美发、洗浴以及文体娱乐等小型服务业企业以及有雇工的个体工商户，可以按照营业面积的大小核定应参保人数，按照所在统筹地区上一年度职工月平均工资的一定比例和相应的费率，计算缴纳工伤保险费；也可以按照营业额的一定比例计算缴纳工伤保险费。

（3）小型矿山企业可以按照总产量、吨矿工资含量和相应的费率计算缴纳工伤保险费。

《人力资源社会保障部 交通运输部 水利部 能源局 铁路局 民航局关于铁路、公路、水运、水利、能源、机场工程建设项目参加工伤保险工作的通知》（人社部发〔2018〕3号）规定，建筑施工企业相对固定的职工，应按用人单位参加工伤保险。不能按用人单位参加工伤保险的职工特别是短期雇佣的农民工，应按项目优先参加工伤保险，一般应由施工项目总承包单位或项目标段合同承建单位按照劳动雇佣关系一次性代缴本项目工伤保险费，覆盖项目使用的所有职工，包括专业承包单位、劳务分包单位使用的农民工。各类工程建设项目可以项目或标段为单位，按照项目或标段的建筑安装工程费（或工程合同价）的一定比例参保缴费。对人工成本占比较低的工程建设项目，可按照人工成本乘以工伤保险行业基准费率的方式计算工伤保险费。对于难以确定直接人工成本的工程建设项目，可参照本地区社会平均工资确定缴费基数。各统筹地区要按照“以支定收、收支平衡”原则，根据当地工伤保险基金的运行情况，科学合理确定费率。同时，注重发挥浮动费率作用，低保费起步，逐步实现收支平衡。

部分行业企业工伤保险费缴纳的具体计算办法，由省级社会保险行政部门根据本地区实际情况确定。

第三节　工伤认定和劳动能力鉴定

工伤认定是一项依申请而施行的行政确定行为。享受工伤保险待遇必须要先进行工伤认定，如果不是工伤，单位就没有责任，就不能适用《工伤保险条例》的相关规定来处理事故。

一、工伤认定

（一）认定工伤

根据《工伤保险条例》第十四条规定，职工有下列情形之一的，应当认定为工伤：

（1）在工作时间和工作场所内，因工作原因受到事故伤害的。

（2）工作时间前后在工作场所内，从事与工作有关的预备性或者收尾性工作受到事故伤害的。

（3）在工作时间和工作场所内，因履行工作职责受到暴力等意外伤害的。

（4）患职业病的。

（5）因工外出期间，由于工作原因受到伤害或者发生事故下落不明的。

（6）在上下班途中，受到非本人主要责任的交通事故或者城市轨道交通、客运轮渡、火车事故伤害的；职工以上下班为目的、在合理时间内往返于工作单位和居住地之间的合理路线，视为上下班途中。

（7）法律、行政法规规定应当认定为工伤的其他情形。

（二）视同工伤

根据《工伤保险条例》第十五条规定，职工有下列情形之一的，视同工伤：

（1）在工作时间和工作岗位，突发疾病死亡或者在48小时之内经抢救无效死亡的；

（2）在抢险救灾等维护国家利益、公共利益活动中受到伤害的；

（3）职工原在军队服役，因战、因公负伤致残，已取得革命伤残军人证，到用人单位后旧伤复发的。

职工有上述第（1）项、第（2）项情形的，按照《工伤保险条例》的有关规定享受工伤保险待遇；职工有上述第（3）项情形的，按照《工伤保险条例》的有关规定享受除一次性伤残补助金以外的工伤保险待遇。

（三）不得认定或视同工伤的情形

根据《工伤保险条例》第十六条规定，职工符合《工伤保险条例》第十四条、第十五条的规定，但是有下列情形之一的，不得认定为工伤或者视同工伤：

（1）故意犯罪的；

（2）醉酒或者吸毒的；

（3）自残或者自杀的。

（四）用人单位雇用未成年人发生工伤的处理

未成年人没有达到法定劳动年龄，与用人单位不能形成合法的用工关系，不能享受工伤保险待遇，但是发生工伤后，应当由用人单位负责解决工伤待遇。

二、工伤认定程序

（一）工伤认定的申请

根据《工伤保险条例》第十七条规定，职工发生事故伤害或者按照职业病防治法规定被诊断、鉴定为职业病，所在单位应当自事故伤害发生之日或者被诊断、鉴定为职业病之日起30日内，向统筹地区社会保险行政部门提出工伤认定申请。遇有特殊情况，经报社会保险行政部门同意，申请时限可以适当延长。

用人单位未按上述规定提出工伤认定申请的，工伤职工或者其近亲属、工会组织在事故伤害发生之日或者被诊断、鉴定为职业病之日起1年内，可以直接向用人单位所在地统筹地区社会保险行政部门提出工伤认定申请。

根据《工伤保险条例》第十七条第一款规定应当由省级社会保险行政部门进行工伤认定的事项，根据属地原则由用人单位所在地的设区的市级社会保险行政部门办理。

用人单位未在《工伤保险条例》第十七条第一款规定的时限内提交工伤认定申请，在此期间发生符合《工伤保险条例》规定的工伤待遇等有关费用由该用人单位负担。

（二）申请工伤认定应当提交的材料

提出工伤认定申请应当提交下列材料：

（1）工伤认定申请表；

（2）与用人单位存在劳动关系（包括事实劳动关系）的证明材料；

（3）医疗诊断证明或者职业病诊断证明书（或者职业病诊断鉴定书）。

工伤认定申请表应当包括事故发生的时间、地点、原因以及职工伤害程度等基本情况。

工伤认定申请人提供材料不完整的，社会保险行政部门应当一次性书面告知工伤认定申请人需要补正的全部材料。申请人按照书面告知要求补正材料后，社会保险行政部门应当受理。

（三）工伤认定的办理

根据《工伤保险条例》第十九条、第二十条的规定，社会保险行政部门受理工伤认定申请后，根据审核需要可以对事故伤害进行调查核实，用人单位、职工、工会组织、医疗机构以及有关部门应当予以协助。职业病诊断和诊断争议的鉴定，依照职业病防治法的有关规定执行。对依法取得职业病诊断证明书或者职业病诊断鉴定书的，社会保险行政部门不再进行调查核实。

职工或者其近亲属认为是工伤，用人单位不认为是工伤的，由用人单位承担举证责任。

社会保险行政部门应当自受理工伤认定申请之日起60日内作出工伤认定的决定，并书面通知申请工伤认定的职工或者其近亲属和该职工所在单位。

社会保险行政部门对受理的事实清楚、权利义务明确的工伤认定申请，应当在15日内作出工伤认定的决定。

作出工伤认定决定需要以司法机关或者有关行政主管部门的结论为依据的，在司法机关或者有关行政主管部门尚未作出结论期间，作出工伤认定决定的时限中止。

社会保险行政部门工作人员与工伤认定申请人有利害关系的，应当回避。

三、劳动能力鉴定

在职职工因工负伤结束治疗后，对其劳动能力进行鉴定，是给予受伤害职工工伤保险待遇的基础和前提条件，也是工伤保险管理工作的重要内容。第一，劳动能力鉴定提供的正确结论是批准因工、因疾病和非因工负伤完全丧失劳动能力的劳动者退休、退职的科学依据。第二，劳动能力鉴定所提供的正确结论也是合理调换因工受伤、造成劳动能力不同程度损害的劳动者工作岗位和恢复工作等的科学依据。劳动者因工负伤，劳动能力不同程度的丧失，会有三种后果：一是使劳动者可能永远不能再从事任何工作；二是可能使劳动者不能再从事原本适合他的正常工作岗位或职业；三是可能使劳动者本人恢复适合他的工作岗位或职业。到底会导致哪种后果，要依劳动能力鉴定的结果而定。第三，通过劳动能力鉴定工作，确定出职工因工致残后丧失劳动能力的程度，为保障受伤害职工享受其合法的物质帮助的基本权利和劳动就业的基本权利提供了依据。第四，通过劳动能力鉴定工作，对职工是否能认定为工伤或职业病提供了政策、标准依据，也保护了受工伤的职工的合法权益。

（一）劳动能力鉴定的定义

劳动能力鉴定是指职工发生工伤，经治疗伤情相对稳定后存在残疾、影响劳动能力的，进行劳动能力鉴定，包括劳动功能障碍程度和生活自理障碍程度的等级鉴定。劳动功能障碍分为十个伤残等级，最重的为一级，最轻的为十级。生活自理障碍分为三个等级：生活完全不能自理、生活大部分不能自理和生活部分不能自理。

劳动能力鉴定标准由国务院社会保险行政部门会同国务院卫生行政部门等部门制定。

（二）劳动能力鉴定申请程序

劳动能力鉴定由用人单位、工伤职工或者其近亲属向设区的市级劳动能力鉴定委员会提出申请，并提供工伤认定决定和职工工伤医疗的有关资料。省、自治区、直辖市劳动能力鉴定委员会和设区的市级劳动能力鉴定委员会分别由省、自治区、直辖市和设区的市级社会保险行政部门、卫生行政部门、工会组织、经办机构代表以及用人单位代表组成。劳动能力鉴定委员会建立医疗卫生专家库。列入专家库的医疗卫生专业技术人员应当具备下列条件：

（1）具有医疗卫生高级专业技术职务任职资格；

（2）掌握劳动能力鉴定的相关知识；

（3）具有良好的职业品德。

设区的市级劳动能力鉴定委员会收到劳动能力鉴定申请后，应当从其建立的医疗卫生专家库中随机抽取 3 名或者 5 名相关专家组成专家组，由专家组提出鉴定意见。设区的市级劳动能力鉴定委员会根据专家组的鉴定意见作出工伤职工劳动能力鉴定结论，必要时，可以委托具备资格的医疗机构协助进行有关的诊断。

设区的市级劳动能力鉴定委员会应当自收到劳动能力鉴定申请之日起60日内作出劳动能力鉴定结论，必要时，作出劳动能力鉴定结论的期限可以延长30日。劳动能力鉴定结论应当及时送达申请鉴定的单位和个人。

申请鉴定的单位或者个人对设区的市级劳动能力鉴定委员会作出的鉴定结论不服的，可以在收到该鉴定结论之日起15日内向省、自治区、直辖市劳动能力鉴定委员会提出再次鉴定申请。省、自治区、直辖市劳动能力鉴定委员会作出的劳动能力鉴定结论为最终结论。

劳动能力鉴定工作应当客观、公正。劳动能力鉴定委员会组成人员或者参加鉴定的专家与当事人有利害关系的，应当回避。

自劳动能力鉴定结论作出之日起1年后，工伤职工或者其近亲属、所在单位或者经办机构认为伤残情况发生变化的，可以申请劳动能力复查鉴定。

第四节　工伤保险待遇

工伤保险待遇包括工伤医疗待遇、伤残待遇、工亡待遇等，目的是使劳动者伤病得到救治、伤残得到日常生活费用保障，使工伤死亡劳动者的遗属获得基本生活保障。

一、工伤医疗待遇

根据《工伤保险条例》第三十条规定，职工因工作遭受事故伤害或者患职业病进行治疗，享受工伤医疗待遇。职工治疗工伤应当在签订服务协议的医疗机构就医，情况紧急时可以先到就近的医疗机构急救。治疗工伤所需费用符合《工伤保险诊疗项目目录》《工伤保险药品目录》《工伤保险住院服务标准》的，从工伤保险基金支付。《工伤保险诊疗项目目录》《工伤保险药品目录》《工伤保险住院服务标准》，由国务院社会保险行政部门会同国务院卫生行政部门、食品药品监督管理部门等部门规定。

职工住院治疗工伤的伙食补助费，以及经医疗机构出具证明，报经办机构同意，工伤职工到统筹地区以外就医所需的交通、食宿费用从工伤保险基金支付，基金支付的具体标准由统筹地区人民政府规定。

工伤职工治疗非工伤引发的疾病，不享受工伤医疗待遇，按照基本医疗保险办法处理。

工伤职工到签订服务协议的医疗机构进行工伤康复的费用，符合规定的，从工伤保险基金支付。

根据《工伤保险条例》第三十一条规定，社会保险行政部门作出认定为工伤的决定后发生行政复议、行政诉讼的，行政复议和行政诉讼期间不停止支付工伤职工治疗工伤的医疗费用。

根据《工伤保险条例》第三十二条规定，工伤职工因日常生活或者就业需要，经劳动能力鉴定委员会确认，可以安装假肢、矫形器、假眼、假牙和配置轮椅等辅助器具，所需费用按照国家规定的标准从工伤保险基金支付。

二、停工期间的待遇

根据《工伤保险条例》第三十三条规定，职工因工作遭受事故伤害或者患职业病需要暂停工作接受工伤医疗的，在停工留薪期内，原工资福利待遇不变，由所在单位按月支付。停工留薪期一般不超过 12 个月。伤情严重或者情况特殊，经设区的市级劳动能力鉴定委员会确认，可以适当延长，但延长不得超过 12 个月。工伤职工在停工留薪期满后仍需治疗的，继续享受工伤医疗待遇。

生活不能自理的工伤职工在停工留薪期需要护理的，由所在单位负责。

三、伤残待遇

（一）生活护理费

工伤职工已经评定伤残等级并经劳动能力鉴定委员会确认需要生活护理的，从工伤保险基金按月支付生活护理费。

生活护理费按照生活完全不能自理、生活大部分不能自理或者生活部分不能自理 3 个不同等级支付，其标准分别为统筹地区上年度职工月平均工资的 50%、40% 或者 30%。

（二）一级至四级伤残等级待遇

职工因工致残被鉴定为一级至四级伤残的，保留劳动关系，退出工作岗位，享受以下待遇：

（1）从工伤保险基金按伤残等级支付一次性伤残补助金，标准为：一级伤残为27个月的本人工资[①]，二级伤残为25个月的本人工资，三级伤残为23个月的本人工资，四级伤残为21个月的本人工资。

（2）从工伤保险基金按月支付伤残津贴，标准为：一级伤残为本人工资的90%，二级伤残为本人工资的85%，三级伤残为本人工资的80%，四级伤残为本人工资的75%。伤残津贴实际金额低于当地最低工资标准的，由工伤保险基金补足差额。

（3）工伤职工达到退休年龄并办理退休手续后，停发伤残津贴，按照国家有关规定享受基本养老保险待遇。基本养老保险待遇低于伤残津贴的，由工伤保险基金补足差额。

职工因工致残被鉴定为一级至四级伤残的，由用人单位和职工个人以伤残津贴为基数，缴纳基本医疗保险费。

（三）五级至六级伤残等级待遇

职工因工致残被鉴定为五级、六级伤残的，享受以下待遇：

（1）从工伤保险基金按伤残等级支付一次性伤残补助金，标准为：五级伤残为18个月的本人工资，六级伤残为16个月的本人工资。

（2）保留与用人单位的劳动关系，由用人单位安排适当工作。难以安排工作的，由用人单位按月发给伤残津贴，标准为：五级伤残为本人工资的70%，六级伤残为本人工资的60%，并由用人单位按照规定为其缴纳应缴纳的各项社会保险费。伤残津贴实际金额低于当地最低工资标准的，由用人单位补足差额。

经工伤职工本人提出，该职工可以与用人单位解除或者终止劳动关系，由工伤保险基金支付一次性工伤医疗补助金，由用人单位支付一次性伤残就业补助金。一次性工伤医疗补助金和一次性伤残就业补助金的具体标准由省、自治区、直辖市人民政府规定。

（四）七级至十级伤残等级待遇

职工因工致残被鉴定为七级至十级伤残的，享受以下待遇：

（1）从工伤保险基金按伤残等级支付一次性伤残补助金，标准为：七级伤残为13个月的本人工资，八级伤残为11个月的本人工资，九级伤残为9个

---

① 本节所称的本人工资，是指工伤职工因工作遭受事故伤害或者患职业病前12个月平均月缴费工资。本人工资高于统筹地区职工平均工资300%的，按照统筹地区职工平均工资的300%计算；本人工资低于统筹地区职工平均工资60%的，按照统筹地区职工平均工资的60%计算。

月的本人工资，十级伤残为7个月的本人工资。

（2）劳动、聘用合同期满终止，或者职工本人提出解除劳动、聘用合同的，由工伤保险基金支付一次性工伤医疗补助金，由用人单位支付一次性伤残就业补助金。一次性工伤医疗补助金和一次性伤残就业补助金的具体标准由省、自治区、直辖市人民政府规定。

四、工伤复发待遇

工伤职工工伤复发，确认需要治疗的，享受《工伤保险条例》第三十条、第三十二条和第三十三条规定的工伤待遇。

五、工亡待遇

职工因工死亡，其近亲属按照下列规定从工伤保险基金领取丧葬补助金、供养亲属抚恤金和一次性工亡补助金：

（1）丧葬补助金为6个月的统筹地区上年度职工月平均工资。

（2）供养亲属抚恤金按照职工本人工资的一定比例发给由因工死亡职工生前提供主要生活来源、无劳动能力的亲属。标准为：配偶每月40%，其他亲属每人每月30%，孤寡老人或者孤儿每人每月在上述标准的基础上增加10%。核定的各供养亲属的抚恤金之和不应高于因工死亡职工生前的工资。供养亲属的具体范围由国务院社会保险行政部门规定。

（3）一次性工亡补助金标准为上一年度全国城镇居民人均可支配收入的20倍。

伤残职工在停工留薪期内因工伤导致死亡的，其近亲属享受上述第（1）项至第（3）项规定的待遇。一级至四级伤残职工在停工留薪期满后死亡的，其近亲属可以享受上述第（1）项、第（2）项规定的待遇。

伤残津贴、供养亲属抚恤金、生活护理费由统筹地区社会保险行政部门根据职工平均工资和生活费用变化等情况适时调整。调整办法由省、自治区、直辖市人民政府规定。

六、下落不明职工的待遇

职工因工外出期间发生事故或者在抢险救灾中下落不明的，从事故发生当月起3个月内照发工资，从第4个月起停发工资，由工伤保险基金向其供养亲属按月支付供养亲属抚恤金。生活有困难的，可以预支一次性工亡补助金的50%。职工被人民法院宣告死亡的，按照工亡待遇的规定处理。

根据《社会保险法》第三十八条规定，因工伤发生的下列费用，按照国家规定从工伤保险基金中支付：

（1）治疗工伤的医疗费用和康复费用；

（2）住院伙食补助费；

（3）到统筹地区以外就医的交通食宿费；

（4）安装配置伤残辅助器具所需费用；

（5）生活不能自理的，经劳动能力鉴定委员会确认的生活护理费；

（6）一次性伤残补助金和一至四级伤残职工按月领取的伤残津贴；

（7）终止或者解除劳动合同时，应当享受的一次性医疗补助金；

（8）因工死亡的，其遗属领取的丧葬补助金、供养亲属抚恤金和因工死亡补助金；

（9）劳动能力鉴定费。

根据《社会保险法》第三十九条规定，因工伤发生的下列费用，按照国家规定由用人单位支付：

（1）治疗工伤期间的工资福利；

（2）五级、六级伤残职工按月领取的伤残津贴；

（3）终止或者解除劳动合同时，应当享受的一次性伤残就业补助金。

职工所在用人单位未依法缴纳工伤保险费，发生工伤事故的，由用人单位支付工伤保险待遇。用人单位不支付的，从工伤保险基金中先行支付。从工伤保险基金中先行支付的工伤保险待遇应当由用人单位偿还。用人单位不偿还的，社会保险经办机构可以依照《社会保险法》第六十三条的规定追偿。

由于第三人的原因造成工伤，第三人不支付工伤医疗费用或者无法确定第三人的，由工伤保险基金先行支付。工伤保险基金先行支付后，有权向第三人追偿。

七、其他规定

（一）待遇调整机制

待遇调整机制分以下几种情况：

1. 伤残津贴的调整

伤残津贴是对因工致残而退出工作岗位的工伤职工工资收入损失的合理补偿。一级至四级伤残津贴调整以上年度省（自治区、直辖市）一级至四级工伤职工月人均伤残津贴为基数，综合考虑职工平均工资增长和居民消费价格指数变化情况，侧重职工平均工资增长因素，兼顾工伤保险基金支付能力和相关社会保障待遇调整情况，综合进行调节。伤残津贴调整可以采取定额调整和适当倾斜的办法，对伤残程度高、伤残津贴低于平均水平的工伤职工予以适当倾斜。五级、六级工伤职工的伤残津贴按照《工伤保险条例》的规定执行。

2. 供养亲属抚恤金的调整

供养亲属抚恤金是工亡职工供养亲属基本生活的合理保障。供养亲属抚恤金调整以上年度省（自治区、直辖市）月人均供养亲属抚恤金为基数，综合考虑职工平均工资增长和居民消费价格指数变化情况，侧重居民消费价格指数变化，兼顾工伤保险基金支付能力和相关社会保障待遇调整情况，综合进行调节。供养亲属抚恤金调整采取定额调整的办法。

3. 生活护理费的调整

生活护理费根据《工伤保险条例》和《劳动能力鉴定职工工伤与职业病致残等级》相关规定进行计发，按照上年度省（自治区、直辖市）职工平均工资增长比例同步调整。职工平均工资下降时不调整。

4. 住院伙食补助费的确定

省（自治区、直辖市）可参考当地城镇居民消费支出结构，科学确定工伤职工住院伙食补助费标准。住院伙食补助费原则上不超过上年度省（自治区、直辖市）城镇居民日人均消费支出额的40%。

（二）用人单位分立、合并、转让

用人单位分立、合并、转让的，承继单位应当承担原用人单位的工伤保险责任；原用人单位已经参加工伤保险的，承继单位应当到当地社会保险经办机构办理工伤保险变更登记。

用人单位实行承包经营的，工伤保险责任由职工劳动关系所在单位承担。职工被借调期间受到工伤事故伤害的，由原用人单位承担工伤保险责任，但原用人单位与借调单位可以约定补偿办法。企业破产的，在破产清算时依法拨付应当由用人单位支付的工伤保险待遇费用。

（三）职工被派遣出境工作

职工被派遣出境工作，依据前往国家或者地区的法律应当参加当地工伤保险的，参加当地工伤保险，其国内工伤保险关系中止；不能参加当地工伤保险的，其国内工伤保险关系不中止。

（四）职工再次发生工伤

职工再次发生工伤，根据规定应当享受伤残津贴的，按照新认定的伤残等级享受伤残津贴待遇。

八、停止享受待遇的规定

工伤职工有下列情形之一的，停止享受工伤保险待遇：

（1）丧失享受待遇条件的；

（2）拒不接受劳动能力鉴定的；

（3）拒绝治疗的。

第五节　工伤保险争议处理

工伤保险争议是指工伤保险法律关系主体之间因享有工伤保险权利、履行工伤保险义务而发生的争议。实践工作中由于工伤保险主体的多元性和工伤保险活动的复杂性使得工伤保险争议也比较多。工伤保险主体具有多元性，是指参与工伤保险活动的主体众多，包括社会保险行政部门、税务部门、社会保险经办机构、用人单位及其职工、医疗机构、辅助器具配置机构、劳动能力鉴定组织等。工伤保险活动的复杂性是指各类主体的工伤保险活动包括行政管理活动、业务经办活动、医疗服务活动等。

正确处理工伤保险争议是保持整个社会关系稳定和顺利发展的一个必不可少的环节。正确处理工伤争议，可以提高当事人遵守工伤保险法律法规的自觉性，防止和减少工伤保险争议的发生；可以促进工伤保险制度正常运行，保证当事人特别是工伤职工获得医疗救治和经济补偿的合法权益不受侵犯；可以避免矛盾的激化和恶性事件的发生，促进社会的稳定。工伤保险争议如得不到及时、公正、正确的处理，就可能激化矛盾，引发恶性事件。因此，工伤保险争议的处理在调节社会关系中起着“稳定器”的作用。

工伤保险争议是复杂多样的，按照不同的标准可以作不同的分类。如按照工伤保险争议涉及的内容来分，工伤保险争议分为：关于工伤认定而引起的争议，关于工伤待遇核定、给付而引起的争议，关于工伤保险费用结算而引发的争议，关于工伤保险费征收而引发的争议，关于工伤保险违法行为查处而引发的争议，等等。《工伤保险条例》以工伤保险关系双方主体法律地位为标准划分，规定了两类工伤保险争议，即工伤保险行政争议和工伤保险劳动争议。工伤保险行政争议的主体是行政管理相对人和社会保险经办机构、税务部门或者社会保险行政部门，而工伤保险劳动争议的主体则是建立劳动关系的双方当事人，即用人单位和本单位职工。

一、工伤保险劳动争议

职工与用人单位发生工伤待遇方面的争议，按照处理劳动争议的有关规定处理。工伤保险劳动争议，是指用人单位和职工之间产生的属于劳动争议性质的、以工伤保险权利义务为内容的争议。争议的主体是劳动关系的当事人，争议的内容是因劳动关系而在双方当事人之间附随产生的有关工伤保险权利义务，争议解决适用的实体法律《中华人民共和国劳动法》和相应的工伤保险规定。

二、工伤保险行政争议

工伤保险行政争议，是指社会保险行政部门及其所属的社会保险经办机构、税务部门等在针对行政管理相对人实施工伤保险方面的具体行政行为时，行政管理相对人认为其违法行使职权、侵犯自身的合法权益，对其实施的具体行政行为不服而产生的争议。争议的主体是工伤保险行政管理关系或者经办关系的当事人，争议的内容是社会保险行政部门、税务部门或者社会保险经办机构实施的具体行政行为，争议解决适用的法律是《中华人民共和国行政复议法》（以下简称《行政复议法》）和《中华人民共和国行政诉讼法》（以下简称《行政诉讼法》）及有关工伤保险法律规定。

有下列情形之一的，有关单位或者个人可以依法申请行政复议，也可以依法向人民法院提起行政诉讼：

（1）申请工伤认定的职工或者其近亲属、该职工所在单位对工伤认定申请不予受理的决定不服的；

（2）申请工伤认定的职工或者其近亲属、该职工所在单位对工伤认定结论不服的；

（3）用人单位对经办机构确定的单位缴费费率不服的；

（4）签订服务协议的医疗机构、辅助器具配置机构认为经办机构未履行有关协议或者规定的；

（5）工伤职工或者其近亲属对经办机构核定的工伤保险待遇有异议的。

三、典型案例解析

安某、兰某诉S市Y远洋渔业有限公司工伤保险待遇纠纷案[①]

裁判摘要：用人单位为职工购买商业性人身意外伤害保险的，不因此免除其为职工购买工伤保险的法定义务。职工获得用人单位为其购买的人身意外伤害保险赔付后，仍然有权向用人单位主张工伤保险待遇。

原告：安某、兰某。

被告：S市Y远洋渔业有限公司。

原告安某、兰某因与被告S市Y远洋渔业有限公司（以下简称Y公司）发生工伤保险待遇纠纷，向G海事法院提起诉讼。

原告安某和兰某诉称：2020年7月，安某和兰某之子安某东在Y公司处任职，担任大管轮职务。2021年8月5日，安某东工作的船舶“YZ22”轮在法属波利尼西亚南方群岛拉帕岛附近海域遇险侧翻，包括安某东在内的8名船员遇难。2023年3月16日，S市人力资源和社会保障局认定安某东遭受事故伤害情形属于工伤，依法应当享受工伤保险待遇。安某和兰某作为安某东的法定继承人，请求判令Y公司支付拖欠安某东的工资及奖金，以及丧葬补助金、供养亲属抚恤金、一次性工亡补助金等工伤保险待遇。

被告Y公司辩称：Y公司没有为安某东办理工伤保险的责任不在Y公司，而且安某东生前与Y公司约定以商业保险替代工伤保险。原告安某和兰某已经拿到商业保险金60万元，无权再主张工伤保险赔偿金。

G海事法院一审查明：2019年11月，被告Y公司与X远洋渔业有限公司（以下简称X公司）签订委托招聘合同，约定：X公司为Y公司名下“YZ16”轮、“YZ18”轮、“YZ22”轮等6艘船舶招聘远洋船员，以X公司名义与应聘船员签订聘用合同，合同的权利义务由Y公司享有和承担；X公司在与应聘船员签订聘用合同时应当口头向其披露委托方，经应聘船员无异议后方可签订聘用合同。

2020年7月8日，安某东与X公司签订大管轮聘用合同，合同约定：X

---

① 案例摘自《中华人民共和国最高人民法院公报》（2017年第12期），http：//gongbao. court. gov. cn/Details/0630757dbc7c03aef9957234f6467e. html？ sw =，有删改。

公司招聘安某东为远洋大管轮职务船员，聘用期限为两年半，自安某东出境日9月1日起至安某东所在船只抵境日或合同到期日止；X公司负责为安某东投保人身意外险，如在聘用期内发生因工伤亡，按有关意外保险条款执行。

2020年8月22日，被告Y公司作为投保人，为包括安某东在内的48名船员向B财产保险股份有限公司S市分公司（以下简称W保险公司）投保团体意外伤害保险，保障项目为额外身故、残疾、烧伤给付，每人保险金额为60万元，保险期间为2020年8月23日至2021年8月22日。Y公司于投保当日缴纳了保费。

2020年9月，安某东等14名船员被派遣至“YZ22”轮上进行远海捕鱼作业。2021年8月5日17：30时，“YZ22”轮在法属波利尼西亚南方群岛拉帕岛附近海域遇险侧翻。2022年1月16日，安某东被A县人民法院宣告死亡。W保险公司向原告安某和兰某实际支付了安某东身故赔偿金60万元。

2022年12月10日，X公司所在地法院作出（2022）民事判决，确认X公司与安某东签订聘用合同的行为属于隐名代理，X公司与安某东签订的聘用合同直接约束Y公司和安某东，Y公司与安某东存在劳动关系。Y公司对该判决结论予以认可。2023年3月16日，S市人力资源和社会保障局认定安某东于2021年8月5日因公外出在法属波利尼西亚南方群岛拉帕岛附近海域遇险，经法院判决宣告死亡属于工伤。

另查明：原告安某是安某东的父亲，原告兰某是安某东的母亲。兰某持有L县残疾人联合会填发的残疾人证，记载残疾类别为肢体，残疾等级为3级。

G海事法院一审认为：2020年9月1日至2021年8月5日期间，安某东受被告Y公司聘用在“YZ22”轮上进行远海捕鱼作业，安某东与Y公司存在劳动合同关系。Y公司没有为安某东买工伤保险，根据《G省工伤保险条例》第四十三条关于“职工所在用人单位未依法缴纳工伤保险费，发生工伤事故的，由用人单位支付工伤保险待遇”和第五十七条第一款关于“用人单位依照本条例规定应当参加工伤保险而未参加或者未按时缴纳工伤保险费，职工发生工伤的，由该用人单位按照本条例规定的工伤保险待遇项目和标准向职工支付费用”的规定，Y公司应向原告安某和兰某支付安某东依法应享有的工伤保险待遇。Y公司虽然为安某东购买了意外伤害商业保险，并与安某东在聘用合同中约定在聘用期内如因工伤亡，按有关意外保险条款执行，但依法缴纳工伤保险是用人单位的法定义务，该项义务不能通过当事人协商予以免除。安某和兰某以意外伤害保险单受益人身份取得商业保险赔偿金后，仍有权主张工伤保险赔偿。Y公司关于安某和兰某已取得60万元商业保险金即无权再主张工伤保险赔偿金的抗辩不能成立。

综上所述，G海事法院根据《劳动合同法》第三十条和《G省工伤保险条例》第三十七条、第四十三条、第五十七条第一款的规定，于2023年10月8日作出判决：①被告Y公司向原告安某、兰某支付安某东的工资、奖金共计26709.2元；②Y公司向安某、兰某支付丧葬补助金、一次性工亡补助金共计520808元；③驳回安某、兰某的其他诉讼请求。

Y公司不服一审判决，向G省高级人民法院提起上诉。

上诉人Y公司上诉称：G海事法院认为被上诉人安某和兰某获得商业保险赔偿后仍有权向Y公司主张工伤保险赔付错误。因船员流动性强，用人单位无法也不能为船员购买工伤保险，为保护船员利益，Y公司和船员安某东在劳动合同中约定由Y公司为其购买商业保险，并约定船员获得商业保险赔偿后不得再向Y公司主张工伤保险赔付。安某和兰某已经获得了60万元的商业保险赔付，一审法院再支持其向Y公司提出的工伤保险赔付，实质上支持了二者的不诚信行为，违反公平原则，应予改判。

被上诉人安某、兰某在二审中未提交答辩意见。

G省高级人民法院经二审，确认了一审查明的事实。

本案二审的争议焦点为：被上诉人安某和兰某获得上诉人Y公司为其子安某东购买的商业保险的保险赔付后，能否再向Y公司主张安某东的工伤保险待遇。

G省高级人民法院二审认为：《工伤保险条例》第二条第一款规定，中华人民共和国境内的企业、事业单位、社会团体、民办非企业单位、基金会、律师事务所、会计师事务所等组织和有雇工的个体工商户应当依照本条例规定参加工伤保险，为本单位全部职工或者雇工缴纳工伤保险费。根据该规定，为职工缴纳工伤保险费是Y公司的法定义务，该法定义务不得通过任何形式予以免除或变相免除。《工伤保险条例》第六十二条第二款又进一步规定，依照该条例规定应当参加工伤保险而未参加工伤保险的用人单位职工发生工伤的，由该用人单位按照本条例规定的工伤保险待遇项目和标准支付费用。在上诉人Y公司未为安某东缴纳工伤保险费的情况下，Y公司应向安某东的父母被上诉人安某和兰某支付工伤保险待遇。Y公司为安某东购买的商业性意外伤害保险，性质上是Y公司为安某东提供的一种福利待遇，不能免除Y公司作为用人单位负有的法定的缴纳工伤保险费的义务或支付工伤保险待遇的义务。

此外，法律及司法解释并不禁止受工伤的职工或其家属获得双重赔偿。最高人民法院《关于审理工伤保险行政案件若干问题的规定》第八条第一款规定，职工因第三人的原因受到伤害，社会保险行政部门以职工或者其近亲属已经对第三人提起民事诉讼或者获得民事赔偿为由，作出不予受理工伤认定申请或者不予认定工伤决定的，人民法院不予支持。第三款规定，职工因第三人的原因导致工伤，社会保险经办机构以职工或者其近亲属已经对第三人提起民事诉讼为由，拒绝支付工伤保险待遇的，人民法院不予支持，但第三人已经支付的医疗费用除外。由此可见，上述规定并不禁止受工伤的职工同时获得民事赔偿和工伤保险待遇赔偿。上诉人Y公司称被上诉人安某和兰某同时获得保险金和工伤保险待遇属一事二赔、违反公平原则，没有法律依据，不予支持。一审法院判决Y公司向安某和兰某支付工伤保险待遇正确，予以维持。

综上所述，一审法院认定事实清楚，适用法律正确，处理结果恰当，应予维持。Y公司上诉理据不足，予以驳回。依照《中华人民共和国民事诉讼法》第一百七十条第一款第一项的规定，于2024年5月24日作出判决：驳回上诉，维持原判。本判决为终审判决。

解析：实践中，很多单位存在用工不规范的情形，这些单位也未给具有劳动关系的职工购买工伤保险，导致发生工伤事故后企业要自行承担工伤保险责任的情况，在劳动争议案件中企业购买的团体意外伤害保险不能抵扣企业应承担的工伤保险责任。理由如下：

第一，从工伤保险的性质分析。《工伤保险条例》第二条规定，中华人民共和国境内的企业、事业单位、社会团体、民办非企业单位、基金会、律师事务所、会计师事务所等组织和有雇工的个体工商户应当依照该条例规定参加工伤保险，为本单位全部职工或者雇工缴纳工伤保险费。由此可见用人单位为职工缴纳工伤保险是其法定的强制性义务，如企业可以通过为职工办理意外伤害保险获赔的保险理赔款抵扣其对职工应承担的工伤保险赔偿，则相当于企业可以通过为职工办理意外伤害保险而替代缴纳工伤保险的法定义务，这显然与《工伤保险条例》的立法目的相悖。

第二，从意外伤害保险的性质分析。《中华人民共和国保险法》第三十九条规定，人身保险的受益人由被保险人或者投保人指定。投保人指定受益人时须经被保险人同意。投保人为与其有劳动关系的劳动者投保人身保险，不得指定被保险人及其近亲属以外的人为受益人。该条明确企业为劳动者投保人身保险时，受益人只能是被保险人及其近亲属。如企业为职工投保意外伤害险后可以直接在工伤保险赔偿责任中扣减该意外伤害保险理赔款，则企业成为实质意义上的受益人，有悖于《中华人民共和国保险法》的立法目的。

第三，劳动者可以获得双重赔偿。《中华人民共和国保险法》第四十六条规定，被保险人因第三者的行为而发生死亡、伤残或者疾病等保险事故的，保险人向被保险人或者受益人给付保险金后，不享有向第三者追偿的权利，但被保险人或者受益人仍有权向第三者请求赔偿。根据该条规定，如果被保险人的生命、健康遭到损害，被保险人或受益人可获得双重赔偿，此时被保险人与保险公司之间及被保险人和第三者之间属于不同的法律关系，此时不适用财产保险中的损失填补原则，劳动争议案件不同于侵权纠纷案件，亦不应适用损失填补原则。

第六节　工伤保险缴费管理

一、缴费申报

（一）缴费登记

根据《社会保险法》第五十七条规定，用人单位应当自成立之日起30日内凭营业执照、登记证书或者单位印章，向当地社会保险经办机构申请办理社会保险登记。社会保险经办机构应当自收到申请之日起15日内予以审核，发给社会保险登记证件。

用人单位的社会保险登记事项发生变更或者用人单位依法终止的，应当自变更或者终止之日起30日内，到社会保险经办机构办理变更或者注销社会保险登记。

市场监督管理部门、民政部门和机构编制管理机关应当及时向社会保险经办机构通报用人单位的成立、终止情况，公安机关应当及时向社会保险经办机构通报个人的出生、死亡以及户口登记、迁移、注销等情况。

（二）缴费申报

根据《社会保险法》第六十条规定，用人单位应当自行申报、按时足额缴纳社会保险费，非因不可抗力等法定事由不得缓缴、减免。无雇工的个体工商户、未在用人单位参加社会保险的非全日制从业人员以及其他灵活就业人员，可以直接向社会保险费征收机构缴纳社会保险费。

工伤保险费单位缴费人，应当依照法律、行政法规规定或者税务机关依照法律、行政法规规定确定的申报期限、申报内容，申报缴纳工伤保险费（省、自治区、直辖市对社会保险费征收机关另有规定的，按其规定执行）。

1. 自主申报缴纳工伤保险费的单位缴费人

自主申报缴纳工伤保险费的单位缴费人的办理材料见表 8 – 2。

表 8 – 2　　自主申报缴纳工伤保险费的单位缴费人的办理材料

<table>
<tr><td>序号</td><td colspan="2">材料名称</td><td>数量</td><td>备注</td></tr>
<tr><td>1</td><td colspan="2">《社会保险费缴费申报表（适用于单位缴费人）》</td><td>2 份</td><td></td></tr>
<tr><td colspan="5">有以下情形的，还应提供相应材料</td></tr>
<tr><td colspan="2">适用情形</td><td>材料名称</td><td>数量</td><td>备注</td></tr>
<tr><td colspan="2">采取社会保险费明细管理地区的单位缴费人</td><td>《社会保险费缴费明细申报表（适用职工个人）》</td><td>2 份</td><td></td></tr>
<tr><td colspan="2">法院判决或者劳动仲裁机构裁决中需要申报缴纳社会保险费的单位缴费人</td><td>法院文书、劳动仲裁书的原件及复印件</td><td>1 份</td><td>原件查验退回</td></tr>
</table>

注：当前，大部分缴费人通过电子税务局、社保费管理客户端进行申报缴费，无须至办税服务厅提供办理材料。

2. 自主申报缴纳工程项目工伤保险费的单位缴费人

自主申报缴纳工程项目工伤保险费的单位缴费人的办理材料见表 8 – 3。

表 8 – 3　　自主申报缴纳工程项目工伤保险费的单位缴费人的办理材料

序号	材料名称	数量	备注
1	《社会保险费缴费申报表（适用工程项目工伤保险）》	2 份	
2	工程项目合同复印件	1 份	

注：当前，大部分缴费人通过电子税务局、社保费管理客户端进行申报缴费，无须至办税服务厅提供办理材料。

根据《工伤保险条例》第六十二条规定，用人单位依照该条例规定应当参加工伤保险而未参加的，由社会保险行政部门责令限期参加，补缴应当缴纳的工伤保险费，并自欠缴之日起，按日加收 0.5‰的滞纳金；逾期仍不缴纳的，处欠缴数额 1 倍以上 3 倍以下的罚款。

依照《工伤保险条例》规定应当参加工伤保险而未参加工伤保险的用人单位职工发生工伤的，由该用人单位按照本条例规定的工伤保险待遇项目和标准支付费用。

用人单位参加工伤保险并补缴应当缴纳的工伤保险费、滞纳金后，由工伤保险基金和用人单位依照《工伤保险条例》的规定支付新发生的费用。

工伤保险费的征缴按照《社会保险费征缴暂行条例》关于基本养老保险费、基本医疗保险费、失业保险费的征缴规定执行。2023 年 7 月，开始启动由缴费人自行向税务部门申报缴纳工伤保险费，具体流程参见基本养老保险。

二、税务处理

（一）企业所得税

根据《企业所得税法实施条例》第三十五条规定，企业依照国务院有关主管部门或者省级人民政府规定的范围和标准为职工缴纳的工伤保险费准予扣除。

（二）个人所得税

根据《财政部 国家税务总局关于工伤职工取得的工伤保险待遇有关个人所得税政策的通知》（财税〔2012〕40 号）规定，对工伤职工及其近亲属按照《工伤保险条例》规定取得的工伤保险待遇，免征个人所得税。这里所称的工伤保险待遇，包括工伤职工按照《工伤保险条例》规定取得的一次性伤残补助金、伤残津贴、一次性工伤医疗补助金、一次性伤残就业补助金、工伤医疗待遇、住院伙食补助费、外地就医交通食宿费用、工伤康复费用、辅助器具费用、生活护理费等，以及职工因工死亡，其近亲属按照《工伤保险条例》规定取得的丧葬补助金、供养亲属抚恤金和一次性工亡补助金等。

第九章　特殊群体社会保险

第一节　军人社会保险

军人保险制度是根据中共中央、国务院关于加快社会保障制度改革的要求和中央军委的有关决定，并依据《中华人民共和国国防法》关于“国家实行军人保险制度”的规定出台的。军人保险制度是国家通过立法设立专项基金，在军人遇到死亡、伤残、年老、退役等情况时，给予军人及其家属一定经济补偿的特殊社会保障制度，是国家社会保障制度的重要组成部分。国家实行军人保险制度，是新形势下军队政策制度的一项重大改革；是解决军人后顾之忧，维护军人合法权益的重要举措；是缓解军费供需矛盾，实现军队社会化保障的有效途径。

军人保险制度包括军人伤亡保险、退役养老保险、退役医疗保险和随军未就业的军人配偶保险。军人保险制度应当体现军人职业特点，与社会保险制度相衔接，与经济社会发展水平相适应。因此，在军人保险制度的基础上，我国还建立了军人退役基本养老保险关系转移接续制度和军人职业年金转移接续制度。

本部分对军人伤亡保险、退役养老保险、退役医疗保险、随军未就业的军人配偶保险和军人退役社会保险关系转移接续等政策进行梳理。

一、军人伤亡保险

（一）适用范围

军人因战、因公死亡的，按照认定的死亡性质和相应的保险金标准，给付军人死亡保险金。军人因战、因公、因病致残的，按照评定的残疾等级和相应的保险金标准，给付军人残疾保险金。军人因下列情形之一死亡或者致残的，不享受军人伤亡保险待遇：

（1）故意犯罪的；

（2）醉酒或者吸毒的；

（3）自残或者自杀的；

（4）法律、行政法规和军事法规规定的其他情形。

已经评定残疾等级的因战、因公致残的军人退出现役参加工作后旧伤复发的，依法享受相应的工伤待遇。

（二）基金来源

军人伤亡保险所需资金由国家承担，个人不缴纳保险费。

（三）保险受益人

军人死亡保险受益人为军人的配偶、子女、父母、兄弟姊妹、祖父母、外祖父母。军人可以在上述受益人中，指定特定的受益人及其受益份额；未指定特定受益的人，依照《中华人民共和国继承法》的有关规定执行。

军人伤残保险受益人为军人本人。

（四）保险给付

军人伤亡保险给付金额，以全军干部月平均工资收入为计算单位。具体数额，由后勤保障部根据工资变化情况适时调整。

军人死亡保险金按照下列标准给付：

（1）被批准为革命烈士的，72 个月；

（2）因公牺牲的，48 个月。

军人伤残保险金按照下列标准给付：

（1）因战致残的，特等 42 个月，一等 36 个月，二等甲 30 个月，二等乙 24 个月，三等甲 18 个月，三等乙 12 个月；

（2）因公致残的，特等 36 个月，一等 30 个月，二等 24 个月，二等乙 18 个月，三等甲 12 个月，三等乙 6 个月；

（3）因病致残的，一等 24 个月，二等甲 18 个月，二等乙 12 个月。

军人伤残后已领取保险金，因残情加重提高伤残等级的，按提高的伤残等级标准补齐差额；再次致残的，按新的残情评定等级，发放伤残保险金。军人因战、因公失踪并经法定程序宣告死亡后，又重新出现的，受益人应当退还已经领取的死亡保险金。

二、退役养老保险

（一）适用范围

军人退出现役参加基本养老保险的，国家给予退役养老保险补助。

（二）补助标准

军人退役养老保险补助标准，由中国人民解放军后勤保障部会同国务院有关部门，按照国家规定的基本养老保险缴费标准、军人工资水平等因素拟订，报国务院、中央军事委员会批准。

（三）转移接续办理

军人入伍前已经参加基本养老保险的，由地方社会保险经办机构和军队后勤（联勤）机关财务部门办理基本养老保险关系转移接续手续。

军人退出现役后参加职工基本养老保险的，由军队后勤（联勤）机关财务部门将军人退役养老保险关系和相应资金转入地方社会保险经办机构，地方社会保险经办机构办理相应的转移接续手续。

军人服现役年限与入伍前和退出现役后参加职工基本养老保险的缴费年限合并计算。

军人退出现役后参加城乡居民基本养老保险的，按照国家有关规定办理转移接续手续。军人退出现役到公务员岗位或者参照公务员法管理的工作人员岗位的，以及现役军官、文职干部退出现役自主择业的，其养老保险办法按照国家有关规定执行。军人退出现役采取退休方式安置的，其养老办法按照国务院和中央军事委员会的有关规定执行。具体见本节“五、军人退役社会保险关系转移接续”相关内容。

三、退役医疗保险

（一）适用范围

参加军人退役医疗保险的军官、文职干部和士官应当缴纳军人退役医疗保险费，国家按照个人缴纳的军人退役医疗保险费的同等数额给予补助。义务兵和供给制学员不缴纳军人退役医疗保险费，国家按照规定的标准给予军人退役医疗保险补助。

（二）补助标准

军人退役医疗保险个人缴费标准和国家补助标准，由中国人民解放军后勤保障部会同国务院有关部门，按照国家规定的缴费比例、军人工资水平等因素确定。

（三）转移接续办理

军人入伍前已经参加基本医疗保险的，由地方社会保险经办机构和军队后勤（联勤）机关财务部门办理基本医疗保险关系转移接续手续。

军人退出现役后参加职工基本医疗保险的，由军队后勤（联勤）机关财务部门将军人退役医疗保险关系和相应资金转入地方社会保险经办机构，地方社会保险经办机构办理相应的转移接续手续。具体见本节“五、军人退役社会保险关系转移接续”相关内容。

军人服现役年限视同职工基本医疗保险缴费年限，与入伍前和退出现役后参加职工基本医疗保险的缴费年限合并计算。

四、随军未就业的军人配偶保险

（一）适用范围

国家为随军未就业的军人配偶建立养老保险、医疗保险等。

（二）补助标准

随军未就业的军人配偶参加保险，应当缴纳养老保险费和医疗保险费，国家给予相应的补助。随军未就业的军人配偶保险个人缴费标准和国家补助标准，按照国家有关规定执行。

（三）转移接续办理

随军未就业的军人配偶随军前已经参加社会保险的，由地方社会保险经办机构和军队后勤（联勤）机关财务部门办理保险关系转移接续手续。

随军未就业的军人配偶实现就业或者军人退出现役时，由军队后勤（联勤）机关财务部门将其养老保险、医疗保险关系和相应资金转入地方社会保险经办机构，地方社会保险经办机构办理相应的转移接续手续。

军人配偶在随军未就业期间的养老保险、医疗保险缴费年限与其在地方参加职工基本养老保险、职工基本医疗保险的缴费年限合并计算。

（四）待遇享受

随军未就业的军人配偶达到国家规定的退休年龄时，按照国家有关规定确定退休地，由军队后勤（联勤）机关财务部门将其养老保险关系和相应资金转入退休地社会保险经办机构，享受相应的基本养老保险待遇。

地方人民政府和有关部门应当为随军未就业的军人配偶提供就业指导、培训等方面的服务。随军未就业的军人配偶无正当理由拒不接受当地人民政府就业安置，或者无正当理由拒不接受当地人民政府指定部门、机构介绍的适当工作、提供的就业培训的，停止给予保险缴费补助。

五、军人退役社会保险关系转移接续

党中央、国务院历来高度重视退役军人工作。习近平总书记在2019年新年贺词中专门指出，“要关爱退役军人，他们为保家卫国作出了贡献”。党的二十大报告指出，要加强军人军属荣誉激励和权益保障，做好退役军人服务保障工作。2024年，习近平主席在中央军委政治工作会议上指出，要打通军人待遇保障等政策制度落实“最后一公里”，实实在在为基层解难帮困，增强官兵获得感和归属感。2024年，国务院总理李强在第十四届全国人民代表大会第二次会议上指出，要做好退役军人、军属和其他优抚对象服务保障。

（一）军人退役基本养老保险关系转移接续

1. 适用范围

军人退出现役参加基本养老保险涉及与地方基本养老保险制度接轨。具体包括计划分配到机关事业单位和企业工作的军队转业干部、军队复员干部、由人民政府安排工作的退役士兵和自主就业①的退役士兵。

根据《中华人民共和国军人保险法》第十三条规定，军人退出现役参加基本养老保险的，国家给予退役养老保险补助。选择自主择业②的军官、文职干部，退役后采取退休方式安置的军人，以及退出现役的一至四级残疾军人这三类人员不享受养老保险补助（已享受国家其他方式保障）。军人服现役期间单位和个人应当缴纳的基本养老保险费由中央财政承担，所需经费由后勤保障部列年度军费预算安排。

2. 军人退役基本养老保险补助计算办法

军人退役基本养老保险补助由军人所在单位财务部门在军人退出现役时一次算清记实，该补助与地方基本养老保险制度衔接，按规定作为军人退役后参加地方基本养老保险的单位缴费和个人缴费。

计划分配到企业工作的军队转业干部和军队复员干部，以及由人民政府

---

① 退役军人自主就业，主要针对不符合由政府安排工作条件的退役义务兵和服役不满12年的军士，以及符合政府安排工作条件但在部队退役时自愿放弃安排工作待遇、选择自主就业的退役士兵。

② 退役军人自主择业，自主择业安置方式，是在逐月领取退役金政策出台之前，针对军队转业干部的一种安置方式，选择自主择业方式安置的转业干部，回地方后由政府协助就业、按月发给退役金，与退役士兵自主就业不同的是，该退役金月月领，并且每年定期增资。

安排到企业工作和自主就业的退役士兵，退出现役后参加企业职工或者城乡居民基本养老保险。军人退役基本养老保险补助的计算办法为：军官、文职干部和士官，按本人服现役期间各年度月缴费工资 20% 的总和计算；义务兵和供给制学员，按本人退出现役时当年下士月缴费工资起点标准的 20% 乘以服现役月数计算。其中，12% 作为单位缴费，8% 作为个人缴费。

计划分配到机关事业单位工作的军队转业干部和退役士兵，退出现役后参加机关事业单位基本养老保险。军人退役基本养老保险补助的计算办法为：军官、文职干部和士官，按《关于军人退役基本养老保险关系转移接续有关问题的通知》（后财〔2015〕1726 号）施行后服现役期间各年度月缴费工资 20% 的总和计算；义务兵和供给制学员，按本人退出现役时当年下士月缴费工资起点标准的 20% 乘以后财〔2015〕1726 号施行后服现役月数计算。其中，12% 作为单位缴费，8% 作为个人缴费。

军人退役基本养老保险补助的月缴费工资，后财〔2015〕1726 号文件施行前，军官、文职干部和士官为本人月工资数额，义务兵和供给制学员为本人退出现役时当年下士月工资起点标准；后财〔2015〕1726 号文件施行后，军官、文职干部和士官为本人月工资数额乘以养老保险缴费工资调整系数，义务兵和供给制学员为本人退出现役时当年下士月工资起点标准乘以养老保险缴费工资调整系数。养老保险缴费工资调整系数确定为 1. 136。

计算军人退役基本养老保险补助的月工资项目，后财〔2015〕1726 号文件施行前包括：基本工资、军人职业津贴、工作性津贴、生活性补贴和奖励工资；后财〔2015〕1726 号文件施行后包括：基本工资、军人职业津贴、工作性津贴、生活性补贴、艰苦边远地区津贴、驻西藏部队特殊津贴、高山海岛津贴、地区附加津贴和奖励工资。

3. 办理流程

计划分配到企业工作的军队转业干部和军队复员干部，以及由人民政府安排到企业工作和自主就业的退役士兵，其军人退役基本养老保险关系转移至安置地负责企业职工基本养老保险的县级以上社会保险经办机构。

计划分配到机关事业单位工作的军队转业干部和退役士兵，其军人退役基本养老保险关系转移至安置地负责机关事业单位基本养老保险的县级以上社会保险经办机构。

军人退出现役时，由军人所在单位财务部门依据军人退役命令，安置地军队转业干部安置工作部门或者退役士兵安置工作主管部门的报到通知，以及军队团级以上单位司令机关军务部门或者政治机关干部部门的审核认定意见，开具《军人退役基本养老保险参保缴费凭证》《军人退役基本养老保险关系转移接续信息表》，将军人退役基本养老保险补助资金通过银行汇至退役军人安置地县级以上社会保险经办机构，《缴费凭证》《信息表》和银行受理回执一并交给本人。军人所在单位财务部门同时向退役军人安置地县级以上社会保险经办机构邮寄《缴费凭证》和《信息表》。

社会保险经办机构收到军队财务部门邮寄的《缴费凭证》和《信息表》，核实到账资金无误后，为退役军人建立基本养老保险个人账户。退役军人应及时到安置地县级以上社会保险经办机构办理养老保险关系接续手续。

县级以上社会保险经办机构应将经办企业职工、机关事业单位基本养老保险的社会保险经办机构的通信地址、银行账户信息等，上报人力资源社会保障部社会保险事业管理中心，并及时报告信息变更情况。人力资源社会保障部社会保险事业管理中心与后勤保障部军人保险基金管理中心建立社会保险经办机构信息交换机制；后勤保障部军人保险基金管理中心负责将相关信息分发军队各级财务部门。

（二）军人退役医疗保险关系转移接续

1. 适用范围

军人退出现役参加基本医疗保险涉及与地方基本医疗保险制度接轨。

2. 缴费年限

退役士兵的服现役年限应视同参保缴费年限，与入伍前和退出现役后参加职工基本医疗保险的缴费年限合并计算。

3. 退役医疗保险费

参加军人退役医疗保险的军官、文职干部和士官应当缴纳军人退役医疗保险费，国家按照个人缴纳的军人退役医疗保险费的同等数额给予补助。义务兵和供给制学员不缴纳军人退役医疗保险费，国家按照规定的标准给予军人退役医疗保险补助。

军人退役医疗保险个人缴费标准和国家补助标准，由中国人民解放军后勤保障部会同国务院有关部门，按照国家规定的缴费比例、军人工资水平等因素确定。

4. 办理流程

军人入伍前已经参加基本医疗保险的，由地方社会保险经办机构和军队后勤（联勤）机关财务部门办理基本医疗保险关系转移接续手续。

军人退出现役后参加职工基本医疗保险的，由军队后勤（联勤）机关财务部门将军人退役医疗保险关系和相应资金转入地方社会保险经办机构，地方社会保险经办机构办理相应的转移接续手续。

第二节　退役军人安置

习近平总书记站在党和国家全局的高度，作出改革强军的重大战略决策。这是实现中国梦强军梦的时代要求，是强军兴军的必由之路。退役军人为国防和军队建设作出了重要贡献，是社会主义现代化建设的重要力量。国家关心、优待退役军人，保障退役军人依法享有相应的权益。全社会应当尊重、优待退役军人，支持退役军人安置工作。为了规范退役军人安置工作，妥善安置退役军人，维护退役军人合法权益，让军人成为全社会尊崇的职业，根据《中华人民共和国退役军人保障法》《中华人民共和国兵役法》《中华人民共和国军人地位和权益保障法》，制定了《退役军人安置条例》，并于 2024 年 9 月 1 日起施行。

一、安置对象

退役军人安置的对象是指从中国人民解放军依法退出现役的军官（包括军队文职干部）、军士和义务兵等人员以及士兵制度改革后未进行军衔转换士官，也包括中国人民武装警察部队依法退出现役的警官、警士和义务兵等人员。

二、安置方式

退役军人安置工作应当公开、公平、公正，军地协同推进。

对退役的军官，国家采取退休、转业、逐月领取退役金、复员等方式妥善安置。

对退役的军士，国家采取逐月领取退役金、自主就业、安排工作、退休、供养等方式妥善安置。

对退役的义务兵，国家采取自主就业、安排工作、供养等方式妥善安置。

对参战退役军人，担任作战部队师、旅、团、营级单位主官的转业军官，属于烈士子女、功臣模范的退役军人，以及长期在艰苦边远地区或者飞行、舰艇、涉核等特殊岗位服现役的退役军人，依法优先安置。

（一）退役军官安置方式

军官退出现役，符合规定条件的，可以作退休、转业或者逐月领取退役金安置。军官退出现役，有规定情形的，作复员安置。

1. 退休安置

对退休军官，安置地人民政府应当按照国家保障与社会化服务相结合的方式，做好服务管理工作，保障其待遇。安置地人民政府根据工作需要设置、调整退休军官服务管理机构，服务管理退休军官。

2. 转业安置

转业军官由机关、群团组织、事业单位和国有企业接收安置。安置地人民政府应当根据转业军官德才条件以及服现役期间的职务、等级、所作贡献、专长等和工作需要，结合实际统筹采取考核选调、赋分选岗、考试考核、双向选择、直通安置、指令性分配等办法，妥善安排其工作岗位，确定相应的职务职级。

3. 逐月领取退役金安置

退役军官逐月领取退役金的具体办法由国务院退役军人工作主管部门会同有关部门制定。具体政策参见本章第三节内容。

（二）退役军士和义务兵安置方式

1. 逐月领取退役金

军士退出现役，符合规定条件的，可以作逐月领取退役金安置。退役军士逐月领取退役金的具体办法由国务院退役军人工作主管部门会同有关部门制定。退役义务兵没有逐月领取退役金的安置方式。

2. 自主就业

退役军士不符合逐月领取退役金、安排工作、退休、供养条件的，退役义务兵不符合安排工作、供养条件的，以自主就业方式安置。退役军士符合逐月领取退役金、安排工作条件的，退役义务兵符合安排工作条件的，可以选择以自主就业方式安置。

对自主就业的退役军士和义务兵，根据其服现役年限发放一次性退役金。自主就业退役军士和义务兵的一次性退役金由中央财政专项安排，具体标准由国务院退役军人工作主管部门、中央军事委员会政治工作部门会同国务院财政部门，根据国民经济发展水平、国家财力情况、全国城镇单位就业人员平均工资和军人职业特殊性等因素确定，并适时调整。自主就业的退役军士和义务兵服现役期间个人获得勋章、荣誉称号或者表彰奖励的，按照下列比例增发一次性退役金：

（1）获得勋章、荣誉称号的，增发 25%；

（2）荣立一等战功或者获得一级表彰的，增发 20%；

（3）荣立二等战功、一等功或者获得二级表彰并经批准享受相关待遇的，增发 15%；

（4）荣立三等战功或者二等功的，增发 10%；

（5）荣立四等战功或者三等功的，增发 5%。

对自主就业的退役军士和义务兵，地方人民政府可以根据当地实际情况给予一次性经济补助，补助标准及发放办法由省、自治区、直辖市人民政府制定。

因患精神障碍被评定为 5 级至 6 级残疾等级的初级军士和义务兵退出现役后，需要住院治疗或者无直系亲属照顾的，可以由安置地人民政府退役军人工作主管部门安排到有关医院接受治疗，依法给予保障。

3. 安排工作

军士和义务兵退出现役，符合下列条件之一的，由安置地人民政府安排工作：

（1）军士服现役满 12 年的；

（2）服现役期间个人获得勋章、荣誉称号的；

（3）服现役期间个人荣获三等战功、二等功以上奖励的；

（4）服现役期间个人获得一级表彰的；

（5）因战致残被评定为 5 级至 8 级残疾等级的；

（6）是烈士子女的。

符合逐月领取退役金条件的军士，本人自愿放弃以逐月领取退役金方式安置的，可以选择以安排工作方式安置。因战致残被评定为 5 级至 6 级残疾等级的中级以上军士，本人自愿放弃以退休方式安置的，可以选择以安排工作方式安置。

根据工作需要和基层政权建设要求，省级公务员主管部门应当确定一定数量的基层公务员录用计划，综合考虑服现役表现等因素，按照《退役军人安置条例》第二十六条的规定择优招录具有本科以上学历的安排工作的退役军士和义务兵。招录岗位可以在省级行政区域内统筹安排。

参加招录的退役军士和义务兵是烈士子女的，或者在艰苦边远地区服现役满 5 年的，同等条件下优先录用。艰苦边远地区和边疆民族地区在招录退役军士和义务兵时，可以根据本地实际适当放宽安置去向、年龄、学历等条件。

根据安置工作需要，省级以上人民政府可以指定一批专项岗位，按照规定接收安置安排工作的退役军士和义务兵。对安排到事业单位的退役军士和义务兵，应当根据其服现役期间所作贡献、专长特长等，合理安排工作岗位。符合相应岗位条件的，可以安排到管理岗位或者专业技术岗位。机关、群团组织、事业单位接收安置安排工作的退役军士和义务兵的，应当按照国家有关规定给予编制保障。国有企业应当按照本企业全系统新招录职工数量的规定比例核定年度接收计划，用于接收安置安排工作的退役军士和义务兵。

对接收安置安排工作的退役军士和义务兵任务较重的地方，上级人民政府可以在本行政区域内统筹调剂安排。安置地人民政府应当在接收退役军士和义务兵的6个月内完成安排退役军士和义务兵工作的任务。

安排工作的退役军士和义务兵的安置岗位需要签订聘用合同或者劳动合同的，用人单位应当按照规定与其签订不少于3年的中长期聘用合同或者劳动合同。其中，企业接收军龄10年以上的退役军士的，应当与其签订无固定期限劳动合同。

对安排工作的残疾退役军士和义务兵，接收单位应当安排力所能及的工作。安排工作的因战、因公致残退役军士和义务兵，除依法享受工伤保险待遇外，还享受与所在单位工伤人员同等的生活福利、医疗等其他待遇。

符合安排工作条件的退役军士和义务兵无正当理由拒不服从安置地人民政府安排工作的，视为放弃安排工作待遇；在待安排工作期间被依法追究刑事责任的，取消其安排工作待遇。

军士和义务兵退出现役，有下列情形之一的，不以安排工作方式安置：

（1）被开除中国共产党党籍的；

（2）受过刑事处罚的；

（3）法律法规规定的因被强制退役等原因不宜以安排工作方式安置的其他情形。

4. 退休与供养

中级以上军士退出现役，符合下列条件之一的，作退休安置：

（1）退出现役时年满55周岁的；

（2）服现役满30年的；

（3）因战、因公致残被评定为1级至6级残疾等级的；

（4）患有严重疾病且经医学鉴定基本丧失工作能力的。

退休军士移交政府安置服务管理工作，参照退休军官的有关规定执行。

被评定为1级至4级残疾等级的初级军士和义务兵退出现役的，由国家供养终身。因战、因公致残被评定为1级至4级残疾等级的中级以上军士，本人自愿放弃退休安置的，可以选择由国家供养终身。国家供养分为集中供养和分散供养。

三、移交接收

（一）安置计划

退役军人安置计划包括全国退役军人安置计划和地方退役军人安置计划，区分退役军官和退役军士、义务兵分类分批下达。全国退役军人安置计划，由国务院退役军人工作主管部门会同中央军事委员会政治工作部门、中央和国家有关机关编制下达。县级以上地方退役军人安置计划，由本级退役军人工作主管部门编制下达或者会同有关部门编制下达。

伤病残退役军人安置计划可以纳入《退役军人安置条例》第三十九条规定的计划一并编制下达，也可以专项编制下达。退役军人随调随迁配偶和子女安置计划与退役军人安置计划一并下达。

中央和国家机关及其管理的企业事业单位接收退役军人的安置计划，按照国家有关规定编制下达。因军队体制编制调整，军人整建制成批次退出现役的安置，由国务院退役军人工作主管部门、中央军事委员会政治工作部门会同中央和国家有关机关协商办理。

（二）安置地

退役军人安置地按照服从工作需要、彰显服役贡献、有利于家庭生活的原则确定。

退役军官和以逐月领取退役金、退休方式安置的退役军士的安置地按照国家有关规定确定。退役义务兵和以自主就业、安排工作、供养方式安置的退役军士的安置地为其入伍时户口所在地。但是，入伍时是普通高等学校在校学生，退出现役后不复学的，其安置地为入学前的户口所在地。

退役义务兵和以自主就业、安排工作、供养方式安置的退役军士有下列情形之一的，可以易地安置：

（1）服现役期间父母任何一方户口所在地变更的，可以在父母任何一方现户口所在地安置；

（2）退役军士已婚的，可以在配偶或者配偶父母任何一方户口所在地安置；

（3）退役军士的配偶为现役军人且符合随军规定的，可以在配偶部队驻地安置；双方同时退役的，可以在配偶的安置地安置；

（4）因其他特殊情况，由军队旅级以上单位政治工作部门出具证明，经省级以上人民政府退役军人工作主管部门批准，可以易地安置。

退役军士按照上述第（2）项、第（3）项规定在国务院确定的中等以上城市安置的，应当结婚满2年。

因国家重大改革、重点项目建设以及国防和军队改革需要等情况，退役军人经国务院退役军人工作主管部门批准，可以跨省、自治区、直辖市安置。

符合安置地吸引人才特殊政策规定条件的退役军人，由接收安置单位所在省级人民政府退役军人工作主管部门商同级人才工作主管部门同意，经国务院退役军人工作主管部门和中央军事委员会政治工作部门批准，可以跨省、自治区、直辖市安置。

对因战致残、服现役期间个人荣获三等战功或者二等功以上奖励、是烈士子女的退役军人，以及父母双亡的退役军士和义务兵，可以根据本人申请，由省级以上人民政府退役军人工作主管部门按照有利于其生活的原则确定安置地。

退役军人在国务院确定的超大城市安置的，除符合其安置方式对应的规定条件外，按照本人部队驻地安置的，还应当在驻该城市部队连续服役满规定年限；按照投靠方式安置的，还应当符合国家有关规定要求的其他资格条件。

退役军人服现役期间个人获得勋章、荣誉称号的，荣立一等战功或者获得一级表彰的，可以在全国范围内选择安置地。其中，退役军人选择在国务院确定的超大城市安置的，不受《退役军人安置条例》第四十八条规定的限制。

退役军人服现役期间个人荣立二等战功或者一等功的，获得二级表彰并经批准享受相关待遇的，在西藏、新疆、军队确定的四类以上艰苦边远地区、军队确定的二类以上岛屿或者飞行、舰艇、涉核等特殊岗位服现役累计满15年的，可以在符合安置条件的省级行政区域内选择安置地。退役军人在西藏、新疆、军队确定的四类以上艰苦边远地区、军队确定的二类以上岛屿或者飞行、舰艇、涉核等特殊岗位服现役累计满10年的，可以在符合安置条件的设区的市级行政区域内选择安置地。

（三）交接

以转业、逐月领取退役金、复员方式安置的退役军官和以逐月领取退役金方式安置的退役军士的人事档案，由中央军事委员会机关部委、中央军事委员会直属机构、中央军事委员会联合作战指挥中心、战区、军兵种、中央军事委员会直属单位等单位的政治工作部门向安置地省军区（卫戍区、警备区）移交后，由安置地省军区（卫戍区、警备区）向省级人民政府退役军人工作主管部门进行移交。

安排工作的退役军士和义务兵的人事档案，由中央军事委员会机关部委、中央军事委员会直属机构、中央军事委员会联合作战指挥中心、战区、军兵种、中央军事委员会直属单位等单位的政治工作部门向安置地省级人民政府退役军人工作主管部门进行移交。

以自主就业、供养方式安置的退役军士和义务兵的人事档案，由军队师、旅、团级单位政治工作部门向安置地人民政府退役军人工作主管部门进行移交。以转业、逐月领取退役金、复员方式安置的退役军官，由退役军人工作主管部门发出接收安置报到通知，所在部队应当及时为其办理相关手续，督促按时报到。以逐月领取退役金、安排工作、供养方式安置的退役军士和以安排工作、供养方式安置的退役义务兵，应当按照规定时间到安置地人民政府退役军人工作主管部门报到；自主就业的退役军士和义务兵，应当自被批准退出现役之日起 30 日内，到安置地人民政府退役军人工作主管部门报到。无正当理由不按照规定时间报到超过 30 日的，视为放弃安置待遇。

退休军官和军士的移交接收，由退休军官和军士所在部队团级以上单位政治工作部门和安置地人民政府退役军人工作主管部门组织办理。

退役军人报到后，退役军人工作主管部门应当及时为需要办理户口登记的退役军人开具户口登记介绍信，公安机关据此办理户口登记。退役军人工作主管部门应当督促退役军人及时办理兵役登记信息变更。实行组织移交的复员军官，由军队旅级以上单位政治工作部门会同安置地人民政府退役军人工作主管部门和公安机关办理移交落户等相关手续。

对符合移交条件的伤病残退役军人，军队有关单位和安置地人民政府退役军人工作主管部门应当及时移交接收，予以妥善安置。

对退役军人安置政策落实不到位、工作推进不力的地区和单位，由省级以上人民政府退役军人工作主管部门会同有关部门约谈该地区人民政府主要负责人或者该单位主要负责人；对拒绝接收安置退役军人或者未完成安置任务的部门和单位，组织、编制、人力资源社会保障等部门可以视情况暂缓办理其人员调动、录（聘）用和编制等审批事项。

四、家属安置

以转业、逐月领取退役金、复员方式安置的退役军官和以逐月领取退役金、安排工作方式安置且符合家属随军规定的退役军士，其配偶可以随调随迁，未成年子女可以随迁。以转业、逐月领取退役金、复员方式安置的退役军官身边无子女的，可以随调一名已经工作的子女及其配偶。

退役军人随调配偶在机关或者事业单位工作，符合有关法律法规规定的，安置地人民政府负责安排到相应的工作单位。对在其他单位工作或者无工作单位的随调随迁配偶，安置地人民政府应当提供就业指导，协助实现就业。对安排到企业事业单位的退役军人随调配偶，安置岗位需要签订聘用合同或者劳动合同的，用人单位应当与其签订不少于 3 年的中长期聘用合同或者劳动合同。

鼓励和支持退役军人随调随迁家属自主就业创业。对有自主就业创业意愿的随调配偶，可以采取发放一次性就业补助费等措施进行安置，并提供就业指导服务。一次性就业补助费标准及发放办法由省、自治区、直辖市人民政府制定。随调随迁家属按照规定享受就业创业扶持相关优惠政策。

退役军人随调配偶应当与退役军人同时接收安置，同时发出报到通知。

退役军人随调随迁家属户口的迁移、登记等手续，由安置地公安机关根据退役军人工作主管部门的通知及时办理。退役军人随迁子女需要转学、入学的，安置地人民政府教育行政部门应当及时办理。转业军官和安排工作的退役军士自愿到艰苦边远地区工作的，其随调随迁配偶和子女可以在原符合安置条件的地区安置。退休军官、军士随迁配偶和子女的落户、各项社会保险关系转移接续以及随迁子女转学、入学，按照国家有关规定执行。

五、教育培训

退役军人离队前，所在部队在保证完成军事任务的前提下，应当根据需要开展教育培训，介绍国家改革发展形势，宣讲退役军人安置政策，组织法律法规和保密纪律等方面的教育。县级以上地方人民政府退役军人工作主管部门应当给予支持配合。

军人退出现役后，退役军人工作主管部门和其他负责退役军人安置工作的部门应当区分不同安置方式的退役军人，组织适应性培训。对符合条件的退役军人，县级以上人民政府退役军人工作主管部门可以组织专业培训。

符合条件的退役军人定岗后，安置地人民政府退役军人工作主管部门、接收安置单位可以根据岗位需要和本人实际，选派到高等学校或者相关教育培训机构进行专项学习培训。退役军人参加专项学习培训期间同等享受所在单位相关待遇。退役军人依法享受教育优待政策。退役军人在达到法定退休年龄前参加职业技能培训的，按照规定享受职业技能培训补贴等相应扶持政策。

退役军人教育培训的规划、组织协调、督促检查、补助发放工作，以及师资、教学设施等方面保障，由退役军人工作主管部门和教育培训行政主管部门按照分工负责。

六、就业创业扶持

国家采取政府推动、市场引导、社会支持相结合的方式，鼓励和扶持退役军人就业创业。以逐月领取退役金、自主就业、复员方式安置的退役军人，按照规定享受相应就业创业扶持政策。

各级人民政府应当加强对退役军人就业创业的指导和服务。县级以上地方人民政府每年应当组织开展退役军人专场招聘活动，帮助退役军人就业。对符合当地就业困难人员认定条件的退役军人，安置地人民政府应当将其纳入就业援助范围。对其中确实难以通过市场实现就业的，依法纳入公益性岗位保障范围。

机关、群团组织、事业单位和国有企业在招录或者招聘人员时，对退役军人的年龄和学历条件可以适当放宽，同等条件下优先招录、招聘退役军人。退役军官在军队团和相当于团以下单位工作的经历，退役军士和义务兵服现役的经历，视为基层工作经历。各地应当设置一定数量的基层公务员职位，面向服现役满 5 年的高校毕业生退役军人招考。用人单位招用退役军人符合国家规定的，依法享受税收优惠等政策。

自主就业的退役军士和义务兵入伍前是机关、群团组织、事业单位或者国有企业人员的，退出现役后可以选择复职复工，其工资、福利待遇不得低于本单位同等条件人员的平均水平。自主就业的退役军士和义务兵入伍前通过家庭承包方式承包的农村土地，承包期内不得违法收回或者强迫、阻碍土地经营权流转；通过招标、拍卖、公开协商等非家庭承包方式承包的农村土地，承包期内其家庭成员可以继续承包；承包的农村土地被依法征收、征用或者占用的，与其他农村集体经济组织成员享有同等权利。符合条件的复员军官、自主就业的退役军士和义务兵回入伍时户口所在地落户，属于农村集体经济组织成员但没有承包农村土地的，可以申请承包农村土地，农村集体经济组织或者村民委员会、村民小组应当优先解决。

服现役期间因战、因公、因病致残被评定残疾等级和退役后补评或者重新评定残疾等级的残疾退役军人，有劳动能力和就业意愿的，优先享受国家规定的残疾人就业优惠政策。退役军人所在单位不得因其残疾而辞退、解除聘用合同或者劳动合同。

七、待遇保障

退休军官的政治待遇按照安置地国家机关相应职务层次退休公务员有关规定执行。退休军官和军士的生活待遇按照军队统一的项目和标准执行。

转业军官的待遇保障按照国家有关规定执行。安排工作的退役军士和义务兵的工资待遇按照国家有关规定确定，享受接收安置单位同等条件人员的其他相关待遇。

退役军人服现役年限计算为工龄，退役后与所在单位工作年限累计计算，享受国家和所在单位规定的与工龄有关的相应待遇。其中，安排工作的退役军士和义务兵的服现役年限以及符合《退役军人安置条例》规定的待安排工作时间合并计算为工龄。

安排工作的退役军士和义务兵待安排工作期间，安置地人民政府应当按照当地月最低工资标准逐月发放生活补助。接收安置单位应当在安排工作介绍信开具30日内，安排退役军士和义务兵上岗。非因退役军士和义务兵本人原因，接收安置单位未按照规定安排上岗的，应当从介绍信开具当月起，按照不低于本单位同等条件人员平均工资80%的标准，逐月发放生活费直至上岗为止。

军人服现役期间享受的残疾抚恤金、护理费等其他待遇，退出现役移交地方后按照地方有关规定执行。退休军官和军士享受的护理费等生活待遇按照军队有关规定执行。符合条件的退役军人申请保障性住房和农村危房改造的，同等条件下予以优先安排。退役军人符合安置住房优待条件的，实行市场购买与军地集中统建相结合的方式解决安置住房，由安置地人民政府统筹规划、科学实施。

分散供养的退役军士和义务兵购（建）房所需经费的标准，按照安置地县（市、区、旗）经济适用住房平均价格和60平方米的建筑面积确定；没有经济适用住房的地区按照普通商品住房价格确定。所购（建）房屋产权归分散供养的退役军士和义务兵所有，依法办理不动产登记。分散供养的退役军士和义务兵自行解决住房的，按照上述规定的标准将购（建）房费用发给本人。军官和军士退出现役时，服现役期间的住房公积金按照规定一次性发给本人，也可以根据本人意愿转移接续到安置地，并按照当地规定缴存、使用住房公积金；服现役期间的住房补贴发放按照有关规定执行。

退役军人服现役期间获得功勋荣誉表彰的，退出现役后依法享受相应待遇。

八、社会保险

军人退出现役时，军队按照规定转移军人保险关系和相应资金，安置地社会保险经办机构应当及时办理相应的转移接续手续。退役军人依法参加养老、医疗、工伤、失业、生育等社会保险，缴纳社会保险费，享受社会保险待遇。退役军人服现役年限与入伍前、退役后参加社会保险的缴费年限依法合并计算。

安排工作的退役军士和义务兵在国家规定的待安排工作期间，按照规定参加安置地职工基本养老保险并享受相应待遇，所需费用由安置地人民政府同级财政资金安排。安置到机关、群团组织、企业事业单位的退役军人，依法参加职工基本医疗保险并享受相应待遇。安排工作的退役军士和义务兵在国家规定的待安排工作期间，依法参加安置地职工基本医疗保险并享受相应待遇，单位缴费部分由安置地人民政府缴纳，个人缴费部分由个人缴纳。逐月领取退役金的退役军官和军士、复员军官、自主就业的退役军士和义务兵依法参加职工基本医疗保险或者城乡居民基本医疗保险并享受相应待遇。

退休军官和军士移交人民政府安置后，由安置地人民政府按照有关规定纳入医疗保险和相关医疗补助。退休军官享受安置地国家机关相应职务层次退休公务员的医疗待遇，退休军士医疗待遇参照退休军官有关规定执行。退役军人未及时就业的，可以依法向户口所在地人力资源社会保障部门申领失业保险待遇，服现役年限视同参保缴费年限，但是以退休、供养方式安置的退役军人除外。

退役军人随调随迁家属，已经参加社会保险的，其社会保险关系和相应资金转移接续由社会保险经办机构依法办理。

九、法律责任

退役军人工作主管部门和其他负责退役军人安置工作的部门及其工作人员有下列行为之一的，由其上级主管部门责令改正，对负有责任的领导人员和直接责任人员依法给予处分：

（1）违反国家政策另设接收条件、提高安置门槛的；

（2）未按照规定确定退役军人安置待遇的；

（3）在退役军人安置工作中出具虚假文件的；

（4）挪用、截留、私分退役军人安置工作经费的；

（5）在退役军人安置工作中利用职务之便为自己或者他人谋取私利的；

（6）有其他违反退役军人安置法律法规行为的。

接收安置退役军人的单位及其工作人员有下列行为之一的，由当地人民政府退役军人工作主管部门责令限期改正；逾期不改正的，予以通报批评，并对负有责任的领导人员和直接责任人员依法给予处分：

（1）拒绝或者无故拖延执行退役军人安置计划的；

（2）在国家政策之外另设接收条件、提高安置门槛的；

（3）将接收安置退役军人编制截留、挪用的；

（4）未按照规定落实退役军人安置待遇的；

（5）未依法与退役军人签订聘用合同或者劳动合同的；

（6）违法与残疾退役军人解除聘用合同或者劳动合同的；

（7）有其他违反退役军人安置法律法规行为的。

对干扰退役军人安置工作、损害退役军人合法权益的其他单位和个人，依法追究责任。

退役军人弄虚作假骗取安置待遇的，由县级以上地方人民政府退役军人工作主管部门取消相关待遇，追缴非法所得，依法追究责任。

违反《退役军人安置条例》规定，构成违反治安管理行为的，依法给予治安管理处罚；构成犯罪的，依法追究刑事责任。

第三节 退役军人逐月领取退役金

一、安置对象

退役军人逐月领取退役金适用于以逐月领取退役金方式安置的退役军官和退役军士。

大校以下军官退役时符合下列条件之一的，由本人申请，经审核批准后可以以逐月领取退役金方式安置：

（1）担任军官满16年的；

（2）担任军士和军官累计满16年的；

（3）服役满20年的；

（4）直接选拔招录军官、特招入伍军官晋升（授予）少校以上军衔后达龄退役的。

军士退役时符合下列条件之一的，由本人申请，经审核批准后可以以逐月领取退役金方式安置：

（1）担任军士满16年的；

（2）服役满18年的；

（3）晋升（授予）四级军士长以上军衔后，在本衔级服役满6年且服役累计满14年的。

军官、军士有下列情形之一的，不以逐月领取退役金方式安置：

（1）超过50周岁且可以作退休安置的；

（2）因伤残可以作退休安置或者经医学鉴定基本丧失工作能力的；

（3）受审查尚未作出结论或者留党察看期未满的；

（4）被开除党籍或者因故意犯罪受刑事处罚的；

（5）法律法规规定的其他原因不宜作逐月领取退役金安置的。

中国人民武装警察部队退役警官、退役警士、军队文职干部、在军官制度改革中未参加等级转换的退役军官、新的士兵制度施行后对应套改新军衔后的军士，均可按规定逐月领取退役金。

二、安置地

逐月领取退役金的退役军官、退役军士可以在本人原籍、入伍地或者入伍时户口所在地安置，也可以按照下列情形选择安置地：

（1）可以在配偶随军前、结婚时或者现户口所在地安置，无配偶的可以比照驻地军人配偶随军条件在驻地安置；可以在本人父母或者配偶父母任何一方户口所在地安置，本人父母双方或者一方为军人的，可以在父母任何一方的原籍、入伍地或者离退休安置地安置；军官符合规定条件的，可以在子女户口所在地安置，军官、军士的子女为现役军人且符合驻地军人配偶随军条件的，也可以在子女部队驻地安置。其中，随配偶或者配偶父母安置的，须符合军队有关现役军人结婚的规定。

（2）夫妻同为军官的，双方或者一方以逐月领取退役金方式安置，可以在任何一方的部队驻地、原籍、入伍地或者入伍时户口所在地安置；夫妻一方为军官，另一方为当年符合安排工作、逐月领取退役金、退休或者供养条件的军士，双方或者一方以逐月领取退役金方式安置，可以在任何一方的部队驻地、原籍、入伍地或者入伍时户口所在地安置；夫妻同为军士的，双方或者一方以逐月领取退役金方式安置，可以在符合随军条件一方的部队驻地安置。

（3）国家规定的其他情形。易地安置落户在国务院确定的超大城市的退役军官，应当符合国家和军队关于退役军官在该超大城市安置落户的有关规定；易地安置落户在国务院确定的超大城市的退役军士，应当结婚满 2 年且符合该超大城市关于落户的相关政策规定。入伍时是普通高等学校在校学生的退役军官、退役军士，退役后不复学的，其安置地为入学前的户口所在地。

三、退役金发放与调整

退役金区分国家法定退休年龄前后两个阶段发放。达到国家法定退休年龄前，按照规定逐月发放退役金；达到国家法定退休年龄后，按照规定享受基本养老金、职业年金等养老保险待遇，并继续保留一定比例退役金发放终身。

（一）退役金计发基数

依据 2021 年军人工资、全国城镇单位就业人员平均工资，综合考虑军官、军士队伍建设和退役军人安置实际，确定退役金计发基数，具体标准见表 9－1、表 9－2。

表 9－1　　退役军官退役金计发基数表（2021 年）

军衔	待遇级别	计发基数（元）	军衔	待遇级别	计发基数（元）
上尉	待遇级别 17	10500	中校	待遇级别 13	12050
	待遇级别 16	10700		待遇级别 12	12630
	待遇级别 15	10900		待遇级别 11	12850
	待遇级别 14	11100		待遇级别 10	13300
少校	待遇级别 16	11000	上校	待遇级别 11	13400
	待遇级别 15	11100		待遇级别 10	14100
	待遇级别 14	11300		待遇级别 9	14400
	待遇级别 13	11550		待遇级别 8	15100
	待遇级别 12	11900	大校	待遇级别 9	14760
				待遇级别 8	15500
备注	1. 中校（营级正职）、待遇级别 15 级，退役金计发基数执行少校、待遇级别 14 级计发基数；中校（营级正职）、待遇级别 14 级，退役金计发基数执行少校、待遇级别 13 级计发基数。 2. 未实行等级转换退役军官的计发基数，上尉副连级和正连级、副营级对应执行上尉待遇级别 17 级、16 级标准；少校副营级、正营级、副团级对应执行少校待遇级别 16 级、15 级、13 级标准；中校副团级、正团级对应执行中校待遇级别 13 级、11 级标准；上校正团级、副师级对应执行上校待遇级别 11 级、9 级标准；大校副师级、正师级对应执行大校待遇级别 9 级、8 级标准。 3. 退役文职干部计发基数，文职 7 级科员、副科级对应执行上尉待遇级别 17 级、16 级标准；文职 6 级副科级、正科级、副处级对应执行少校待遇级别 16 级、15 级、13 级标准；文职 5 级副处级、正处级对应执行中校待遇级别 13 级、11 级标准；文职 4 级正处级、副局级对应执行上校待遇级别 11 级、9 级标准；文职 3 级副局级、正局级，对应执行大校待遇级别 9 级、8 级标准。 4. 未实行等级转换专业技术退役军官和退役文职技术干部的计发基数，按照上述第 2、第 3 条相当待遇的退役军官和退役文职干部标准执行。 5. 低于本表明确的军衔或待遇级别的，计发基数执行上尉待遇级别 17 级标准；高于本表明确的待遇级别的，计发基数执行大校待遇级别 8 级标准				

表 9－2　　退役军士退役金计发基数表（2021 年）

军衔	衔级年限	计发基数（元）	军衔	衔级年限	计发基数（元）
四级军士长	6 年	8800	二级军士长	4 年	10400
	7 年	8900		5 年	10600
	8 年	9000		6 年	10800
三级军士长	4 年	9350	一级军士长	4 年	11450
	5 年	9550		5 年	11650
	6 年	9750		6 年	11850
备注	1. 退役军士军衔低于四级军士长的，计发基数按照四级军士长最低标准执行。 2. 在本衔级服役时间，低于本表明确的衔级最低年限的，按照衔级最低年限标准执行；高于本表明确的衔级最高年限的，按照衔级最高年限标准执行				

（二）退役金调整

国家建立退役金调整机制。根据经济社会发展水平、财力状况等因素，参照企业和机关事业单位退休人员基本养老金调整幅度和频次，调整退役金。

（三）计发比例

退役金根据担任军官、军士年限，按照计发基数一定比例确定，具体计发比例按照下列规定执行：

（1）担任军官满 16 年或者担任军士和军官累计满 16 年的退役军官，退役金按照计发基数的 60% 确定；超过 16 年的，每多 1 年计发比例增加 2%；符合《退役军人逐月领取退役金安置办法》第五条第四项[①]规定，不满 16 年的，每少 1 年计发比例减少 2%。

（2）担任军士满 16 年的退役军士，退役金按照计发基数的 50% 确定；超过 16 年的，每多 1 年计发比例增加 2%；符合晋升（授予）四级军士长以上军衔后，在本衔级服役满 6 年且服役累计满 14 年的，但不满 16 年的，每少 1 年计发比例减少 2%。

对获得军队功勋荣誉表彰，以及长期在艰苦边远地区和特殊岗位服役的退役军官、退役军士，按照计发基数一定比例增发退役金，具体增发比例按照下列规定执行：

（1）服役期间获得三等功、二等功、一等功的，计发比例分别增加 2%、4%、8%；获得四等战功、三等战功、二等战功、一等战功的，计发比例分别增加 2%、4%、8%、12%；获得勋章、荣誉称号的，计发比例增加 15%；获得二级表彰并经批准的、一级表彰的，分别按照二等战功、一等战功标准增加退役金计发比例。多次获得功勋荣誉表彰的，计发比例可以累加，累加比例不超过 15%；同一等级功勋荣誉表彰累加的增发比例，不超过上一等级的增发比例；同一事由获得两次以上功勋荣誉表彰的，增发比例就高执行。

（2）在西藏自治区、三类以上艰苦边远地区服役满 10 年的，计发比例增加 5%；超过 10 年的，在西藏自治区和六类、五类、四类、三类艰苦边远地区每多 1 年计发比例分别再增加 2%、1.5%、1.2%、0.8%、0.5%。在特类岛、一类岛、二类岛服役，分别参照在五类、四类、三类艰苦边远地区服役的相关标准增加计发比例。同一地区符合艰苦边远地区和海岛两种增发情形

---

① 即大校以下军官退役时属于直接选拔招录军官、特招入伍军官晋升（授予）少校以上军衔后达龄退役的。

的就高执行。

在上述地区服役增发退役金的比例可以累加，除安置在上述地区外，累加比例不超过15%。

（3）在飞行、舰艇、涉核岗位服役满10年的，计发比例增加5%。担任作战部队师、旅、团、营级单位主官累计满3年的退役军官，计发比例增加2%。

按照上述规定计算的退役金计发比例，累计不得超过100%。

（四）艰苦边远地区补助

逐月领取退役金的退役军人在西藏自治区、三类以上艰苦边远地区服役满10年，安置在上述地区，且按照规定缴纳基本养老保险费的，达到国家法定退休年龄前发给地区补助，具体标准见表9－3。地区补助标准随国家艰苦边远地区津贴标准调整，其中西藏自治区补助标准按照六类艰苦边远地区津贴标准相应调整。达到国家法定退休年龄前，在上述地区无实际工作生活情形连续超过12个月，或者本人户籍迁出上述地区的，自下月起停发地区补助。

表9－3　安置在西藏和艰苦边远地区补助标准表（2021年）

类别	军衔	地区补助标准（元/月）						
		西藏自治区			六类地区	五类地区	四类地区	三类地区
		四类	三类	二类				
军官	大校	10780	10290	9800	4160	3300	1900	1200
	上校	10450	9975	9500	3700	3100	1700	1000
	中校	9460	9030	8600	3600	2700	1500	850
	少校	8800	8400	8000	3500	2280	1300	710
	上尉以下	7150	6825	6500	3320	2030	1100	615
军士	三级军士长以上	6160	5880	5600	3320	2030	1100	615
	四级军士长以下	5236	4998	4760	3120	1870	1000	545
备注	1. 安置在新疆天空、塔什库尔干地区的，执行西藏自治区四类补助标准。 2. 安置在西沙群岛、中建岛、南沙群岛的，分别执行四类地区、五类地区、六类地区补助标准。 3. 中校（营级正职）和未实行等级转换的营级退役军官，执行少校补助标准；未实行等级转换的副团级、正团级、师级退役军官，分别执行中校、上校、大校补助标准；文职7级执行上尉补助标准，文职6级副科级、正科级执行少校补助标准，文职6级、5级副处级执行中校补助标准，文职5级、4级正处级执行上校补助标准，文职4级、3级局级执行大校补助标准。未实行等级转换的专业技术退役军官，按照相当待遇的退役军官标准执行							

（五）保留退役金

逐月领取退役金的退役军人，达到国家法定退休年龄时，保留当月退役金（含艰苦边远地区补助）的一定比例，自下月起按照规定发放终身。其中，担任军官、军士16年的保留20%，每多1年保留比例增加1%，每少1年保留比例减少1%，保留比例不超过25%。在海拔3500米以上地区服役且安置在该类地区的，在该类地区每服役1年保留比例再增加1%，最多不超过10%。

保留的退役金根据经济社会发展水平、财力状况等因素，参照企业和机关事业单位退休人员基本养老金调整幅度和频次调整退役金。

（六）年限确定

确定退役金计发比例以及相关待遇时，担任军官和军士年限、服役年限，以及艰苦边远地区服役年限、特殊岗位服役年限等，不满12个月的按月折算。年限起止时间按照任职命令确定。关于军官、军士服役时间（含在艰苦边远地区和特殊岗位服役时间），均不包含受刑事处罚服刑时间以及批准退役后滞留部队时间。

（七）停发退役金

逐月领取退役金的退役军人被录用为公务员或者聘用为事业单位工作人员的，自被录用、聘用下月起停发退役金，其社会保险按照国家规定转移接续。

逐月领取退役金的退役军人违法犯罪的，按照国家有关规定中止、降低或者取消退役金，其社会保险待遇按照国家有关规定执行。

四、相关待遇保障

逐月领取退役金的退役军人，依据其军衔等级、服役贡献等享受着制式军装参加重大庆典活动，以及去世后根据条件安葬在军人公墓等国家法律法规明确的政治待遇。退役军人党员管理按照有关规定执行。

逐月领取退役金的退役军人基本养老保险和职业年金补助，按照安置到企业的退役军人办法计算。保险关系、补助资金根据国家和军队有关规定转移。退役后就业的按照国家有关规定接续缴纳基本养老保险费，未就业的可以以灵活就业人员身份参加基本养老保险。符合国家规定基本养老保险待遇领取条件的，享受养老保险待遇。

逐月领取退役金的退役军人按照规定参加安置地基本医疗保险，享受相应的医疗保险待遇。退役时，医疗保险关系按照规定转移至安置地医疗保障经办机构，服役期间个人账户资金按照规定转入本人新的账户。退役后因个人身心状况、家庭实际困难等原因无法就业的，参加职工基本医疗保险单位缴费部分由安置地退役军人工作主管部门向当地医疗保险费征收机构缴纳，所需经费由安置地人民政府解决；个人缴费部分由个人按照规定缴纳。逐月领取退役金的退役军官在参加职工基本医疗保险的基础上，参照公务员医疗补助标准，享受相应待遇。

逐月领取退役金的退役军人，享受国家和军队有关规定明确的住房待遇。服役期间的住房公积金，按照规定在其离队时根据本人意愿可以一次性发给本人，也可以转移接续到安置地。转移接续到安置地的，可按照安置地规定享受使用权益。符合条件的人员申请安置地保障性住房时，同等条件下予以优先安排。

逐月领取退役金的退役军人，享受国家扶持退役军人就业创业和教育培训的各项优先优惠政策。因身体状况、技能水平等原因未能就业，以及连续失业一定时间仍未就业的，地方各级人民政府提供有针对性的职业介绍、就业指导等服务；符合就业困难人员条件的，按照规定享受社会保险补贴、公益性岗位安置等就业援助政策。

采取逐月领取退役金方式安置的退役军官和符合随军条件的退役军士，其配偶子女随调随迁入学等，分别按照转业军官和安排工作退役军士有关规定执行。

逐月领取退役金的退役军人去世的，按照国家有关规定发给抚恤金和丧葬补助费，其基本养老、基本医疗保险个人账户和军人职业年金账户资金余额可以继承。

逐月领取退役金退役军人的退役金、地区补助、教育培训、服务管理经费等，由中央和地方按照财政事权和支出责任划分分别承担。

第四节　宗教教职人员社会保险

宗教教职人员在宣传贯彻党的宗教信仰自由政策、团结教育信教群众、维护宗教和睦、促进社会和谐、推动宗教与社会主义社会相适应等方面发挥着重要作用。妥善解决好他们的社会保障问题，解除他们的后顾之忧，使他们病有所医、老有所养，具有重要意义。

一、适用范围

按照各宗教团体宗教教职人员认定办法认定并报政府宗教事务部门备案的宗教教职人员。

二、参保原则

1. 属地原则

宗教团体、宗教院校和宗教活动场所所在的地区，要按照属地管理原则，将宗教教职人员纳入当地社会保障覆盖范围。宗教团体、宗教院校和宗教活动场所可作为一个单位参加社会保障。

2. 自愿原则

在尊重宗教教义教规基础上，宗教教职人员自愿参加医疗、养老、失业、工伤、生育等社会保障。先行解决宗教教职人员的城乡低保和基本医疗保障问题，逐步解决养老保障问题。

3. 权利与义务对等原则

宗教教职人员应履行缴费义务，按时足额缴纳社会保险费，按国家有关规定享受社会保险待遇。

三、基本养老保险费

宗教团体、宗教院校、宗教活动场所的宗教教职人员和宗教团体、宗教院校不具备宗教教职人员身份的专职工作人员可按规定参加当地企业职工基本养老保险，或按规定参加户籍所在地城乡居民基本养老保险。

城乡居民基本养老保险制度实施时，已年满60岁且未按月享受职工基本养老保险养老金的宗教教职人员，可按规定在户籍所在地社会保险经办机构申请享受城乡居民基本养老保险。

宗教教职人员申请办理养老保险可采取邮寄材料或家人代为申请的方式，基本养老金原则上实行社会化发放，通过银行、信用社等金融机构代理直接发放到人。

四、基本医疗保险费

宗教团体、宗教院校的宗教教职人员和宗教团体、宗教院校不具备宗教教职人员身份的专职工作人员可按规定参加本宗教团体、宗教院校所在地的城镇职工基本医疗保险。

宗教活动场所的宗教教职人员应在不重复参保的前提下，按国家有关规定和属地管理原则，在宗教活动场所所在地参加城镇职工基本医疗保险或城乡居民基本医疗保险。

宗教活动场所的宗教教职人员参加城乡居民基本医疗保险，可由宗教活动场所统一办理。宗教活动场所指定专人负责，提出本场所参加城乡居民基本医疗保险的人员名单，经宗教工作部门确认后，提交相关部门。

五、失业、工伤、生育保险费

相关部门在为宗教教职人员办理基本养老、基本医疗保险手续时，要充分尊重各宗教习俗，不得捆绑、强制宗教教职人员办理失业、工伤、生育保险。

六、缴费

对在非户籍地参加城乡居民基本医疗保险的宗教教职人员，由非户籍地按国家规定给予补贴。

宗教团体、宗教院校、宗教活动场所的宗教教职人员和宗教团体、宗教院校不具备宗教教职人员身份的专职工作人员参加基本医疗保险和基本养老保险缴费特别困难的，地方政府要采取积极措施予以妥善解决。对生活特别困难的，可按规定给予生活补助。具体办法由各省、自治区、直辖市人民政府制定。

七、组织实施

宗教教职人员社会保障工作由各级政府宗教事务部门牵头协调，各级政府人力资源社会保障、财政、民政、卫生等相关部门在各自职责范围内做好组织实施工作。各省、自治区、直辖市政府宗教事务部门会同有关部门结合当地实际制定具体实施办法。

第十章　社会保险基金预算管理与统计分析

第一节　社会保险基金预算管理

一、社会保险基金预算概述

（一）社会保险基金预算的概念

预算是国家基本财政收支计划，是一种有计划地统筹和分配使用财政资金的重要财政工具。我国预算包括一般公共预算、政府性基金预算、国有资本经营预算、社会保险基金预算，以上四项也就是一般所说的“预算四本账”。

一般公共预算是对以税收为主体的财政收入，安排用于保障和改善民生、推动经济社会发展、维护国家安全、维持国家机构正常运转等方面的收支预算。一般公共预算收入包括各项税收收入、行政事业性收费收入、国有资源（资产）有偿使用收入、转移性收入和其他收入。一般公共预算支出按照其功能分类，包括一般公共服务支出，外交、公共安全、国防支出，农业、环境保护支出，教育、科技、文化、卫生、体育支出，社会保障及就业支出和其他支出；按照其经济性质分类，包括工资福利支出、商品和服务支出、资本性支出和其他支出。

政府性基金预算是对依照法律、行政法规的规定在一定期限内向特定对象征收、收取或者以其他方式筹集的资金，专项用于特定公共事业发展的收支预算，包括参照政府性基金管理或列入基金预算、具有特定用途的专项债券等财政资金。

国有资本经营预算是国家以所有者身份对国有资本实行存量调整和增量分配而发生的各项收支预算，是政府预算的重要组成部分。根据《中华人民共和国预算法实施条例》第二十条的规定，各级政府预算按照复式预算编制，分为政府公共预算、国有资产（本）经营预算、社会保障预算和其他预算。建立国有资本经营预算制度，对完善国有企业收入分配制度，增强政府的宏观调控能力，集中解决国有企业发展中的体制性、机制性问题，都具有重要意义。

社会保险基金预算是根据国家预算管理和社会保险相关法律法规编制，经法定程序审批、具有法律效力的年度基金财务收支计划，是对社会保险缴款、一般公共预算安排和通过其他方式筹集的资金，专项用于社会保险的收支预算。

（二）社会保险基金预算的原则

社会保险基金预算是社会保险基金管理的核心内容，其目标和基金管理的目标相一致，即保证基金的平稳运行和实现国家社会保险政策的目标。预算的目标可以分解为收入、支出和运营三个方面。应遵循以下原则：

1. 预测性

预算是对基金收入来源和支出用途作出事先预计。社会保险基金预算能否实现，取决于预测的科学性，也受预算执行中客观条件变化以及预算管理手段的影响。

2. 法定性

预算的编制和批准都必须依照《中华人民共和国预算法》《社会保险法》的法律程序进行。编制的预算在人民代表大会批准前称为预算草案。预算草案经人民代表大会批准后，成为具有法律效力的文件。

3. 独立性

社会保险基金预算单独编制，是专项预算，与一般公共预算既相对独立又相互衔接。预算要收支平衡，专款专用，不允许在预算之外进行收支。出现盈余时不得挪作他用，出现缺口时由财政资金予以补贴。

4. 公共性

社会保险基金预算的收入和支出安排，与人民群众的生产生活密切相关。因此，基金预算首先要考虑满足全体公民的社会保障需求。基金预算的编制、审批、执行等各个环节都要坚持公开、公平、公正，并接受监督。

（三）社会保险基金预算分类

1. 按管理层级划分

社会保险基金预算按照管理层级可分为全国社会保险基金预算、省级预算和统筹地区预算，实现省级统筹的险种则只有省级预算和全国预算两个层级。在这样的预算管理体制下，预算编制应合理划分各级政府对社会保险的补助责任。

2. 按险种划分

按险种和制度划分，目前纳入我国社会保险基金预算编制范围的包括企业职工基本养老保险基金预算、城乡居民基本养老保险基金预算、机关事业单位基本养老保险基金预算、职工基本医疗保险基金预算（含生育保险基金预算）、城乡居民基本医疗保险基金预算、工伤保险基金预算、失业保险基金预算。各险种基金预算分别编制，相互独立。

（四）我国社会保险基金预算编制分工

1. 财政部门

各级政府对社会保险基金负有财政补助责任，因此各级财政部门是社会保险基金预算的审核和监督部门之一。各级基金预算需经财政部门审核后，与社会（医疗）保险行政部门（即人力资源社会保障部门和医疗保障部门，下同）联合向本级人民政府报告。同时，财政部门还负责执行各级政府对社会保险基金的补贴，因而也是预算执行部门之一。

2. 社会（医疗）保险行政部门

各级社会（医疗）保险行政部门是社会保险基金预算管理的主管职能部门，在各级政府的领导下具体负责本级预算工作的组织和实施，以及预算的审核汇总工作，并定期向本级政府报告预算情况。人力资源社会保障部、国家医保局负责全国社会保险基金预算的组织和实施，并审核、汇总全国社会保险基金预算。

3. 社会（医疗）保险经办机构

各级社会（医疗）保险经办机构是社会保险基金预算编制部门和执行部门。统筹地区社会（医疗）保险经办机构负责本级社会保险基金预算的编制和执行，未实现省级统筹的，省社会（医疗）保险经办机构负责省本级直管的社会保险基金预算编制和执行，指导下级社会（医疗）保险经办机构编制和执行社会保险基金预算，并在省级社会（医疗）保险行政部门的领导下参与全省基金预算的审核汇总工作。

4. 税务部门

社会保险费由税务部门征收，涉及预算编制、预算执行、预算调整三个环节的工作，其中预算编制和预算调整由社会（医疗）保险经办机构会同税务部门开展。

（五）预算管理环节

1. 预算编制

编制中应坚持总量平衡并适当留有结余，根据各项社会保险统筹模式特点确定当期基金收支。企业基本养老保险基金预算编制遵循“收支平衡、略有结余”的原则，职工基本医疗保险（含生育保险）、失业保险、工伤保险预算编制遵循“以支定收、收支平衡”的原则。原则上不得编制基金历年滚存结余为赤字的预算。

编制收入预算草案应综合考虑统筹地区上年度基金预算执行情况、该年度国民经济和社会发展计划、社会保险事业发展计划和财政补助水平等因素。其中，社会保险费收入应充分考虑社会保险政策调整、缴费基数变化、社会保险扩面等因素。此外，财政补贴收入应统筹考虑上年度财政补助水平，并剔除不可比因素后加上本级财政当年新增补助综合分析填列；利息收入按照存入银行和购买国债的利息收入，以及养老保险个人账户基金委托全国社会保险基金理事会运营取得的投资收益等合理测算；转移收入、上级补助收入、下级上解收入、其他收入等要按照上年度实际执行数，合理测算预算年度收入。

编制支出预算草案应按照规定的支出范围、项目和标准进行测算，考虑近年基金支出变化趋势，综合分析人员、政策等影响支出变动的因素。编制中要严格执行各项社会保险待遇规定，确保各项社会保险待遇政策落实，不得随意提高支付标准、扩大支出范围。

2. 预算审批

人力资源社会保障部门、医疗保障部门、税务部门审核后的社会保险基金预算草案先分别送同级财政部门审核并汇总编制，再由财政部门会同相关部门联合报本级人民政府审定，并积极做好向本级人大报送社会保险基金预算的各项工作。审批后的社会保险基金预算分别报上一级财政部门、人力资源社会保障部门、医疗保障部门、税务部门。全国社会保险基金预算草案由人力资源社会保障部门、医疗保障部门汇总编制，财政部审核后，由财政部、人力资源社会保障部和国家医保局联合向国务院报告，由国务院适时向全国人大报告。

在审核过程中，除考虑整体的政策因素外，还应分析审核以下几个方面：一是比对分析收入预算与本年度社会保险事业发展计划；二是比对分析预算上年各指标执行数与当年预算数；三是审核收入和支出增幅是否在合理区间；四是审核财政补助收入和利息收入预算规范性；五是分析参保人数、缴费人数、离退休人数、缴费比例、缴费基数、费率、平均待遇水平等指标变动是否异常，以及基金收支之间的逻辑关系是否合理。

3. 预算执行

社会保险基金预算草案经统筹地区人民政府批准后，由财政和社会（医疗）保险行政部门批复，社会保险经办机构具体执行。社会保险经办机构应严格按照批准的预算和规定的程序执行，并定期向本级人力资源社会保障部门和财政部门报告。社会保险费由税务机关征收的，社会保险基金收入预算批复税务机关和社会保险经办机构，税务机关应严格按照批准的预算和规定的程序执行，并定期向本级财政和社会（医疗）保险行政部门报告。

4. 预算调整

社会保险基金预算不得随意调整。预算执行中因特殊原因，执行结果和预算差距较大的，应结合社会保险政策变化情况，及时做好预算调整工作，并编制社会保险基金预算调整方案。社会保险基金预算调整由统筹地区社会（医疗）保险经办机构提出调整方案，经社会（医疗）保险行政部门审核汇总，财政部门审核后共同报本级人民政府，按要求经同级人大常务委员会批准后，批复社会保险经办机构执行，并报上级财政部门和社会（医疗）保险行政部门备案。由税务机关负责征收的险种，社会保险费收入预算调整方案由社会保险经办机构会同税务机关提出，并批复税务机关和社会保险经办机构。

调整后出现收大于支的，可以把当期收入结余到以后年度使用。调整后出现支大于收的，也可以把历年结余用作当期支付。

5. 决算

社会保险基金决算是预算执行结果的终结和总结，是纳入预算管理范围的社会保险基金筹集和使用活动在预算年度的集中反映。年度终了，统筹地区社会（医疗）保险经办机构应按有关规定编制年度社会保险基金决算草案，经社会（医疗）保险行政部门审核汇总，财政部门审核后共同报本级人民政府，提交同级人大常务委员会审查和批准。

统筹地区社会保险基金决算草案经本级人大常委会审批后，由同级财政部门、社会（医疗）保险行政部门、税务部门分别报送上级财政部门和社会（医疗）保险行政部门、税务部门。省级社会保险基金决算草案经省级人大常委会审批后，由省级财政部门、社会（医疗）保险行政部门、税务部门分别上报财政部、人力资源社会保障部、国家医保局、国家税务总局。

二、企业职工基本养老保险基金收入预算编制

（一）企业职工基本养老保险基金预算报表的组成

企业职工基本养老保险基金预算报表体系由预算主表、参数表、基金平衡表和预算调整情况表组成。

1. 预算主表

预算主表即企业职工基本养老保险基金预算表，反映企业职工基本养老保险基金预算的编制结果。

2. 参数表

参数表分为企业职工基本养老保险收入参数表和支出参数表两部分，反映企业职工基本养老保险收入和支出预算的测算过程。

3. 基金平衡表

基金平衡表即企业职工基本养老保险基金预算平衡情况表，反映基金预算缺口情况和缺口的弥补办法。省统筹的需包含所辖区、市情况。

4. 预算调整情况表

预算调整情况表即企业职工基本养老保险基金预算调整情况表，反映基金预算在执行过程中，受政策或其他因素的影响，需要对预算进行调整的情况。

（二）企业职工基本养老保险基金预算指标体系构成

企业职工基本养老保险基金预算指标体系，包括反映企业职工基本养老保险基金预算规模的基金收入、支出、结余指标和影响基金预算的其他因素指标。其各项指标依据基本养老保险有关法律、法规及养老保险管理的实际情况设立，包括企业职工基本养老保险基金收入预算指标、企业职工基本养老保险基金支出预算指标、企业职工基本养老保险基金结余预算指标。

1. 收入预算指标的构成

基本养老保险基金收入预算指标主要包括企业职工基本养老保险费收入、财政补贴收入、利息收入、委托投资收益、转移收入、其他收入、上级补助收入、下级上解收入等指标。

2. 支出预算指标的构成

企业职工养老保险基金支出预算指标包括基本养老金支出、医疗补助金

支出、丧葬补助金和抚恤金支出、转移支出、其他支出等指标。

3. 结余预算指标的构成

企业职工基本养老保险基金结余指标包括本年收支结余、年末滚存结余两项指标。

（三）企业职工基本养老保险基金预算指标间的关系

1. 收入预算指标关系

基本养老保险基金收入 = 基本养老保险费收入 + 财政补贴收入 + 利息收入 + 委托投资收益 + 转移收入 + 其他收入

基本养老保险费收入 = 当期征缴收入 + 清欠收入 + 预缴收入 + 补缴收入 + 其他征缴收入

当期征缴收入 = 当期用人单位缴费收入 + 当期其他人员缴费收入 + 当期其他政策参保人员缴费收入

当期缴费收入 = 平均缴费人数 × 月人均缴费工资 ×12 个月 × 缴费费率 × 收缴率

财政补贴收入 = 中央财政补贴收入 + 地方财政补贴收入

2. 支出预算指标关系

基本养老保险基金支出 = 基本养老金支出 + 医疗补助金支出 + 丧葬补助金和抚恤金支出 + 转移支出 + 其他支出

基本养老金支出 = 退休人员养老金支出 + 离休人员养老金支出 + 病残津贴支出

退休人员养老金支出 = 用人单位及其他退休人员养老金支出 + 其他政策参保的退休人员养老金支出

用人单位及其他退休人员养老金支出 = 上年末已退休人数 ×（上年末退休人员月人均养老金 + 当年月人均养老金调整）×12 个月 + 当年新增退休人数 × 当年新增退休人员月人均养老金 ×6 个月 − 当年退休人员减少人数 ×（上年末退休人员月人均养老金 + 当年月人均养老金调整）×6 个月

离休人员养老金支出 = 上年末离休人数 × 上年末离休人员月人均养老金 ×12 个月 − 当年离休人员减少人数 × 上年末离休人员月人均养老金 ×6 个月

3. 结余预算指标关系

本年收支结余 = 本年基金收入合计 − 本年基金支出合计

年末滚存结余 = 上年结余 + 本年基金收支结余

（四）企业职工基本养老保险基金征缴收入预算编制

企业职工基本养老保险基金收入预算指标主要包括养老保险费收入、财政补贴收入、利息收入、委托投资收益、转移收入、其他收入、上级补助收入、下级上解收入等指标。以上指标的测算需要若干年度各项基金收入指标和影响基金收入预算的其他因素指标的历史数据，估算得到预算年度各项指标的增长率。其中，职工基本养老保险费征缴收入预算占比最高，包括：当期征缴收入预算、清欠收入预算、预缴收入预算、补缴收入预算和其他征缴收入预算。

1. 当期征缴收入预算的编制

当期征缴收入预算编制以养老保险各项法律、法规、政策为依据，准确把握缴费人数、缴费工资的正常增长趋势，综合分析养老保险覆盖面情况，充分考虑各地扩面潜力和提高基金收缴率。同时，应综合参考宏观经济指标对就业形势、职工工资水平的影响等因素，确定合理的增长水平，努力实现全覆盖、应收尽收的发展目标。

由于不同类别参保人员的缴费工资、缴费费率标准存在较大的差异，为了提高征缴收入预算的科学性，当期征缴收入预算按用人单位、其他人员和其他政策参保人员三个类别分别进行测算。每个类别人员的测算步骤均可分为以下六步：

（1）测算平均缴费人数。

平均缴费人数预算数 = 缴费人数上年预计执行数 ×（1 + 修正后综合增长率）

平均缴费人数上年预计执行数以上年预算数为基数，综合考虑预算执行年度养老保险政策、法律、法规的调整对缴费人数的影响以及上年预算实际执行情况等因素，对上年预算数进行必要调整。

对平均缴费人数综合增长率测算值进行修正，通常应符合以下三个条件之一：

一是政策调整因素。在预算年度中执行对缴费人数正常的增长趋势可能产生较大影响的政策，如扩大参保范围等。

二是采集年度的数据出现明显异常。如某地区 2020—2023 年缴费人数分别为 30 万人、60 万人、75 万人、72 万人，从数据中可以看出，近四年来该地区缴费人数的增长趋势毫无规律而言，可能在个别年份存在较大的不可比因素，测算出的综合增长率与实际出现偏差的概率很大。因此，不具备参考价值，需剔除不可比因素后，对综合增长率测算值进行修正。

三是与历史数据相比，平均缴费人数测算值占参保人数的比例出现明显偏差。如测算出的平均缴费人数占参保人数的比例为75%，而近年平均比例为85%，明显偏低，则需对平均缴费人数综合增长率向上进行修正，以确保缴费人数占参保人数的比例处于合理的水平。

（2）测算缴费工资总额。

缴费工资总额预算数＝上年预计执行数×（1＋修正后综合增长率）

可见，测算缴费工资总额需要先确定缴费工资总额上年预计执行数和预算年度的综合增长率。

用人单位缴费工资总额，按照各单位职工个人缴费基数之和确定。根据劳动部办公厅印发的《职工基本养老保险个人账户管理暂行办法》（劳办发〔1997〕116号）规定，本人月平均工资低于当地职工平均工资60%的，按当地职工月平均工资的60%缴费，超过当地职工平均工资300%的，按当地职工月平均工资的300%缴费，超过部分不记入缴费工资基数。

①缴费工资总额上年预计执行数的测算。

缴费工资总额上年预计执行数以上年预算数为基数，综合考虑算执行年度养老保险政策、法律、法规的调整对缴费工资的影响以及上年预算实际执行情况等因素，对预算数进行必要调整。缴费工资总额预算调整数的测算公式如下：

上年预算调整数＝上年预计执行数－上年预算数

通常，在预算编制时预算上年度全年执行数未知，但前三个季度执行数已知，可根据往年前三个季度执行数占全年数的比例预测全年执行数。即：

上年预计执行数＝上年前三个季度执行数÷近年前三个季度数占全年的平均比例＋修正值

设置修正值的目的主要是解决在上年第四季度执行对缴费工资总额产生较大影响的政策等因素带来的问题。

②缴费工资总额综合增长率的修正。

对缴费工资总额的综合增长率测算值进行修正，通常应符合以下三个条件之一：

一是政策调整因素。在预算年度中执行对缴费人数、缴费工资正常的增长趋势可能产生较大影响的政策，如扩大参保范围、提高缴费工资等。

二是数据采集年度的数据出现明显异常。近年缴费工资总额存在较大的不可比因素，增长趋势没有规律可循以及其他可能导致测算出的综合增长率不具备参考价值的因素，需对综合增长率测算值进行修正。

三是月人均缴费工资占上年在岗职工月平均工资的比例不符合相关政策规定，或者与近年月人均缴费工资占上年在岗职工月平均工资的平均比例出现较大偏差，则需要进行修正。如测算出的月人均缴费工资占上年在岗职工月平均工资的比例为75%，而近年平均比例为85%，明显偏低，需对缴费工资总额综合增长率向上进行修正，以确保缴费工资总额趋于合理的水平。

（3）测算月人均缴费工资。

月平均缴费工资总额预算数 = 缴费工资总额预算数 ÷ 12 个月

月人均缴费工资预算数 = 月平均缴费工资总额预算数 ÷ 平均缴费人数预算数

（4）确定缴费率。

上年缴费率预计执行数和缴费率预算的确定，应以各地养老保险政策规定的缴费率为依据，在预算年度相关费率政策未进行调整的情况下，原则上应与上年缴费率相同。

（5）确定收缴率。

上年收缴率预计执行数 = 上年收缴率预算数 + 预算调整数

上年收缴率预算数 = 上年当期征缴收入预算数 ÷ 上年应缴收入预算数 ×100%

收缴率预算原则上不低于上年收缴率。

（6）测算当期征缴收入。

当期征缴收入预算数 = 当期用人单位缴费收入预算数 + 当期其他人员缴费收入预算数 + 当期其他政策参保人员缴费收入预算数

当期用人单位缴费收入预算数 = 当期单位缴费收入预算数 + 个人缴费收入预算数

当期单位缴费收入预算数 = 当期用人单位平均缴费人数预算数 × 当期单位月人均缴费工资预算数 ×12 个月 × 当期单位缴费率预算数 × 当期用人单位收缴率预算数

当期个人缴费收入预算数 = 当期用人单位平均缴费人数预算数 × 当期个人月人均缴费工资预算数 ×12 个月 × 当期个人缴费率预算数 × 当期用人单位收缴率预算数

当期其他人员缴费收入预算数 = 当期其他人员平均缴费人数预算数 × 其

他人员月人均缴费工资预算数×12个月×缴费率×其他人员收缴率预算数

当期其他政策参保人员缴费收入预算数=当期其他政策参保人员平均缴费人数预算数×其他政策参保人员月人均缴费工资预算数×12个月×其他政策参保人员缴费率预算数×其他政策参保人员收缴率算数

2. 清欠收入预算的编制

编制清欠收入预算要重点参考以下三个指标：

(1) 上年末累计欠费情况；

(2) 清欠计划；

(3) 各年度清欠收入占上年末累计欠费的比例等。

3. 补缴、预缴及其他征缴收入预算的编制

编制补缴、预缴及其他征缴收入预算要重点参考近年补缴、预缴及其他征缴收入分别占基金征缴总收入的比重，并结合预算年度的养老保险政策变化的情况进行编制。

三、城乡居民养老保险基金收入预算编制

(一) 城乡居民养老保险基金预算报表的组成

城乡居民养老保险基金预算报表体系由预算主表和参数表组成。

1. 预算主表

预算主表即城乡居民养老保险基金预算表，反映城乡居民养老保险基金预算的编制结果。

2. 参数表

参数表分为城乡居民养老保险收入参数表和支出参数表两部分，反映城乡居民养老保险收入和支出预算的测算过程。

(二) 城乡居民养老保险基金预算指标体系构成

城乡居民养老保险基金预算指标体系，是反映城乡居民养老保险基金预算规模的基金收入、支出、结余指标和影响基金预算的其他因素指标构成的预算指标集合体。城乡居民养老保险基金预算指标依据城乡居民养老保险有关法律、法规及养老保险管理的实际情况设立，包括基金收入预算指标、基金支出预算指标、基金结余预算指标。

1. 收入预算指标的构成

城乡居民养老保险基金收入预算指标主要包括个人缴费收入、财政补贴收入、集体补助收入、利息收入、委托投资收益、转移收入、其他收入、上

级补助收入、下级上解收入等指标。

2. 支出预算指标的构成

城乡居民养老保险基金支出预算指标包括基础养老支出、个人账户养老金支出、丧葬补助金支出、转移支出、其他支出、上解上级支出、补助下级支出等指标。

3. 结余预算指标的构成

城乡居民养老保险基金结余指标包括本年收支结余、年末滚存结余两项指标。

（三）城乡居民养老保险基金预算指标间的关系

1. 收入预算指标关系

城乡居民养老保险基金收入＝个人缴费收入＋财政补贴收入＋集体补助收入＋利息收入＋委托投资收益＋转移收入＋其他收入＋上级补助收入＋下级上解收入

个人缴费收入＝当期征缴收入＋补缴收入

集体补助收入＝当期缴费补助收入＋补缴补助收入

政府补贴收入＝基础养老金补贴＋个人缴费补贴＋丧葬抚恤补贴＋其他财政补贴

基础养老金补贴＝中央补贴＋省级补贴＋市级补贴＋县级补贴

个人缴费补贴＝省级补贴＋市级补贴＋县级补贴＋重度残疾等缴费补贴

2. 支出预算指标关系

城乡居民养老保险基金支出＝基础养老金支出＋个人账户养老金支出＋丧葬补助金支出＋转移支出＋其他支出＋上解上级支出＋补助下级支出

基础养老金支出（缴费享受待遇人员）＝［上年末人数＋（当年新增享受待遇人数－当年享受待遇减少人数）÷2］×人均月个人账户养老金标准×12个月

3. 结余预算指标关系

本年收支结余＝本年基金收入合计－本年基金支出合计

年末滚存结余＝上年结余＋本年基金收支结余

（四）城乡居民养老保险基金征缴收入预算编制

城乡居民社会养老保险基金收入预算指标主要包括个人缴费收入、集体补助收入、政府补贴收入、利息收入、转移收入、上级补助收入、下级上解收入和其他收入等指标。以上指标的测算需要以前年度各项基金收入指标和影响基金收入预算的其他因素指标的历史数据，估算得到预算年度各指标的增长率，并结合预算年度地方政府各项补贴政策的调整进行测算。城乡居民社会养老保险个人缴费收入预算包括当期缴费收入预算和补缴收入预算。

1. 当期缴费收入预算的编制

当期缴费收入预算编制以城乡居民社会养老保险各项法律、法规、政策为依据，以“保基本、广覆盖、有弹性、可持续”为原则，充分考虑各地的城乡居民社会养老保险覆盖面情况和扩面潜力，综合分析研究各缴费档次间人员变动趋势，确定合理的各缴费层次人员增长变动水平。

当期征缴收入测算以当地历年缴费人员结构为基础，结合当年扩面情况确定预算年度各缴费档次人员数量，分档次分别进行测算。

（1）缴费标准的确定。

根据《国务院关于建立统一的城乡居民基本养老保险制度的意见》（国发〔2014〕8 号）规定，缴费标准目前设定为每年 100 元、200 元、300 元、400 元、500 元、600 元、700 元、800 元、900 元、1000 元、1500 元、2000 元等 12 个档次。地方可以根据实际情况增设缴费档次。

（2）缴费人数的确定。

缴费人数的测算，以各地前三年各档次缴费人数平均增长率与年各档次缴费人数同比增长率的加权平均数为预算年度缴费人数综合增长率，在综合考虑预算年度政策调整、历史数据修正、预算年度扩面计划等因素的基础上对综合增长率进行修正。以修正后的综合增长率与上年度预计执行数来确定预算年度各缴费档次人数。

上年预计执行数 = 上年预算数 + 上年预算调整数

（3）测算当期缴费收入。

当期缴费收入预算数 = 第 1 档次缴费标准 × 该档次缴费人员 + 第 2 档次缴费标准 × 该档次缴费人员 + … + 第 12 档次缴费标准 × 该档次缴费人员 + 其他档次平均缴费标准 × 该档次缴费人员

2. 补缴收入预算的编制

补缴收入预算的编制主要考虑以下两个因素：

（1）近两年个人补缴情况；

（2）根据预算年度扩面情况，参考历年新参保人员中补缴人员所占比例，测算预算年度补缴人员数量及补缴额。

综合上述两方面因素，采用简单平均法或加权平均法计算的平均数作为预算年度补缴收入。

四、职工医疗保险基金收入预算编制

（一）职工基本医疗保险基金收入预算报表的组成

职工基本医疗保险基金预算报表体系由预算主表、参数表、基金平衡表和预算调整情况表组成。

1. 预算主表

预算主表即职工基本医疗保险基金预算表，反映职工基本医疗保险基金预算的编制结果。

2. 参数表

参数表分为职工基本医疗保险统账结合收入参数表和支出参数表，反映职工基本医疗保险收入和支出预算的测算过程。

3. 基金平衡表

基金平衡表即职工医疗保险基金预算平衡情况表，反映基金预算缺口情况和缺口的弥补办法。

4. 预算调整情况表

预算调整情况表即职工基本医疗保险基金预算调整情况表，反映基金预算在执行过程中，受政策或其他因素的影响，需要对预算进行调整的情况。

（二）职工基本医疗保险基金预算指标体系

构成职工基本医疗保险基金预算指标体系，包括反映职工基本医疗保险基金预算规模的基金收入、支出、结余指标和影响基金预算的其他因素指标。其各项指标依据基本医疗保险有关法律、法规及医疗保险管理的实际情况设立，包括职工基本医疗保险基金收入预算指标、职工基本医疗保险基金支出预算指标、职工基本医疗保险基金结余预算指标。

1. 收入预算指标的构成

职工基本医疗保险基金收入预算指标主要包括职工基本医疗保险费收入、财政补贴收入、利息收入、转移收入、其他收入、上级补助收入、下级上解收入等指标。

2. 支出预算指标的构成

职工基本医疗保险基金支出预算指标包括基本医疗保险待遇支出、转移支出、其他支出、上解上级支出、补助下级支出等指标。

3. 结余预算指标的构成

城乡职工基本医疗保险基金结余指标包括本年收支结余、年末滚存结余两项指标。

（三）职工基本医疗保险基金预算指标间的关系

1. 收入预算指标关系

职工基本医疗保险基金收入 = 职工基本医疗保险费收入 + 利息收入 + 财政补贴收入 + 转移收入 + 其他收入 + 上级补助收入 + 下级上解收入

城乡职工基本医疗保险费收入 = 本期征缴收入 + 清欠收入 + 预缴收入 + 补缴收入 + 其他征缴收入

其中，本期征缴收入按以下公式：

本期统筹基金征缴收入 = 单位缴费基数总额 × 单位缴费比例 × 征缴率

本期个人账户基金征缴收入 = 个人缴费基数总额 × 个人缴费比例 × 征缴率

2. 支出预算指标关系

职工基本医疗保险基金支出 = 基本医疗保险待遇支出 + 转移支出 + 其他支出 + 补助下级支出 + 上解上级支出

基本医疗保险待遇支出 = 统筹基金支出 + 个人账户支出

统筹基金支出 = 住院统筹基金支付 + 普通门（急）诊统筹基金支付 + 门诊大病统筹基金支付 = 预计年度平均参保人数 × 住院率 × 次均住院费用 × 统筹基金支付比例 + 预计年度普通门（急）诊人次 × 次均费用 × 统筹基金支付比例 + 预计年度门诊大病人次 × 门诊大病次均费用 × 统筹基金支付比例

统筹基金支付比例 = 各项统筹基金支付 ÷ 各项总费用

（四）职工基本医疗保险基金征缴收入预算编制

职工基本医疗保险基金收入预算指标主要包括基本医疗保险费收入、财政补贴收入、利息收入、转移收入、其他收入、上级补助收入、下级上解收入等指标。以上指标的测算需要若干年度各项基金收入指标和影响基金收入预算的其他因素指标的历史数据，估算得到预算年度各项指标的增长率。

1. 当期征缴收入预算的编制

为提高征缴收入预算的精细化水平，测算时以统筹地区缴费基数总额、缴费费率和收缴率作为预算征缴收入的测算指标，以平均参保人数、平均缴费人数、上年月社会平均工资、人均月缴费工资和人均缴费工资占在岗职工平均工资的比例作为衡量征缴收入预算编制合理性的参考指标。

当期征缴收入测算方法为：

当期征缴收入 = 缴费基数总额 × 缴费费率 × 收缴率

缴费基数总额 = 预算上年缴费基数总额预计执行数 ×（1 + 修正后综合增长率）

预算上年缴费基数总额预计执行数 = 预算上年缴费基数总额预算数 + 上年预算调整数

具体测算过程如下：

（1）测算平均参保人数和平均缴费人数。

平均参保和缴费人数预算数 = 平均参保和缴费人数上年预计执行数 ×（1 + 修正后综合增长率）

由上式可见，测算平均参保和缴费人数需要先确定平均参保和缴费人数上年预计执行数和预算年度的综合增长率。

①平均参保和缴费人数上年预计执行数的测算。

平均参保和缴费人数上年预计执行数以上年预算数为基数，综合考虑预算执行年度医疗保险政策、法律、法规的调整对缴费人数的影响以及上年预算实际执行情况等因素，对上年预算数进行必要调整。平均参保和缴费人数预算调整数的测算公式如下：

上年预算调整数 = 上年预计执行数 − 上年预算数

通常，在预算编制时预算上年度全年执行数未知，但前三个季度执行数已知，上年预计执行数的测算重点在于第四季度平均参保和缴费人数预计新增数，该指标根据当年前三个季度实际执行情况测算出一个季度的平均新增数。即：

上年预计执行数 = 上年前三个季度执行数 + 上年第四季度预计新增数

上年第四季度预计新增数 = 上年前三季度新增数 ÷ 3 个季度 + 修正值

②综合增长率的修正。

职工基本医疗保险平均参保和缴费人数综合增长率的修正与企业职工基本养老保险基金征缴收入预算编制中的平均缴费人数综合增长率的修正相似，见本节中的“二、企业职工基本养老保险基金收入预算编制”相关内容。

（2）测算缴费基数总额。

缴费工资总额预算数 = 上年预计执行数 ×（1 + 修正后综合增长率）

可见，测算缴费工资总额需要先确定缴费工资总额上年预计执行数和预算年度的综合增长率。

①上年缴费基数总额预计执行数的测算。

缴费基数总额上年预计执行数以上年预算数为基数，综合考虑预算执行年度医疗保险政策、法律、法规的调整对缴费基数的影响以及上年预算实际执行情况等因素，对预算数进行必要调整。缴费基数总额预算调整数的测算公式如下：

上年预算调整数 = 上年预计执行数 - 上年预算数

通常，在预算编制时预算上年度全年执行数未知，但上年前三个季度执行数已知，可根据往年前三个季度执行数占全年数的比例预测全年执行数。即：

上年预计执行数 = 上年前三个季度执行数 ÷ 近年前三个季度数占全年的平均比例 + 修正值

②缴费基数总额综合增长率的修正。

职工基本医疗保险基金缴费基数总额综合增长率的修正与企业职工基本养老保险基金征缴收入预算编制中的缴费工资总额综合增长率的修正相似，见本节中的“二、企业职工基本养老保险基金收入预算编制”相关内容。

(3) 测算人均月缴费工资。

人均月缴费工资预算数 = 缴费基数总额预算数 ÷12 个月 ÷ 平均缴费人数预算数

(4) 确定缴费率。

上年缴费率预计执行数和预算年度缴费率的确定，应以各地职工医疗保险政策规定的缴费率为依据，一般分单位费率和个人费率。在预算年度相关费率政策未进行调整的情况下，原则上应与上年缴费率相同。

(5) 确定收缴率。

预算上年收缴率预算数 = 预算上年当期征缴收入预算数 ÷ 上年应缴收入预算数 ×100%

预算上年收缴率执行数 = 预算上年收缴率预算数 + 预算上年预算调整数

收缴率预算数 = 预算上年收缴率执行数 × (1 + 修正后综合增长率)

收缴率预算数的确定，原则上不低于上年收缴率。

(6) 确定个人账户划入比例。

根据《国务院关于建立城乡职工基本医疗保险制度的决定》(国发〔1998〕44 号) 规定，用人单位缴纳的保险费划入个人账户的比例一般为用人单位缴费的 30% 左右，具体比例由统筹地区根据个人账户的支付范围和职工年龄等因素确定。近几年全国各省划入比例相差较大，有部分省份高于35%，也有部分省份低于25%。

个人账户划入比例预算数的确定，原则上同预算上年数。若预算年度征缴政策有变动，应区分以下三种情况分别考虑调整幅度：一是单位缴费率的升降；二是不同年龄层在职退休人员具体划入比例的调整；三是单位缴费率和不同年龄层在职退休人员具体划入比例同时调整。

（7）测算当期征缴收入。

当期征缴收入预算数 = 缴费基数总额预算数 × 预算年度缴费费率 × 预算年度收缴率

统筹基金当期征缴收入预算数 = 单位缴费基数总额预算数 × 预算年度单位缴费费率 × 预算年度收缴率 ×（1 − 个人账户划入比例）

个人账户基金当期征缴收入预算数 = 个人缴费基数总额预算数 × 预算年度个人缴费费率 × 预算年度收缴率 + 单位缴费基数总额预算数 × 预算年度单位缴费费率 × 预算年度收缴率 × 个人账户划入比例

2. 清欠收入预算的编制

编制清欠收入预算要重点参考以下三个指标：

（1）上年末基金累计欠费情况；

（2）清欠计划；

（3）各年度清欠收入占上年末累计欠费的比例等。

3. 补缴、预缴及其他征缴收入预算的编制

编制补缴、预缴及其他征缴收入预算要重点参考近年补缴、预缴及其他征缴收入分别占基金征缴总收入的比重，并结合预算年度的医疗保险政策变化的情况编制。

五、城乡居民基本医疗保险基金收入预算编制

（一）城乡居民基本医疗保险基金预算报表的组成

城乡居民医疗保险基金预算报表体系由预算主表、参数表、基金平衡表和预算调整情况表组成。

1. 预算主表

预算主表即城乡居民医疗保险基金预算表，反映城乡居民医疗保险基金预算的编制结果。

2. 参数表

参数表分为城乡居民医疗保险基金收入参数表和支出参数表两部分，反映城乡居民医疗保险基金收入和支出预算的测算过程。

3. 基金平衡表

基金平衡表即城乡居民医疗保险基金预算平衡情况表，反映基金预算缺口情况和缺口的弥补办法。省、市级统筹的需包含所辖区、市情况。

4. 预算调整情况表

预算调整情况表即城乡居民医疗保险基金预算调整情况表，反映基金预算在执行过程中，受政策或其他因素的影响，需要对预算进行调整的情况。

（二）城乡居民基本医疗保险基金预算指标体系构成

城乡居民医疗保险基金预算指标体系，是反映城乡居民医疗保险基金预算规模的基金收入、支出、结余指标和影响基金预算的其他因素指标构成的预算指标集合体。城乡居民医疗保险基金预算指标依据城乡居民医疗保险有关法律、法规及医疗保险管理的实际情况设立，包括基金收入预算指标、基金支出预算指标、基金结余预算指标。

1. 收入预算指标的构成

城乡居民医疗保险基金收入预算指标主要包括城乡居民基本医疗保险费收入、政府补贴收入、利息收入、其他收入、上级补助收入、下级上解收入等指标。

2. 支出预算指标的构成

城乡居民医疗保险基金支出预算指标包括城乡居民基本医疗保险待遇支出、大病保险支出、其他支出、上解上级支出、补助下级支出等指标。

3. 结余预算指标的构成

城乡居民医疗保险基金结余指标包括本年收支结余、年末滚存结余两项指标。

（三）城乡居民基本医疗保险基金预算指标间的关系

1. 收入预算指标关系

城乡居民基本医疗保险基金收入 = 城乡居民基本医疗保险费收入 + 利息收入 + 政府补贴收入 + 其他收入 + 上级补助收入 + 下级上解收入

城乡居民基本医疗保险费收入 = 本期征缴收入 + 清欠收入 + 预缴收入 + 补缴收入 + 其他征缴收入

本期征缴收入 = 本期个人缴费收入 + 本期财政补助收入 + 其他征缴收入

本期个人缴费收入 = 成年居民缴费收入（18～60 岁普通居民缴费收入 + 18～60 岁低保居民缴费收入 + 18～60 岁重残居民缴费收入 + 18～60 岁低收入居民缴费收入 + 18～60 岁其他困难居民缴费收入 + 60 岁以上普通老年居民缴费收入 + 60 岁以上低保老年居民缴费收入 + 60 岁以上重残老年居民缴费收入 + 60 岁以上低收入老年居民缴费收入 + 60 岁以上其他困难老年居民缴费收入）+ 未成年居民（学生儿童 0～18 岁）缴费收入（普通学生儿童缴费收入 + 低保学生儿童缴费收入 + 重残学生儿童缴费收入 + 其他困难学生儿童缴费收入）+ 大学生缴费收入（中央所属院校大学生缴费收入 + 除中央所属院校以外普通大学生缴费收入 + 除中央所属院校以外困难大学生缴费收入）

本期城乡居民基本医疗保险费财政补助收入 = 中央财政对城乡居民基本医疗保险的补助收入 + 地方财政对城乡居民基本医疗保险的补助收入（18～60 岁低保居民补助收入 + 18～60 岁重残居民补助收入 + 18～60 岁低收入居民补助收入 + 18～60 岁其他困难居民补助收入 + 60 岁以上普通老年居民补助收入 + 60 岁以上低保老年居民补助收入 + 60 岁以上重残老年居民补助收入 + 60 岁以上低收入老年居民补助收入 + 60 岁以上其他困难老年居民补助收入 + 普通学生儿童补助收入 + 低保学生儿童补助收入 + 重残学生儿童补助收入 + 其他困难人员学生儿童补助收入）+ 地方财政对除中央所属高校以外大学生（普通大学生大学补助收入 + 困难大学生补助收入）

2. 支出预算指标关系

城乡居民基本医疗保险基金支出 = 城乡居民基本医疗待遇支出 + 大病保险支出 + 其他支出 + 补助下级支出 + 上解上级支出

城乡居民基本医疗待遇支出 = 住院基金支付 + 普通门（急）诊基金支付 + 门诊大病基金支付 + 居民生育产前检查费用 + 居民住院分娩费用 + 居民计划生育费用 + 居民新生儿费用 = 预计年度参保人数 × 住院率 × 次均住院费用 × 基金支付比例 + 预计年度普通门（急）诊人次 × 次均费用 × 基金支付比例 + 预计年度门诊大病人次 × 门诊大病次均费用 × 基金支付比例 + 预计年度产前检查人数 × 人均费用 × 基金支付比例 + 预计年度住院分娩人数 × 人均费用 × 基金支付比例 + 预计年度计划生育人次 × 次均费用 × 基金支付比例 + 预计年度新生儿人数 × 人均费用 × 基金支付比例

基金支付比例 = 各项基金支付 ÷ 各项总费用

3. 结余预算指标关系

本年收支结余 = 本年基金收入合计 − 本年基金支出合计

年末滚存结余 = 上年结余 + 本年基金收支结余

(四) 城乡居民基本医疗保险基金征缴收入预算编制

城乡居民基本医疗保险基金收入预算指标主要包括当期征缴收入预算、清欠收入预算、预缴收入预算、补缴收入预算和其他征缴收入预算。

1. 当期征缴收入预算的编制

当期征缴收入预算编制以城乡居民基本医疗保险各项法律、法规、政策为依据，准确把握各种参保缴费人群和财政对各种人群补助的正常增长趋势，综合分析城乡居民基本医疗保险覆盖面情况，充分考虑各地的扩面潜力和医保工作计划。

(1) 当期征缴收入测算办法。

当期征缴收入 = 本期个人缴费收入 + 本期财政补助收入 + 本期其他缴费收入

本期个人缴费收入 = 预算上年参保人数预计执行数 × (1 + 修正后综合增长率) × 本年个人缴费标准

本期财政补助收入 = 预算上年参保人数预计执行数 × (1 + 修正后综合增长率) × 本年财政补助标准

第一步，按照参保人员类型测算参保人数。参保人数必须按照人员类型进行测算，如当地无此项目人群可不填写，以前两年的各参保缴费人群总数应等于前两年统计报表中的人数。

上年预计执行数原则上以上年预算数为准。如若考虑预算执行年度医疗保险政策、法律、法规的调整对参保人数的影响，医保工作计划以及上年预算实际执行情况等因素，对预算上年预算数可进行必要的调整。预算调整数的测算公式如下：

上年预算调整数 = 预算上年预计执行数 − 预算上年预算数

参保人数上年预计执行数 = 上年前三个季度实际参保人数 + 上年第四季度参保人数预计新增数

上年第四季度预计新增数 = 上年前三季度新增数 ÷ 3 个季度 + 修正值

参保人数上年预算调整数 = 上年预计执行数 − 上年预算数

在实际执行中，缴费人数的测算，还可以按前三年各类别缴费人数平均增长率与年各类别缴费人数同比增长率的加权平均数为预算年度缴费人数综合增长率，在综合考虑预算年度政策调整、历史数据修正、预算年度扩面计划等因素的基础上对综合增长率进行修正。

（2）综合增长率的测算。

综合增长率是指对预算指标一定时期内的短期增长趋势和中（长）期增长趋势对预算的影响程度的综合分析而形成的综合增长趋势。

综合增长率 = 同比增长率 × 权重 + 近三年平均增长率 × 权重

其中：权重的设定方法可根据实际情况，按照经验判断法、五五平均法、主次指标排序法或精确测算法分别确定。

（3）综合增长率的修正。

在编制城乡居民基本医疗保险基金征缴收入预算时，综合增长率的修正与企业职工基本养老保险基金征缴收入预算编制中的平均缴费人数综合增长率的修正相似，见本节中的“二、企业职工基本养老保险基金收入预算编制”相关内容。

（4）预算年度参保人数的测算。

参保人数预算数 = 参保人数上年预计执行数 ×（1 + 修正后综合增长率）

第二步，按照参保人员类型填写个人缴费标准。城乡居民个人人均缴费标准按照当地不同年度的政策文件规定填写，个人缴费标准需与参保人数一一对应，如无此类别的参保人数，则不应该填写无此类别的个人缴费标准。

第三步，按照补助类型和参保人员类型填写个人补助标准。城乡居民人均补助标准按照当地不同年度的政策文件规定填写，个人补助标准必须与参保人数一一对应，如无此类别的参保人数则不应该填写无此类别的个人补助标准。

（5）中央财政补助的标准。

按照中央对居民的标准和中央对中央所属高校的大学生补助标准分类填写。填写依据需根据政策文件的调整填写，如无新调整可与当地中央财政或者中央财政驻当地专员办联系后填写。

（6）地方财政补助的标准。

地方财政补助标准 = 省级财政补助标准 + 市级财政补助标准 + 县级财政补助标准

地方财政补助标准按照地方对成年人个人补助标准、学生儿童（未成年人）个人补助标准和除中央所属高校的大学生个人补助标准等分类填写。填写依据需根据政策文件的调整填写，如不明确补助政策是否变动可与当地财政系统联系后填写。

第四步，本期其他征缴收入预算的编制。

编制本期其他征缴收入要考虑其他形式的长期连续的征缴收入如民政部门转来的资金、其他险种定期划拨的资金等。

2. 清欠收入预算的编制

编制清欠收入预算要重点参考以下三个指标：

（1）上年末基金累计欠费情况；

（2）清欠计划；

（3）各年度清欠收入占上年末累计欠费的比例等。

3. 补缴、预缴及其他征缴收入预算的编制

编制补缴、预缴及其他征缴收入预算要重点参考近年补缴、预缴及其他一次性、不连续征缴收入分别占基金征缴总收入的比重，并结合预算年度的医疗保险政策变化的情况进行编制。

六、工伤保险基金收入预算的编制

（一）工伤保险基金预算报表的组成

工伤保险基金预算报表体系由预算主表、参数表、基金平衡表和预算调整情况表组成。

1. 预算主表

预算主表即工伤保险基金预算表，反映工伤保险基金预算的编制结果。

2. 参数表

参数表分为工伤保险收入参数表和支出参数表两部分，反映工伤保险收入和支出预算的测算过程。

3. 基金平衡表

基金平衡表即工伤保险基金预算平衡情况表，反映基金预算预算缺口情况和缺口的弥补办法。省统筹的需包含所辖区、市情况。

4. 预算调整情况表

预算调整情况表即工伤保险基金预算调整情况表，反映基金预算在执行过程中，受政策或其他因素的影响，需要对预算进行调整的情况。

（二）工伤保险基金预算指标体系构成

工伤保险基金预算指标体系，包括反映工伤保险基金预算规模的基金收入、支出、结余指标和影响基金预算的其他因素指标。其各项指标依据工伤保险有关法律、法规及工伤保险管理的实际情况设立，包括工伤保险基金收入预算指标、工伤保险基金支出预算指标、工伤保险基金结余预算

指标。

1. 收入预算指标的构成

工伤保险基金收入预算指标主要包括工伤保险费收入、利息收入、财政补贴收入、其他收入、上级补助收入、下级上解收入等指标。

2. 支出预算指标的构成

工伤保险基金支出预算指标包括工伤保险待遇支出、劳动能力鉴定费支出、工伤预防费支出、其他支出、上解上级支出、补助下级支出等指标。

3. 结余预算指标的构成

工伤保险基金结余指标包括本年收支结余、年末滚存结余两项指标。

（三）工伤保险基金预算指标间的关系

1. 收入预算指标关系

工伤保险基金收入 = 工伤保险费收入 + 利息收入 + 财政补贴收入 + 其他收入 + 上级补助收入 + 下级上解收入

工伤保险费收入 = 当期征缴收入 + 清欠收入 + 预缴收入 + 补缴收入 + 其他征缴收入

2. 支出预算指标关系

工伤保险基金支出 = 工伤保险待遇支出 + 劳动能力鉴定费支出 + 工伤预防费支出 + 其他支出 + 上解上级支出 + 补助下级支出

工伤保险待遇支出 = 工伤医疗待遇支出 + 工亡待遇支出 + 伤残待遇支出

其中：

工伤医疗待遇支出 = 工伤医疗费用 + 工伤康复费用 + 辅助器具费用

工亡待遇支出 = 供养亲属抚恤金 + 一次性工亡补助金 + 丧葬补助金

伤残待遇支出 = 一次性伤残补助金 + 生活护理费 + 伤残津贴

（1）一次性伤残补助金 = 领取人数 × 人均领取一次性伤残补

（2）生活护理费 = 领取人次 × 次均领取生活护理费

（3）伤残津贴 = 领取人次 × 次均领取伤残津贴

劳动能力鉴定费支出 = 劳动能力鉴定人数 × 劳动能力鉴定费支付标准

3. 结余预算指标关系

本年收支结余 = 本年基金收入合计 − 本年基金支出合计

年末滚存结余 = 上年结余 + 本年基金收支结余

（四）工伤保险基金征缴收入预算编制

工伤保险基金征缴收入预算编制与职工基本养老保险基金征缴收入预算

编制基本相同，此部分略。

七、失业保险基金收入预算的编制

（一）失业保险基金预算报表的组成

失业保险基金预算报表体系由预算主表、收入参数表和支出参数表组成。

1. 预算主表

预算主表即失业保险基金预算表，反映失业保险基金预算的编制结果。

2. 收入参数表

收入参数表反映失业保险收入预算的测算过程。

3. 支出参数表

支出参数表反映失业保险支出预算的测算过程。

（二）失业保险基金预算指标体系构成

失业保险基金预算指标体系，包括反映失业保险基金预算规模的基金收入、支出、结余指标和影响基金预算的其他因素指标。其各项指标依据失业保险有关法律、法规及养老保险管理的实际情况设立，包括失业保险基金收入预算指标、失业保险基金支出预算指标、失业保险基金结余预算指标。

1. 收入预算指标的构成

失业保险基金收入预算指标主要包括失业保险费收入、财政补贴收入、利息收入、转移收入、其他收入、上级补助收入、下级上解收入等指标。

2. 支出预算指标的构成

失业保险基金支出预算指标包括失业保险金支出、基本医疗保险费支出、丧葬抚恤补助支出、职业培训和职业介绍补贴支出、技能提升补贴支出、其他费用支出、稳定岗位支出、转移支出、其他支出、上解上级支出、补助下级支出等指标。

3. 结余预算指标的构成

失业保险基金结余指标包括本年收支结余、年末滚存结余两项指标。

（三）失业保险基金预算指标间的关系

1. 收入预算指标关系

失业保险基金收入 = 失业保险费收入 + 财政补贴收 + 利息收入 + 转移收入 + 其他收入 + 上级补助收入 + 下级上解收入

失业保险费收入 = 当期征缴收入 + 清欠收入 + 预缴收入 + 补缴收入 + 其他征缴收入

2. 支出预算指标关系

失业保险基金支出＝失业保险金支出＋医疗补助金支出＋丧葬抚恤补助支出＋职业培训和职业介绍补贴支出＋技能提升补贴支出＋其他费用支出＋转移支出＋其他支出＋上解上级支出＋补助下级支出

失业保险金支出＝领取失业金人月数×月人均领取失业金金额

职业培训和职业介绍补贴支出＝职业培训补贴支出＋职业介绍补贴支出

其他费用支出＝农民合同制工人一次性生活补助支出＋其他促进就业支出＋其他

3. 结余预算指标关系

本年收支结余＝本年基金收入合计－本年基金支出合计

年末滚存结余＝上年结余＋本年基金收支结余

（四）失业保险基金征缴收入预算编制

失业保险基金征缴收入预算编制与企业职工基本养老保险基金征缴收入预算编制基本相同，此部分略。

八、机关事业单位养老保险基金收入预算的编制

（一）机关事业单位养老保险基金预算报表的组成

机关事业单位基本养老保险基金预算报表体系由预算主表和参数表组成。

1. 预算主表

预算主表即机关事业单位基本养老保险基金预算表，反映机关事业单位基本养老保险基金预算的编制结果。

2. 参数表

参数表分为机关事业单位基本养老保险收入参数表和支出参数表两部分，反映机关事业单位基本养老保险收入和支出预算的测算过程。

（二）机关事业单位养老保险基金预算指标体系构成

机关事业单位基本养老保险基金预算指标体系，包括反映机关事业单位基本养老保险基金预算规模的基金收入、支出、结余指标和影响基金预算的其他因素指标。其各项指标依据基本养老保险有关法律、法规及养老保险管理的实际情况设立，包括机关事业单位基本养老保险基金收入预算指标、基金支出预算指标、基金结余预算指标。

1. 收入预算指标的构成

机关事业单位基本养老保险基金收入预算指标主要包括基本养老保险费

收入、财政补贴收入、利息收入、转移收入、其他收入、上级补助收入、下级上解收入等指标。

2. 支出预算指标的构成

机关事业单位养老保险基金支出预算指标包括基本养老金支出、转移支出、其他支出、补助下级支出、上解上级支出等指标。

3. 结余预算指标的构成

职工基本养老保险基金结余指标包括本年收支结余、年末滚存结余两项指标。

(三)机关事业单位养老保险基金预算指标间的关系

1. 收入预算指标关系

基本养老保险基金收入=基本养老保险费收入+财政补贴收入+利息收入+转移收入+其他收入

基本养老保险费收入=当期征缴收入+清欠收入+预缴收入+补缴收入+其他征缴收入

当期征缴收入=机关单位人员缴费收入+事业单位人员缴费收入(全额拨款事业单位+非全额拨款事业单位)

当期缴费收入=平均缴费人数×月人均缴费工资×12个月×缴费费率×收缴率

财政补贴收入=中央财政补贴收入+地方财政补贴收入

2. 支出预算指标关系

基本养老保险基金支出=基本养老金支出+转移支出+其他支出+补助下级支出+上解上级支出

基本养老金支出=机关单位人员养老金支出+事业单位人员养老金支出(全额拨款事业单位+非全额拨款事业单位)

补发养老金支出=机关单位人员养老金支出+事业单位人员养老金支出(全额拨款事业单位+非全额拨款事业单位)

3. 结余预算指标关系

本年收支结余=本年基金收入合计-本年基金支出合计

年末滚存结余=上年结余+本年基金收支结余

(四)机关事业单位养老保险基金征缴收入预算编制

机关事业单位基本养老保险基金收入预算指标主要包括基本养老保险费收入、财政补贴收入、利息收入、转移收入、其他收入、上级补助收入、下级上解收入等指标。以上指标的测算需要若干年度各项基金收入指标和影响基金收入预算的其他因素指标的历史数据，估算得到预算年度各项指标的增长率。其中，机关事业单位基本养老保险费征缴收入预算占比最高，包括：①缴纳当年基本养老保险费；②欠费情况（含上年末累计欠费、补缴以前年度欠费、新增欠费和年末累计欠费）；③预缴以后年度基本养老保险费；④一次性补缴以前年度基本养老保险费。

机关事业单位基本养老保险基金征缴收入预算编制与企业职工基本养老保险基金征缴收入预算编制相似，见本节中的“二、企业职工基本养老保险基金收入预算编制”相关内容。

第二节 社会保险统计核算

社会保险统计核算是指收集、整理、分析、核算社会保险活动中相关数据和数字资料，对社会保险活动中客观现象、总体数量特征和数量关系进行分析的实践活动。

社会保险统计核算是社会保险业务的重要组成部分，也是国民经济和社会统计的组成部分。社会保险统计核算的实质是社会经济统计原理、方法在社会保险领域的应用，是通过研究数量特征和数量关系从而反映社会保险活动的发展变化的规律的社会认识活动。

一、社会保险统计指标体系

（一）社会保险统计指标体系的概念

社会保险统计指标体系是由若干相关联的统计指标组成的，用以描述一个地区一定时期内社会保险的基本情况，全面反映社会保险体系的一个整体。一般来说，社会保险统计指标体系分为基础指标和分析指标两大类，基础指标是指反映某一方面基本状况、数量的指标，分析指标是指反映某一方面特征如比率、速度、规模等的指标。

（二）税务部门征收社会保险费统计指标体系框架

在依据法律法规建立社会保险制度的前提下，社会保险费的产生过程可以分成四个阶段：一是与社会保险相关的经济社会活动；二是单位和个人参加社会保险；三是计算应缴纳的费款金额并完成收缴；四是记录缴费信息并确认缴费权益。相关的经济社会活动与参加社会保险关联形成费源费基，费源费基与社会保险制度关联形成应征费款，应征费款与征收工作关联形成社会保险费收入，社会保险费收入征收后的权益记录和征收管理本身都需要通过开展统计分析来实现。这一过程，从税务部门征收工作链条来看，对应着参保登记、征收管理、入库核算、统计分析等四个环节。

依据社会保险费的产生过程和税务部门的征收工作链条，税务部门征收社会保险费的统计指标体系框架为：参保登记、征收管理入库核算统计分析的工作流，设立费源费基、征收管理、保费收入、统计分析四大类指标，每一类指标中再根据需要确定不同分类维度，形成一套指标体系。

1. 费源费基类

（1）参保单位。参保单位数量是指报告期末参加各类社会保险并在社会保险经办机构或税务部门办理参保登记的各类企业、机关事业单位的数量。参保单位性质是指缴费单位的属性类型，例如企业、机关、事业单位等。

（2）参保个人。参保个人按身份可分为参保职工、城乡居民、灵活就业人员。参保职工数量是指报告期末参加各类社会保险并在社会保险经办机构或税务部门建立缴费记录档案的职工数量。参保城乡居民数量是指报告期末参加城乡居民基本养老保险、城乡居民基本医疗保险的人数。参保灵活就业人员数是指报告期末非全日制、暂时性和弹性工作等以灵活方式就业的城乡居民参加基本养老保险、基本医疗保险等的人数。

（3）缴费基数。缴费基数总额是指报告期内参加各类保险的单位及个人缴纳保险费的缴费基数之和，按缴费人员的应缴口径计算。缴费基数平均值是缴费基数总额除以缴费人数得到的值，一般按月统计。

2. 征收管理类

（1）应征费款。应征费款是指报告期内参加各类保险的缴费单位和个人，按照规定的标准计算出来的应缴纳的相应保险费金额，不包括应补上年度末之前历年欠费。

（2）实缴费款。实缴费款是指报告期内参加各类保险的缴费单位和个人，实际缴纳并已计入国库或者财政专户的相应保险费金额，不包括实际补缴上年度末之前历年的欠费和跨年度（跨季度）的预缴金额。

（3）多缴费款。多缴费款是指报告期内实际缴纳的费款多出按照规定的标准计算出来的应缴费款的部分费款。

（4）欠缴费款。欠缴费款指截止到报告期内尚未缴纳的按照规定的标准计算出来的应缴费款。欠缴费款又可分为本期新发生欠费和往期欠费。

（5）实退费款。实退费款是指报告期内发生的退还缴费单位或缴费个人的费款。

（6）补缴费款、滞纳金。补缴费款是指报告期内缴纳的上年度末之前历年的欠费。滞纳金是指按照规定缴纳的滞纳金。

3. 保费收入分类

（1）按险种可以分为以下 5 种：①基本养老保险，包括企业职工基本养老保险、城乡居民基本养老保险和机关事业单位基本养老保险；②基本医疗保险，包括职工基本医疗保险和城乡居民基本医疗保险；③失业保险；④工伤保险；⑤生育保险（2019 年末与职工基本医疗保险合并实施）。

（2）按缴费主体可以分为以下 5 种：①企业；②机关事业单位；③职工（包括企业职工、个体工商户的雇员、机关事业单位工作人员）；④灵活就业人员；⑤城乡居民。

（3）按地区，有三种分类方法：一是参照我国省级行政区划分，包含 22 个省、5 个自治区、4 个直辖市以及新疆生产建设兵团共 32 个地区（不含港澳台）；二是根据征收地区划分，包含 22 个省、5 个自治区、4 个直辖市以及大连、青岛、宁波、厦门和深圳 5 个计划单列市共 36 个地区（不含港澳台）；三是根据行政地区大类划分，包含华北、东北、华东、中南、西南、西北共 6 个地区（不含港澳台）。

（4）按行业，可以分为 19 大类 97 小类，具体参照《国民经济行业分类》（GB/T 4754—2017）的行业类型。

（5）按登记注册类型可以分为内资企业，港、澳、台商投资企业，外商投资企业，其他外商投资企业等，具体参照《关于划分企业登记注册类型的规定》（国统字〔2011〕86 号）。

4. 分析评估类

（1）征收质效。

主要用于评估税务部门征收社会保险费质效的分析指标。具体包括：

实缴率 = 报告期内单位个人实缴费款合计 ÷ 报告期内单位个人应缴费款合计 ×100%

缴费户率 = 报告期内实际缴费单位数量 ÷ 报告期内参保单位数量 ×100%

清欠率 = 报告期内的欠缴费款 ÷ 上年度末欠缴费款 ×100%

（2）缴费负担。

社会保险费缴费负担可以从宏观、微观两个角度来测度，具体包括：

宏观缴费负担＝某地区（国家）报告期内社会保险费收入总额÷该地区（国家）报告期内地区生产总值（国内生产总值）×100%

微观缴费负担＝某缴费单位报告期内缴纳社会保险费总额÷该企业报告期内单位及个人缴纳保险费的工资总额×100%

（3）国家比较。

根据选取国家的社会保险制度，对保险费规模、结构、宏观缴费负担等进行比较分析。

二、社会保险费降费核算

随着我国经济发展出现一系列新的情况，社会各界尤其是企业界对于降低社会保险缴费负担的呼声较强，党中央、国务院对此高度重视，作出一系列决策部署。自2015年以来，我国先后多次降低或阶段性降低社会保险费缴费负担。要精准反映降费政策实施效果，就必须认真开展降费政策措施落实情况的统计核算和效应分析工作，统一各个层级、地区、费种的核算口径，建立数据采集、审核校验、汇总上报、核算分析体系，做到“心中有数”“底账清晰”。

（一）降费核算内容

1. 工作目标

以贯彻落实降费政策规定为重点，建立健全社会保险降费统计核算体系，全面统计核算每户企业的减费额和分地区分险种的减费总额、缓缴情况。做好政策执行情况和经济社会效应分析，客观反映降费政策执行效果，充分运用社会保险降费统计核算数据，深入分析企业的降率减费、人员和工资自然增长增费情况，分析企业实际缴费增减变化原因。

2. 核算周期

一般来说，社会保险降费核算周期分为两种：

一是按照政策执行期核算。阶段性降费政策一般会规定政策执行期，例如2018年企业职工基本养老保险费率降至19%，从2018年5月1日执行至2019年4月30日，核算该项政策的降费额，可核算政策执行期内总降费额。

二是按照财政年度核算。社会保险基金预算按年编制，为对应年度社会保险费收入，也可按年核算社会保险降费总额。一些政策执行期较长，出现跨越自然年度的情况，而且同一年度内可能在已执行政策之外还有年内新出台的政策。因此，按照财政年度核算时，可以根据政策执行期分为新出台政策、延续性政策、翘尾政策等。新出台政策是指核算年度内新出台的政策，在以前年度未产生降费，只在本年内产生降费。延续性政策是指以前年度出台的政策在核算年度内执行期满以后，继续按照原政策执行且产生降费。翘尾政策是指上一年度已执行的且在核算年度内仍然产生降费的政策。对于执行期未跨自然年度的政策，按照财政年度核算降费总额与按照政策执行期核算的降费总额一致。

3. 降费核算口径

从根本上来说，降费就是为了减轻缴费人负担，通过调整政策减少缴费人实际缴纳的费款。开展降费核算，实际上就是计算因政策调整带来的费款减少额。也就是说，降费核算的口径是政策调整前与调整后产生的费款减少额，即：

降费额＝未执行政策时的缴费额－执行政策后的缴费额

如果政策涉及缓缴费款等内容，还要同时核算缓缴的情况。

需要注意的是，由于决定社会保险费额的因素主要是缴费基数和费率，在其中一个因素下降的时候，另一个因素上升也可能造成社会保险费额的上升。因此，在核算降费的同时，有时候也要根据政策内容核算人员和工资增长带来的增费情况，分析企业实际费额增减变化原因。计算公式为：

工资增长带来的增费额＝当期人均缴费工资×上年同期缴费人数×上年同期费率－上年同期缴费金额

人员增长带来的增费额＝人员增加数×当期人均缴费工资×上年同期费率

（二）降费核算方法

1. 分户核算和分省测算

开展降费核算时，可以根据政策具体内容，采取分户核算和分省测算相结合的方式。分户核算是指对每个缴费人的降费情况进行核算，汇总得出某个地区的降费总额。分省测算是指对某个省的降费情况进行综合测算。

2. 核算降率减费额

降率减费是指因当期和上年同期适用费率不同带来的实际减费额，核算时计算费率差额即可，计算公式为：

降率政策减费额＝缴费基数×（降率前费率－实际执行费率）

3. 核算缴费基数调整降费额

（1）测算调整就业人员平均工资计算口径的减费额。

调整就业人员平均工资计算口径的地区，可用上下限缴费基数减少额乘以费率，计算公式为：

调整社会平均工资口径减费额 = [缴费基数减少额（下限）+缴费基数减少额（上限）]×费率

缴费基数减少额（下限）=缴费下限总人数×（调整前缴费基数下限标准－调整后缴费基数下限标准）

缴费基数减少额（上限）=缴费上限总人数×（调整前缴费基数上限标准－调整后缴费基数上限标准）

其中，费率为阶段性降率前的费率。省内各地市未统一缴费基数上下限标准或费率的，可分地市测算减费额，按照省汇总。具有明细缴费数据的地区，应用明细缴费数据分户核算调整就业人员平均工资计算口径减费额，按照省汇总。

（2）测算完善个体工商户和灵活就业人员缴费基数政策的减费额。

完善个体工商户和灵活就业人员缴费基数政策的地区可用上下限缴费基数减少额乘以费率，分省测算相应的减费额。计算公式为：

完善个体工商户和灵活就业人员缴费基数政策减费额 = [缴费基数减少额（下限）+缴费基数减少额（上限）]×费率

缴费基数减少额（下限）=缴费下限总人数×（调整前缴费基数下限标准－调整后缴费基数下限标准）

缴费基数减少额（上限）=缴费上限总人数×（调整前缴费基数上限标准－调整后缴费基数上限标准）

省内各地市未统一缴费基数上下限标准或费率的，分地市测算减费额，按照省汇总。具有明细缴费数据的地区，应用明细缴费数据核算完善个体工商户和灵活就业人员缴费基数政策减费额，按照省汇总。

4. 阶段性减免社保费统计核算

对于在一定时期内免征或减征（例如减半征收）社会保险费额的计算公式为：

免征政策减费额 = 应缴费额－减免后缴费金额 = 缴费基数×险种费率（按项目参保的工伤保险还要再乘以折算比例）

减征政策减费额 = 应缴费额－减免后缴费金额 = 缴费基数×险种费率×减征比例（按项目参保的工伤保险还要再乘以折算比例）

5. 不调整缴费基数下限

一般情况下，社会平均工资会逐年上浮调整，缴费基数下限也会随之上浮调整，例如，近几年社会平均工资每年增长8%左右，缴费基数下限也随之增长。2020年的降费政策中，城乡企业职工基本养老保险继续执行2019年缴费基数下限，这就产生了降费额，其计算公式为：

（1）单位参保缴费基数下限减费额。

缴费基数下限单位职工单位减费额＝2020年1月1日至上月末单位累计减费额＋（2020年月缴费基数下限标准－2019年月缴费基数下限标准）×报告期末按下限缴费人数×单位费率（16%）

（2）单位参保缴费基数下限单位职工个人减费额。

缴费基数下限单位职工个人减费额＝2020年1月1日至上月末个人累计减费额＋（2020年月缴费基数下限标准－2019年月缴费基数下限标准）×报告期末按下限缴费人数×个人费率（8%）

（3）参保缴费基数下限灵活就业人员减费额。

缴费基数下限灵活就业人员减费额＝2020年1月1日至上月末个人累计减费额＋（2020年月缴费基数下限标准－2019年月缴费基数下限标准）×报告期末按下限缴费人数×个人费率（20%）

6. 缓缴企业社保费情况

对企业缓缴情况，可根据企业申报的缓缴情况，按月分险种统计期内分别申请缓缴的户数及金额（分单位部分和个人部分），统计指标有：缓缴户数、缓缴金额（单位部分）、缓缴金额（个人部分）。

三、社会保险精算

精算是以概率论和数理统计为基础，综合运用人口学、社会学和经济学等相关学科知识，在对风险进行评估的基础上，对各种财务保障方案未来的收支运行情况进行计算，以确保其能够稳定运行的数量计算工具。在社会保险运行过程中，通过运用精算方法，能够对基金筹集能力和成本进行分析测算从而确定合理筹资比例，根据社会经济状况和人口结构的发展变化科学测算各种风险条件下基金债务水平和偿付能力。因此，社会保险精算是社会保险制度长期稳定运行的基础和数量依据，对社会保险制度的可持续发展具有重要的支撑作用。

（一）社会保险精算的理论

1. 社会保险精算的概念

社会保险精算是对各种社会保险计划的风险状况、损失规律、成本及债务水平、长短期财务状况和偿付能力等进行分析，以保证整个社会保险制度能够稳定、正常运行的数量分析方法。

社会保险精算的原理与商业保险精算基本一致，也是建立在对风险和损失进行客观分析的基础上，通过对风险的定量分析和评价，可以测算出承办该类风险所需的成本和未来可能的保险金给付责任（即债务），通过债务与资产总额的比较，可以评价社会保险基金是否具有偿付能力。

2. 社会保险精算基本原理

对社会保险计划的风险概率和损失分布规律的分析和测算是建立在大量观察的基础上的。因此，数理统计上的大数法则也是社会保险精算的理论基础。社会保险转移和地域风险是建立在对风险的认识基础上的。虽然对于每一个社会保险参保人来说，触发保险给付的情形如失业、疾病等风险的发生是难以准确预测的，但通过对面临同样风险的个体进行大量观察，可以发现一定风险事故发生的规律，对风险事故发生的概率和平均损失额度进行估计，在此基础上即可估计出各类社会保险计划的风险成本及其变动范围。将上述风险成本和相应的管理费用分摊给每个参保人就可以确定社会保险金相应的筹资比例，或者缴费费率。

社会保险计划承诺的未来保险金给付的精算现值，与未来缴费的精算现值之差，或者过去缴费的精算终值与过去所有给付的终值之差，就是社会保险基金的精算债务。对于基金积累制的社会保险基金来讲，需要定期对其进行精算分析，如果基金的总资产大于总负债，则基金是具有偿付能力的，反之则没有偿付能力。对于现收现付制的社会保险基金来说，基金积累的债务要靠社会保险计划下一代参保人不断地缴费来偿还，为了使社会保险基金能在长期内实现收支平衡，需要对基金进行长期的收支水平估计和精算平衡分析。

3. 社会保险精算主要内容

社会保险精算实际上贯穿于社会保险管理过程的始终。建立社会保险基金，就要涉及资金筹集问题，无论采取何种方式筹资，都要在事前对基金所需规模和筹资比例作出测算。而在给付保险金时，需要对社会保险基金的支付额度和时间作出较为准确的测算。因此，社会保险精算工作的主要内容包括：成本与债务的估计，测算短期内保险金给付的年度成本，未来给付承诺而承担的债务水平；长期精算平衡估计和长期财务收支平衡，长期内基金的收支情况、综合收入率等运转情况，以及长期债务平衡的成本率和收入率。

（二）社会保险费率精算

1. 养老保险费率计算

养老保险基金筹集时的费率计算涉及筹资模式、参保人的生存过程、收入水平、基本养老金水平等多项因素。对于待遇确定型养老保险①来说，需要根据承诺的基本养老金水平对基金的年度支出情况作出估计，根据年度支出总额和年平均工资就可以确定缴费费率。养老保险费率计算模型需要考虑的因素主要有以下内容。

（1）生命表。

生命表又称为死亡率表，是根据以往一定时期内分年龄死亡率编制成的，反映一批人从出生后陆续死亡的全部过程的一种统计表。在生命表中，通常包含年龄、生存数、各年龄死亡数、死亡率等要素。

（2）减因概率。

建立养老保险费率计算模型的核心问题就是对参保人数的变化趋势进行合理预测，这就需要对参保人从加入养老保险起到退出养老保险的情况进行科学估计，也就是要合理计算参保人退出养老保险的概率，即减因概率。养老保险为被保险人退休后提供年金给付，所有在职生存的被保险人都必须缴费。如果用 tq_x^m、tq_x^w、tq_x^d、tq_x^r 分别表示 x 岁的职工在 t 年内死亡、调离、残疾和退休的概率，则 x 岁的职工在 t 年内在职存活的概率 tp_x^t 为：

$$tp_x^t = 1 - (tp_x^m + tp_x^w + tp_x^d + tp_x^r)$$

（3）工资增长率。

养老保险的缴费和给付水平都与职工在职期间的工资有直接关系，因此，职工工资及其变化规律是养老保险基金成本和债务估计中的基本假设。设职工在 y 岁参保时的工资为 S_y，则职工在 x 岁的当年工资 S_x 为：

$$S_x = S_y(1 + i + p)^{x-y} \qquad (x > y)$$

其中，i 为通货膨胀使职工工资增长的比例，p 为劳动生产率提高使工资增长的比例。

设从 y 岁起加入养老保险到 x 岁的累计工资为 S_x，则：

---

① 待遇确定型养老保险（defined benifit plan，DB），先设定养老金为保障一定的生活水平需要达到的替代率，根据雇员参加养老保险的时间长短和本人工资收入水平确定其退休后的养老金收益水平，再依据精算原理来确定养老保险费的缴费费率。待遇确定型养老保险具有以支定收、初始无基金，养老金待遇与工薪收入相关联，政府承担风险，精算定成本，待遇调整灵活的特点。

$$S_x \sum_{t-y}^{x-1} S_t$$

（4）利息率。

在计算养老金给付和缴费费率时都要考虑货币的时间价值，收支平衡应该建立在精算现值的基础上，因此，必须对利息率作出假设。养老保险基金的年度成本要根据精算速算数考虑参保人累积缴费的累积值，以及未来退休后给付养老金的现值。未来给付的现值分摊于各个年度的方法有两种：一种是直接以每年固定数额或工资的一定比例来分配未来给付的精算现值，称为成本分配精算法；另一种是把将来的养老金总权益分配于养老保险各个缴费年度，使年成本为当年得到的给付权益现值，称为给付分配精算法。

2. 医疗保险基金的费率计算

医疗保险基金筹集遵循“以收定支、收支平衡、略有结余、合理增长”的原则。从组成上看，医疗保险基金主要由医药补偿费、风险储备金和管理费三部分组成。医药补偿费相当于商业保险中的纯保费，风险储备金和管理费通常按照医疗保险费的一定比例提取。

计算人均医药补偿费的基本公式为：

医药补偿费 = 基线期医疗费支出 ×（1 + 医疗费年增加比例）r × 保险因子 × 补偿比例

式中保险因子反映的是引进保险机制后使医疗需求和费用增加或减少的效应，r 为测算期距基线期的年数。

用 C 表示医药补偿费，以医疗保险费 p 计提风险储备金和管理费的比例分别为 r_1 和 r_2，则医疗保险费的计算公式为：

$$p = \frac{C}{1 - [1 - (r_1 + r_2)]}$$

若当年职工的年度工资总额为 w，则医疗保险缴费比例 p' 为：

$$p' = \frac{C/w}{1 - [1 - (r_1 + r_2)]}$$

3. 失业保险费率计算

失业保险基金的主要支出是失业保险金，某些失业保险金还需要支付失业者的医疗补助和职业培训补贴等。因此，制定失业保险费率的关键，就是准确预测失业保险金的年度支出。失业保险金领取人数由被保险人群的失业率和被保险人数决定，当假定失业率在不同年龄和社会经济特征的劳动人群中均匀分布，此时失业保险金的年度支出额为：

失业保险金年度支出额 = 参保人数 × 失业率 × 平均支付额 × 平均支付时间

失业保险金平均支付额和平均支付时间可以根据以往经验数据预测。失业率越高，基金的年度成本越高，一般对失业率的预测采取保守原则。短期内失业保险费率计算公式为：

$$失业保险费率=\frac{失业保险基金年度支出}{参保人数\times职工平均工资}\times100\%$$

4. 工伤保险费率计算

工伤保险基金的主要支出是工伤事故的医疗费、一次性死亡给付和定期伤残年金给付。因此，工伤保险费率的计算公式为：

$$工伤保险费率=\frac{工伤事故医疗费+医疗期间生活补贴+一次性死亡给付+定期伤残年金给付}{参保人数\times职工平均工资}\times100\%$$

（三）社会保险基金财务状况和偿付能力分析

社会保险基金的偿付能力表现为能够兑现所有长期责任。为确保社会保险基金的偿付能力，必须对其财务状况进行测量评价。通常来说，常见的精算指标有以下三个。

1. 现收现付费用率

社会保险基金现收现付费用率就是一定时期内社会保险基金的总支出与用人单位、参保职工的缴费工资总额的比率。这一指标可以看成是假定社会保险基金的所有支出都来自保险费收入时，应付所有支出所需要的筹资比例。通常来说，如果社会保险基金的缴费人数相对于保险金领取人数较少，或者平均的保险金给付额相对于平均缴费收入较高时，净现收现付费用率就较高。

2. 准备金比例

社会保险基金准备金比例就是一定时期内基金提取的准备金与基金总支出的比例。这一指标代表了社会保险基金年初提取的责任准备金与当年所有支出的相对比例，是衡量社会保险基金短期偿付能力的指标。

3. 平衡比率

社会保险基金平衡比率就是一定时期内基金总支出减去保险费总收入的差额，与投资收益总额的比率。这一指标反映超过目前缴费水平的费用支出相对于投资收益的比例。在某一特定年度内，如果缴纳的社会保险费超过了支出总额，就不需要动用基金的投资收入。而如果缴纳的保险费不足以覆盖总支出，则需要动用基金的投资收入来维持各类开支。因此，平衡比率反映了预期的投资收入中因为要用来支付各种开支而必须保持流动性的资金比例。

（四）社会保险精算报告

社会保险精报告是精算师在对社会保险基金各类财务指标进行精算分析的基础上形成专业结论和建议的正式书面文件。通常来说，精算报告的内容包括：任务范围、预期目的、数据信息来源、现值条件、计算和分析结果、精算假定及方法、结论和建议等。

对社会保险基金进行定期的精算分析并公开发布精算报告，是社会保险基金管理监督的一项重要工作。近年来，社会各界对于建立社会保险基金精算报告制度的呼声越来越高。2018 年，中国社会科学院世界社保研究中心发布《中国养老金精算报告 2018—2022》，这是我国研究机构编制并公开发行的第一部社保精算报告。

第十一章　社会保险费征收管理和争议解决

第一节　社会保险费征收管理体制

社会保险费征收管理不同于社会保险费征缴管理。本书中，社会保险费征收管理更注重于从税务机关的角度看社会保险费，此处用“征收管理”一词，与前述“征缴管理”并不矛盾，因为不局限于日常的社会保险费征缴管理，还涵盖税务机关社会保险缴费登记、凭证管理、申报缴费、费额确认、费款追缴、违法调查和法律救济等环节。基于此，本书力求从广义的角度对社会保险费征收管理作全面阐述。

社会保险费征管体制改革不同于税收征管体制改革，随着改革向纵深推进，社会保险费征管体制又与税收征管体制紧密联系、互相促进，甚至交织融合于一体。党的十八大以来，我国税收征管体制改革总体上经历三次大的改革，对社会保险费征管体制改革产生重大影响。2015 年中共中央办公厅、国务院办公厅印发《深化国税、地税征管体制改革方案》，提出“推进非税收入法治化建设”的重要命题。2018 年 2 月 28 日，党的十九届三中全会出台《深化党和国家机构改革方案》，在第四十六项“改革国税地税征管体制”明确提出，为提高社会保险资金征管效率，将基本养老保险费、基本医疗保险费、失业保险费等各项社会保险费交由税务部门统一征收。2018 年 7 月 20 日，中共中央办公厅、国务院办公厅印发的《国税地税征管体制改革方案》提出，按照“先立后破、不立不破”的要求，坚持统一领导、分级管理、整体设计、分步实施，采取先挂牌再落实“三定”规定，先合并国税地税机构再接收社会保险费和非税收入征管职责。2018 年 7 月 30 日，国务院办公厅印发《关于做好社会保险费和非税收入征管职责划转工作的指导意见》（国办发

〔2018〕74 号)，对社会保险费和非税收入征管职责划转整体要求、工作内容、职责分工具体明确。同年 8 月 17 日，国家税务总局出台《社会保险费和非税收入征管职责划转工作方案》，明确相关阶段的工作任务，并于 8 月 20 日对社会保险费和第一批非税收入征管职责划转交接工作提出相关要求。2018 年 9 月 6 日，国务院常务会议对社会保险费征缴提出明确要求，在社会保险费征收机构改革到位前，各地一律保持现有征收政策不变；严禁自行集中清缴；抓紧研究费率降低等问题。2018 年 9 月 13 日，国家税务总局办公厅印发《关于稳妥有序做好社会保险有关工作的通知》(税总办发〔2018〕142 号)，对稳妥有序做好社会保险有关工作提出了具体要求。同年 9 月 18 日，国务院常务会议要求各地一律保持现有政策不变，要求国家税务总局和人力资源社会保障部在社会保险费征收机构改革到位前，各地一律保持现有社会保险费政策不变。9 月 19 日，国家税务总局等四部门相关负责人在答记者问时表示，只改变征收主体，原有政策不变。9 月 21 日，人力资源社会保障部办公厅印发《关于贯彻落实国务院常务会议精神切实做好稳定社保费征收工作的紧急通知》(人社厅函〔2018〕246 号)。

为落实 2019 年 3 月 26 日国务院常务会议精神，2019 年 4 月 1 日国务院办公厅出台《降低社会保险费率综合方案》(国办发〔2019〕13 号)，提出要稳步推进社会保险费征收体制改革。企业职工基本养老保险和企业职工其他险种缴费，原则上暂按现行征收体制继续征收，稳定缴费方式，“成熟一省、移交一省”。从 2022 年开始，对社会保险费申报缴纳流程优化调整，这是继续深化社会保险费征收体制改革的关键一步。

可见，社会保险费征管体制改革与税收征管体制改革是紧密相关的，社会保险费征管体制改革内含于广义的税收征管体制改革。改革后，税务机关将负责所辖区域内的税收、社会保险费和非税收入①的征收，税费征管新格局有利于建立税费互动、可持续的社保基金制度。

第二节　社会保险费征收管理制度

社会保险费征管制度主要集中体现在《社会保险法》、《社会保险费征缴

① 税务部门征收的非税收入主要包括一般公共预算中的部分非税收入和政府性基金预算中的部分非税收入。

暂行条例》(中华人民共和国国务院令第259号)、《社会保险费申报缴纳管理规定》(中华人民共和国人力资源和社会保障部令第20号)、《社会保险稽核办法》(中华人民共和国劳动和社会保障部令第16号)、《社会保险费征缴监督检查办法》(中华人民共和国劳动和社会保障部令第3号)、《社会保险行政争议处理办法》(中华人民共和国劳动和社会保障部令第13号)等法律法规、部门规章和规范性文件之中，规定分布相对分散，立法层级较多。

一、社会保险登记

社会保险登记一般从登记主体的角度可分为用人单位社会保险登记和个人社会保险登记。用人单位和个人应当向当地社会(医疗)保险经办机构办理社会保险登记，参加社会保险。

用人单位社会保险登记包括：企业及其职工、机关事业单位及其工作人员、有雇工的个体工商户及其雇工的参保登记。个人社会保险登记包括：自愿参加社会保险的无雇工的个体工商户、未在用人单位参加社会保险的非全日制从业人员以及其他灵活就业人员的参保登记和城乡居民的参保登记。缴费人识别不同于社会保险登记，包括税务登记信息的关联管理、非正常认定和解除、参保人员增减认定等。

二、涉费信息报告

涉费信息的报送或报告、共享，是社会保险费征管的重要程序之一。一般由省级税务局部门牵头、社会保障部门配合，推进将社保费相关数据在法人税费信息“一户式”、自然人税费信息“一人式”、税务机关信息“一局式”、税务人员信息“一员式”中进行智能归集，为实现对纳税人缴费人行为的自动分析管理、对税务人员履责的全过程自控考核考评、对税务决策信息和任务的自主分类推送奠定基础。

目前，社会保险经办机构在经办过程中信息采集的依据是《社会保险费申报缴纳管理暂行办法》(中华人民共和国劳动和社会保障部令第2号)，而税务部门征收管理的依据是税务部门相关文件，两个部门的相关规定在信息采集上的要求有所不同。两部门要进一步优化信息交互平台，持续优化参保登记、申报缴纳信息采集的具体口径，形成共享机制，制定好双方数据的匹配原则，既要做到让纳税人少跑腿、少排队，也要保证参保信息正确，有利于税务部门的征管。

当前，社会保险费信息主要来源于人社、医保部门的参保登记信息和申报信息，其中登记信息包括单位的登记信息、居民参保登记信息和灵活就业人员的登记信息，申报信息主要是用人单位和灵活就业人员每月申报的社会保险费具体数据。参保缴费信息关联一般规则如图 11 －1 所示。

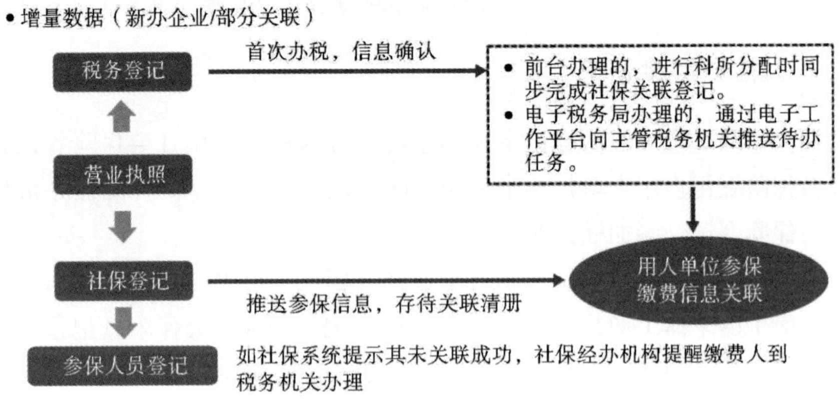

图 11 －1　参保缴费信息关联一般规则

三、申报缴费

目前，全国已将之前人社、医保部门先核定应缴费额再推送税务部门征收社会保险费，优化调整为用人单位向税务部门缴纳社会保险费。用人单位应当自行申报、按时足额缴纳社会保险费，非因不可抗力等法定事由不得缓缴、减免。职工应当缴纳的社会保险费由用人单位代扣代缴，用人单位应当按月将缴纳社会保险费的明细情况告知本人。

无雇工的个体工商户、未在用人单位参加社会保险的非全日制从业人员以及其他灵活就业人员，可以直接向税务机关申报缴纳社会保险费。灵活就业人员可以按月申报缴费，也可以按季、半年、年度合并缴纳，具体按各省规定执行。

对于城乡居民而言，其基本养老保险费按年度缴费，参保人员可自主选择缴费档次，确定缴费金额。城乡居民基本医疗保险按年度缴费，当年缴纳下一年度费款，缴费一次，享受一年。全国大部分地区规定在 9 月至 12 月集中缴纳城乡居民基本医疗保险费。

值得注意的是，建筑施工企业应依法参加工伤保险。针对建筑行业的特点，建筑施工企业对相对固定的职工，应按用人单位参加工伤保险；对不能按用人单位参保、建筑项目使用的建筑业职工特别是农民工，按项目参加工伤保险。以建设项目为单位参保的，可以按照项目工程总造价的一定比例计算缴纳工伤保险费。

社会保险费实行统一征收，凡参加社会保险的用人单位和个人必须依法按时足额缴纳社会保险费。按照方便、快捷、安全的原则，税务机关提供“线上”和“线下”两种缴费渠道。国家在推广和鼓励“线上”缴费的同时，保留“线下”缴费渠道，支持现金缴费方式，为老年人、残障人士等特殊缴费人群提供便捷服务。缴费单位和缴费个人应当以货币形式一次性全额缴纳社会保险费。

社会保险费征收期限不同于所属期限。所谓社会保险费征收期限，是指根据相关规定，缴费人申报缴纳社会保险费款的时限。如某省规定，社会保险费的申报缴纳时间为每月 1 ~25 日，则征收期限也为每月 1 ~25 日。目前，各省市之间征收期限规定不尽相同。所谓社会保险费所属期限，是指缴费人缴纳社会保险费款的所属月份或所属年度。有的地区当月征收上月社会保险费款，有的地区当月征收当月社会保险费款，各地规定不尽相同。

四、费额确认

费额确认可以理解为社会保险费的费额核定，其缴费核定的内容主要是缴费人数、缴费基数。

根据现行相关规定，关于社会保险费的核定情形如下：

（1）未办理社会保险登记的，由社保经办机构核定其应当缴纳的社保费。

（2）伪造、变造、故意毁灭有关账册、材料，或者不设账册，致使社会保险费缴费基数无法确定的，除依照有关法律、行政法规的规定给予行政处罚、纪律处分、刑事处罚外，依照《社会保险费征缴暂行条例》第十条的规定征缴。

（3）缴费单位必须按月向社保经办机构申报应缴纳的社保费数额，经社保经办机构核定后，在规定的期限内缴纳社保费。

（4）缴费单位不按规定申报应缴纳的社保费的，由社会保险经办机构暂按该单位上月缴费数额的 110% 确定应缴费额。

（5）没有上月缴费数额的，由社保经办机构暂按该单位的经营状况、职工人数等有关情况确定应缴数额。缴费单位补办申报手续并按核定数额缴纳社保费后，由社保经办机构按照规定结算。

（6）税务机关发现申报不实的，及时将工资总额、职工工资收入提供经办机构，经办机构重新核定。

费额确认实质上不同于深度风险应对，需要税务机关深化运用大数据动态监控手段，实施风险提示提醒，促进纳税人自查自纠。实行税费同管同查是规范社保费管理，不断扩大费源费基，逐渐实现全员参保的有效途径。

五、费款追缴

一般情况下，社会保险费非因不可抗力等法定事由不得缓缴、减免。用人单位因不可抗力造成生产经营出现严重困难的，经有关部门批准后，可以暂缓缴纳一定期限的社会保险费，期限一般不超过一年。

（一）社会保险费追缴的程序与依据

《社会保险法》《社会保险费征缴暂行条例》《实施〈社会保险法〉若干规定》等对社会保险费追缴作了一般性规定，为社会保险费追缴提供了直接依据。

其中，《社会保险法》第六十三条对社会保险费追缴作了一般性规定，用人单位未按时足额缴纳社会保险费的，由社会保险费征收机构责令其限期缴纳或者补足。用人单位逾期仍未缴纳或者补足社会保险费的，社会保险费征收机构可以向银行和其他金融机构查询其存款账户；并可以申请县级以上有关行政部门作出划拨社会保险费的决定，书面通知其开户银行或者其他金融机构划拨社会保险费。用人单位账户余额少于应当缴纳的社会保险费的，社会保险费征收机构可以要求该用人单位提供担保，签订延期缴费协议。

用人单位未足额缴纳社会保险费且未提供担保的，社会保险费征收机构可以申请人民法院扣押、查封、拍卖其价值相当于应当缴纳社会保险费的财产，以拍卖所得抵缴社会保险费。需要注意的是，用人单位逾期拒不缴纳社会保险费、滞纳金的，应当由社会保险行政部门或者税务机关申请人民法院依法强制征缴。用人单位有下列情形之一的，社会保险经办机构应当于查明欠缴事实之日起5个工作日内发出社会保险费限期补缴通知，责令用人单位在收到通知后5个工作日内补缴，同时告知其逾期仍未缴纳的，将按照《社会保险法》第六十三条、第八十六条的规定处理：

（1）未按规定申报且未缴纳社会保险费的；

（2）申报后未按时足额缴纳社会保险费的；

（3）因瞒报、漏报职工人数、缴费基数等事项而少缴社会保险费的。

用人单位未按照上述规定的期限补缴的，社会保险经办机构依法可以向用人单位开户银行或者其他金融机构查询其存款账户。社会保险经办机构可以根据查询结果向所属的社会保险行政部门申请作出划拨社会保险费的决定，并提交下列材料：

（1）用人单位名称、法定代表人、地址、联系方式；

（2）用人单位开户银行、户名及账号；

（3）申请划拨的事实、理由及依据；

（4）申请划拨的社会保险费数额；

（5）社会保险行政部门要求提供的其他材料。

社会保险行政部门接到社会保险经办机构划拨申请后，应当依法及时作出划拨社会保险费决定，并书面通知用人单位开户银行或者其他金融机构予以划拨。社会保险行政部门作出的划拨社会保险费决定，应当送达用人单位，并抄送社会保险经办机构。

（二）社会保险费追缴文书

落实社会保险费追缴需要法律法规的细致配套，不可能一蹴而就。社会保险费催报催缴由征管部门定期生成当期欠费催缴文书，经主管税务机关核对后，推送给缴费人。当然，这方面各地做法略有差异。不少地区做法是，制定用人单位欠费风险预警需求，经风险管理部门批量筛选后发起欠费追缴任务，由属地税源管理机构实施专项风险应对。值得注意的是，对欠税（费）人被法院裁定受理破产的，由属地税源管理机构依法同步进行税收和社保费债权申报，参与欠税（费）人破产清算。欠费追征进入强制执行程序的，由税务机关内部的法制、社保部门为执法人员提供专业支持，并与同级司法机关的协同配合，建立健全社保欠费强制执行、破产清算债权申报等协作机制。

值得注意的是，2018 年 11 月 16 日国家税务总局印发的《关于实施进一步支持和服务民营经济发展若干措施的通知》（税总发〔2018〕174 号）提出，对包括民营企业在内的缴费人以前年度欠费，一律不得自行组织开展集中清缴。

六、违法调查与法律责任

目前，对现行体制下社会保险费检查或调查，相关政策供给还不够健全。

社会保险费法律责任的规定分布较为分散，在《社会保险法》《社会保险费征缴暂行条例》中都有若干表述，涉及社会保险未按规定办理登记、社会保险凭证管理、未及时申报、未足额缴纳以及骗取社会保险待遇等方面的法律责任。此外，社会保险费的法律责任与用人单位的员工权益等交织，需要分类梳理。

（一）未依法办理社会保险登记的法律责任

近年来社会保险登记制度逐渐健全，形成了多层次规范化体系。根据《社会保险法》规定，用人单位不办理社会保险登记的，由社会保险行政部门责令限期改正；逾期不改正的，对用人单位处应缴社会保险费数额1倍以上3倍以下的罚款，对其直接负责的主管人员和其他直接责任人员处500元以上3000元以下的罚款。根据《社会保险费征缴暂行条例》第二十三条规定，用人单位未按照规定办理社会保险登记、变更登记或者注销登记，或者未按照规定申报应缴纳的社会保险费数额的，由劳动保障行政部门（现为人力资源社会保障部门）责令限期改正；情节严重的，对直接负责的主管人员和其他直接责任人员可以处1000元以上5000元以下的罚款；情节特别严重的，对直接负责的主管人员和其他直接责任人员可以处5000元以上10000元以下的罚款。根据《社会保险费征缴监督检查办法》第十二条规定，缴费单位有未按规定办理社会保险登记（含变更、注销）行为的，情节严重的，对直接负责的主管人员和其他直接责任人员处以1000元以上5000元以下的罚款；情节特别严重的，对直接负责的主管人员和其他直接责任人员处以5000元以上10000元以下的罚款。

用人单位、社会保险服务机构及其有关人员、参保及待遇领取人员等，存在不依法办理社会保险登记，经行政处罚后，仍不改正的；或者以欺诈、伪造证明材料或者其他手段违规参加社会保险，违规办理社会保险业务超过20人次或从中牟利超过2万元等情形的，县级以上地方人力资源社会保障部门将其列入社会保险严重失信人名单。

2019年4月，人力资源社会保障部第24次部务会废止了《社会保险登记管理暂行办法》，因此该办法所规定的法律责任规定自动失效。实践中，应当归结不同层次的社会保险登记相关规定，根据法律高位阶优于低位阶、新法优于旧法原则，对于未依法办理社会保险登记的法律责任以《社会保险法》关于社会保险登记法律责任的规定为优先。

（二）未依法管理社会保险费凭证的法律责任

缴费单位违反有关财务、会计、统计的法律、行政法规和国家有关规定，伪造、变造、故意毁灭有关账册、材料，或者不设账册，致使社会保险费缴费基数无法确定的，除依照有关法律、行政法规的规定给予行政处罚、纪律处分、刑事处罚外，依照《社会保险费征缴暂行条例》第十条的规定征缴。迟延缴纳的，由劳动保障行政部门（现为人力资源社会保障部门）或者税务部门依照该条例第十三条的规定决定加收滞纳金，并对直接负责的主管人员和其他直接责任人员处5000元以上20000元以下的罚款。

（三）未按规定申报缴纳社会保险费的法律责任

1. 加收滞纳金和行政处罚

申报缴纳是申报和缴纳两种行为的总和，在实践中应进行区隔。缴费单位未按规定申报应当缴纳社会保险费数额行为的，情节严重的，对直接负责的主管人员和其他直接责任人员处以1000元以上5000元以下的罚款；情节特别严重的，对直接负责的主管人员和其他直接责任人员处以5000元以上10000元以下的罚款。

用人单位未按时足额缴纳社会保险费的，由社会保险费征收机构责令限期缴纳或者补足，并自欠缴之日起，按日加收0.5‰的滞纳金，逾期仍不缴纳的，由社会保险行政部门处欠缴数额1倍以上3倍以下的罚款。可见，用人单位迟缴社会保险费须承担加收滞纳金、行政处罚的处罚。

用人单位未依法代扣代缴的风险。对职工而言，职工本人应当缴纳的社会保险费由用人单位代扣代缴。用人单位未依法代扣代缴的，由社会保险费征收机构责令用人单位限期代缴，并自欠缴之日起向用人单位按日加收0.5‰的滞纳金。需要注意的是，用人单位不得要求职工承担滞纳金。

2. 被解除合同和经济补偿

用人单位的员工以未办社会保险为由随时解除合同，单位需承担一定的经济补偿责任。即，用人单位未依法为劳动者缴纳社会保险费的，劳动者可以解除劳动合同。如果劳动者依照《劳动合同法》解除劳动合同的，用人单位应当向劳动者支付一定数额的经济补偿金。

至于经济补偿金的计算，按劳动者在本单位工作的年限，每满1年支付1个月工资的标准向劳动者支付。6个月以上不满1年的，按1年计算；不满6个月的，向劳动者支付半个月工资的经济补偿。劳动者月工资高于用人单位所在直辖市、设区的市人民政府公布的本地区上年度职工月平均工资3倍的，向其支付经济补偿的标准按职工月平均工资 3 倍的数额支付，向其支付经济补偿的年限最高不超过 12 年。此处所称的月工资，是指劳动者在劳动合同解除或者终止前 12 个月的平均工资。

以完成一定工作任务为期限的劳动合同因任务完成而终止的，用人单位应当依照规定向劳动者支付经济补偿。如果是用人单位依法终止工伤职工的劳动合同的，除依照前述规定支付经济补偿外，还应当依照国家有关工伤保险的规定支付一次性工伤医疗补助金和伤残就业补助金。用人单位出具的解除、终止劳动合同的证明，应当写明劳动合同期限、解除或者终止劳动合同的日期、工作岗位、在本单位的工作年限。经济补偿的月工资按照劳动者应得工资计算，包括计时工资或者计件工资以及奖金、津贴和补贴等货币性收入。劳动者在劳动合同解除或者终止前 12 个月的平均工资低于当地最低工资标准的，按照当地最低工资标准计算。劳动者工作不满 12 个月的，按照实际工作的月数计算平均工资。劳务派遣单位或者被派遣劳动者依法解除、终止劳动合同的经济补偿，依照《劳动合同法》第四十六条、第四十七条的规定执行。

3. 纳入社会保险领域失信名单

用人单位不缴纳社会保险费，还有可能被纳入社会保险领域失信“黑名单”。《国家发展改革委〈关于对社会保险领域严重失信企业及其有关人员实施联合惩戒的合作备忘录〉的通知》（医发改财金〔2018〕1704 号）列出了“黑名单”，严重失信、失范行为主要包括以下情形：

（1）用人单位未按相关规定参加社会保险且拒不整改的。

（2）用人单位未如实申报社会保险缴费基数且拒不整改的。

（3）应缴纳社会保险费却拒不缴纳的。

（4）隐匿、转移、侵占、挪用社保费款、基金或者违规投资运营的。

（5）以欺诈、伪造证明材料或者其他手段参加、申报社会保险和骗取社会保险基金支出或社会保险待遇的。

（6）非法获取、出售或变相交易社会保险个人权益数据的。

（7）社保服务机构违反服务协议或相关规定的。

（8）拒绝协助社保部门、经办机构对事故和问题进行调查核实的；拒绝接受或协助税务部门对社会保险实施监督检查，不如实提供与社会保险相关各项资料的。

（9）其他违反法律法规规定的。

七、争议处理

建立社会保险费争议解决协调机制，研究涉费争议处理工作机制，是推动形成社会保险费协同共治格局的重要命题。对缴费人因缴费基数、年限等问题而产生的社会保险费争议，税务部门和社会保险费经办机构应建立部门间的联席协商机制，明确社会保险费职责划转前后产生的诸如缴纳基数的确认争议等问题的处理原则与方案，同时社会保险经办机构应将划转前的核定数据和依据传递给税务部门，方便税务部门查询。

根据《社会保险法》第八十三条规定，用人单位或者个人认为社会保险费征收机构的行为侵害自己合法权益的，可以依法申请行政复议或提起行政诉讼。用人单位或者个人对社会保险经办机构不依法办理社会保险登记、核定社会保险费、支付社会保险待遇、办理社会保险转移接续手续或者侵害其他社会保险权益的行为，可以依法申请行政复议或者提起行政诉讼。个人与所在用人单位发生社会保险争议的，可以依法申请调解、仲裁、提起诉讼。用人单位侵害个人社会保险权益的，个人也可以要求社会保险行政部门或社会保险费征收机构依法处理。

第三节　社会保险费征管机制

近年来，随着社会保险费征收体制改革持续深化，进一步厘清部门职责分工、优化工作运行模式、构建长效管理机制已成为当前社会保险征收工作的重要内容。在这一重大改革进程中，社会保险费征管模式也在持续转变，体现出鲜明的特征，具体表现为名义代征向全责征收转变，由清欠为主向管清并重转变，单兵作战向协同治理转变，人工管费向数据治费转变。

2018 年 11 月，国家税务总局印发《关于实施进一步支持和服务民营经济发展若干措施的通知》（税总发〔2018〕174 号），就社会保险费征缴提出要稳定社会保险费缴费方式，积极配合有关部门研究提出降低社会保险费费率等建议，确保总体上不增加企业负担，确保企业社会保险费缴费实际负担有实质性下降。各级税务机关在社会保险费征管机制改革过程中，要确保缴费方式稳定，积极配合有关部门合理编制体现减费要求的社会保险费收入预算，严格按照人大审议通过的预算负责征收。

一、部门职责与协作

社会保险费征管是综合性很强的协同共治工程，既需要税务机关外部各部门的有力配合，也需要各程序、各环节的有机结合。优化社会保险费征管机制旨在进一步缴费渠道畅通，进一步征缴服务优化，进一步加快问题响应速度、以提高系统运维效率，以形成分工有序、合作有力、上下联动、快速高效的社会保险费征缴长效管理机制。目前，从相关地区的税务机关内设部门职责来看，社会保险费征管职责分配如下：

社会保险费专业部门以“统筹”为主线，负责协调解决税务与人社、医保等部门协同共治，税务系统内部跨部门业务衔接的问题，确保部门职责清晰、业务衔接流畅。

法制部门以“法制”为主线，为社会保险费顺利征缴提供法制保障，持续加强与同级司法机关建立协作机制。

征科部门以“运维”为主线，主要负责社会保险费信息系统运维工作，确保问题数据、业务阻断问题及时解决。

收核部门以“资金”为主线，主要负责社会保险费资金、票证管理和银行协调，确保社会保险费对账准确、入库及时。

纳服部门以“服务”为主线，主要负责参保缴费登记、申报、征收、退费等日常征管及咨询服务工作，规范社保费代征代收代办点管理，确保征缴顺利运行。如，指导和推动办税服务厅窗口加强业务培训、优化缴费服务、合理引导缴费人选择银行、支付宝、微信、数字人民币小程序缴费，以缓解窗口压力；接收社保部门和广大缴费人的服务需求，开展精准推送和风险提示。

经济分析部门以“分析”为主线，联合有关部门开展区域社保费相关经济分析和，拓展数据应用，提升以数治费能力，为服务地方党委政府研判经济决策提供重要参考。

大数据与风险部门以“数据”为主线，根据规模、行业、特定类型以及信用风险特征等标准，对缴费人进行科学分类，按照规范生成分类分级管理的缴费人清册。

属地税源管理机构以“落实”为主线，主要负责在条线管理的基础上，做实网格化管理，统筹协调本地社会保险费征缴工作，确保基层社会保险费征管工作要求落地落实。

二、社会保险费缴费方式

优化社会保险费缴费方式是深化社会保险费征缴机制改革的重要内容。社会保险费全面划转税务部门征收的改革初期，不少地区由于批量扣款，带来系统压力大、缴费人咨询多、基层负担重等问题，因此税务部门在全面推广网上掌上自主缴费方式的基础上，积极研究优化措施。

当前，从全国来看，有的地区推行社会保险费“预约扣款”，进一步提高了扣费准确性，降低了系统性风险；有的地区试行社会保险费“委托代扣”，缴费人通过支付宝、微信小程序、银行 App、数字人民币等渠道与商业银行签订预约代扣协议，确定社保经办机构、地区、缴费人、缴费险种、缴费属期及缴费标准，商业银行按照前述要素定时完成自动划费，进一步减轻了缴费人逐月申报的压力。

三、社会保险费社会化管理

推动城乡居民两险征缴服务纳入城乡网格化服务管理体系，由网格化机构统一组织实施，主管税务机关应积极向党委政府汇报，推动压实乡镇（街道）、村组（社区）及相关部门的工作责任，推动相关部门将相应的力量、资源、经费下沉到网格，并发挥属地税源管理机构社会化征管运维衔接作用。

税务部门应紧紧依托地方政府党委，完善社会化管理体制，加强原有的协费护费体系建设，增加委托代征社保费的经费预算，确保协费护费队伍稳定，并建立适当的考核激励机制，从而有效提升征管工作质效。

当然，目前从全国来看，一些地区在社会保险费网格化管理中，存在网格员法定职责不清、考评激励缺位、培训机制缺失等问题。一些地区社保信息共享程度不够，部分联络员疏于联系经办点，可能影响社会保险费资金安全，给税务部门内控管理带来不确定因素。因此，压实属地的税源管理机构的主体责任，加快智慧税务建设，推动社保费网格化管理体系全面融入社会综合治理体系将是税务部门今后一段时期面对的重要议题。

第四节 税务机关对社会保险费争议的解决与法律救济

对于社会保险问题产生的争议，法律规定了多种救济途径。如果争议发生在企业职工和用人单位之间，法律规定了举报、投诉、申请调解、仲裁和提起民事诉讼。如果争议发生在企业职工与相关行政职能部门或是用人单位与相关行政职能部门之间，当事人可以提起行政复议和行政诉讼。根据不同矛盾以及当事人选择解决问题方式的不同，税务机关作为征收机关，部分情形下作为职能部门会被当事人要求解决问题，部分情形下也会成为当事人。因此，一旦因社会保险费问题发生争议，税务机关被关联其中，税务机关须明晰自身的职权范围，并在此基础上对相关问题依法进行应对和处理。

一、举报、投诉

根据《社会保险法》第八十二条规定，任何组织或者个人有权对违反社会保险法律、法规的行为进行举报、投诉。社会保险行政部门、卫生行政部门、社会保险经办机构、社会保险费征收机构和财政部门、审计机关对属于本部门、本机构职责范围的举报、投诉，应当依法处理；对不属于本部门、本机构职责范围的，应当书面通知并移交有权处理的部门、机构处理。有权处理的部门、机构应当及时处理，不得推诿。第八十三条第三款规定，用人单位侵害个人社会保险权益的，个人也可以要求社会保险行政部门或者社会保险费征收机构依法处理。因此，对于用人单位违反《社会保险法》的相关规定，侵犯了职工社保权益的，企业职工可以向社会保险行政部门或是社会保险费征收机构依法进行举报、投诉，要求作出相关的处理。

税务机关在处理举报、投诉时要注意：①对属于税务机关征收职责范围内的举报、投诉事项，应当依法进行回复和处理；②对不属于税务机关职责范围内的举报、投诉事项，应当依法进行回复和转交。因此税务机关是否要对相关举报、投诉进行处理的关键在于该举报、投诉是否在税务机关的征收职责范围内。比如，有些职工因其所在的企业未为其办理社会保险登记、未缴纳社会保险费而向税务机关进行投诉，要求税务机关责令其所在企业为其补缴社会保险费。遇到这类投诉，税务机关首先要分辨当事人的诉求是否属于其职责范围内的事项。根据《社会保险法》第五十八条第一款规定，用人单位应当自用工之日起30日内为其职工向社会保险经办机构申请办理社会保险登记。未办理社会保险登记的，由社会保险经办机构核定其应当缴纳的社会保险费。第七十七条规定，县级以上人民政府社会保险行政部门应当加强对用人单位和个人遵守社会保险法律、法规情况的监督检查。社会保险行政部门实施监督检查时，被检查的用人单位和个人应当如实提供与社会保险有关的资料，不得拒绝检查或者谎报、瞒报。第八十四条规定，用人单位不办理社会保险登记的，由社会保险行政部门责令限期改正；逾期不改正的，对用人单位处应缴社会保险费数额1倍以上3倍以下的罚款，对其直接负责的主管人员和其他直接责任人员处500元以上3000元以下的罚款。因此，对于企业未为其职工进行社会保险登记、未缴纳社会保险费的违法行为，应当先由社保行政部门进行稽核，再由社保经办机构核定相应的补缴税额。只有经过以上程序，并且在用人单位仍旧不能及时根据社保部门核定的补缴费额缴纳社会保险费时，才可以援引《社会保险法》第六十三条的规定，启动责令补缴的征收程序。

综上所述，税务机关在处理用人单位未进行社保登记企业职工要求责令补缴类投诉时，一方面要注意给予准确的回复，即援引相关的法律条款，告知当事人投诉的事项不在税务机关的职责范围之内，建议其先寻求社会保险行政部门的稽核处理，由社会保险经办机构核定补缴的社保费额之后才能继续征缴；另一方面也应当将投诉人的相关诉求材料移交给社会保险行政部门进行相应的处理。但如果用人单位已经给职工进行了社保登记且用人单位已形成欠费时，企业职工要求税务机关责令用人单位补缴欠缴的社会保险费时，税务机关则有义务按《社会保险法》的规定启动征收程序。

二、调解、仲裁和提起民事诉讼

《社会保险法》第八十三条第三款规定，个人与所在用人单位发生社会保险争议的，可以依法申请调解、仲裁，提起诉讼。因此，当事人应根据相关法律、法规的规定申请调解、仲裁和提起诉讼。比如，根据《中华人民共和国劳动争议调解仲裁法》第二条规定，中华人民共和国境内的用人单位与劳动者发生的下列劳动争议，适用该法：①因确认劳动关系发生的争议；②因订立、履行、变更、解除和终止劳动合同发生的争议；③因除名、辞退和辞职、离职发生的争议；④因工作时间、休息休假、社会保险、福利、培训以及劳动保护发生的争议；⑤因劳动报酬、工伤医疗费、经济补偿或者赔偿金等发生的争议；⑥法律、法规规定的其他劳动争议。第五条规定，发生劳动争议，当事人不愿协商、协商不成或者达成和解协议后不履行的，可以向调解组织申请调解；不愿调解、调解不成或者达成调解协议后不履行的，可以向劳动争议仲裁委员会申请仲裁；对仲裁裁决不服的，除该法另有规定的外，可以向人民法院提起诉讼。根据目前的法律、法规规定，税务机关并非社保纠纷的法定调解和仲裁机关。因此在此类争议过程中，一般不会涉及税务机关。如果相关个人和用人单位因为误解将此类问题投诉到税务机关的，则税务机关应该给予准确的回复，告知其应通过调解、仲裁或提起民事诉讼的方式解决。

三、行政复议和行政诉讼

根据《社会保险法》第八十三条第一款和第二款规定，用人单位或者个人认为社会保险费征收机构的行为侵害自己合法权益的，可以依法申请行政复议或者提起行政诉讼。用人单位或者个人对社会保险经办机构不依法办理社会保险登记、核定社会保险费、支付社会保险待遇、办理社会保险转移接续手续或者侵害其他社会保险权益的行为，可以依法申请行政复议或者提起行政诉讼。因此，用人单位或者其他缴费人可以就税务机关在征收社保费过程中侵害自己的行为提起行政复议或者行政诉讼。

（一）提起行政复议或者行政诉讼的范围

如前文所述，当事人只能就税务机关作为征收机构在社保费征收过程中的具体行政行为提起行政复议或者行政诉讼。从《社会保险法》第七章的规定来看，目前可以针对税务机关的下列征缴行为或不作为申请行政复议或提起行政诉讼：

1. 责令限期缴纳或社会保险费征收决定

根据《社会保险法》第六十三条第一款规定，用人单位未按时足额缴纳社会保险费的，由社会保险费征收机构责令其限期缴纳或者补足。因此，针对欠费的用人单位，税务机关可以作出责令限期缴纳社保费的通知书，要求用人单位在一定期限内予以缴纳欠缴的社会保险费。责令限期缴纳的法律属性，要看其之后所采取的法律措施。有些地方在《责令限期缴纳通知书》中会加上“现作出如下征收决定”的文字。因此属于行政决定，当然既可以提起行政复议，也可以提起行政诉讼。国家税务总局发布的《社会保险费及其他基金规费文书式样》（国家税务总局公告 2015 年第 98 号）中，《社会保险费限期缴纳通知书》（如图 12 –1 所示）的末尾也是附上了可以申请复议和提起诉讼的告知事项。

×××税务局（×××）

社会保险费限期缴纳通知书

________税社_____字〔　　〕___号

×××：（纳税人识别号：　　　　　　社会保险费管理码：　　　　　　）

事由：责令限期缴纳社会保险费。

依据：《中华人民共和国社会保险法》第六十三条、第八十六条。

内容：____

____

____

____

____

逾期仍未缴纳，我局将依据《中华人民共和国社会保险法》相关规定依法强制执行。

告知事项：如对本通知有异议，可以自收到本通知之日起60日内依法向____________申请行政复议，或自收到本通知之日起6个月内依法向____________人民法院起诉。

税务机关（公章）

年　　月　　日

图 12－1　社会保险费限期缴纳通知书（示例）

有些地方在规定追缴用人单位的欠费时，规定要先作出社会保险费征收决定，在该决定书中赋予当事人申请复议和提起行政诉讼的权利。这里的《社会保险费征收决定书》的内容其实和责令限期缴纳的内容一样，也是规定了欠费的税额，缴纳的期限等，因此针对该决定当然也可以申请行政复议、提起行政诉讼。但需要注意的是，在这些规定出具社保费征收决定文书的地方，一样要求在作出决定前发出限期缴纳的通知。[①] 在这类程序中，限期缴纳的通知仅仅是具有非终局性的催告行为，不具有可复议性和可诉讼性，《社会保险费征收决定书》才是最终的行政决定。国家税务总局发布的《社会保险

① 如山东省，参见 http://shandong.chinatax.gov.cn/art/2022/2/24/art_143_396422.html。

费及其他基金规费文书式样》（国家税务总局公告 2015 年第 98 号）中，《社会保险费征收决定书》（如图 12－2 所示）的末尾也附上了可以申请复议和提起诉讼的告知事项。

2. 行政处罚决定

根据《社会保险法》第八十六条规定，用人单位未按时足额缴纳社会保险费的，由社会保险费征收机构责令限期缴纳或者补足，并自欠缴之日起，按日加收 0.5‰的滞纳金；逾期仍不缴纳的，由有关行政部门处欠缴数额 1 倍以上 3 倍以下的罚款。因此，税务机关针对用人单位经责令限期缴纳之后仍然不予缴纳的行为，可以作出罚款的行政处罚决定。国家税务总局在《国家税务总局关于修订部分税务执法文书的公告》（国家税务总局公告 2021 年第 23 号）中对社保费的行政处罚决定规定了两种文书式样，即《社会保险费行政处罚决定书》（如图 12－3 所示）和《社会保险费行政处罚决定书（简易）》（该文书由国家税务总局公告 2024 年第 1 号修改），但无论通过哪种程序作出的行政处罚决定，用人单位均可以申请行政复议或提起行政诉讼。这一点，和其他行政处罚决定一致。需要说明的是，税务机关在作出行政处罚决定时，同时要遵守《中华人民共和国行政处罚法》规定的法定程序。

×××税务局

社会保险费征收决定书

______税社______字〔　　〕____号

用人单位全称：______________社会保险费管理码：__________

法定代表人（负责人）：________身份证件类型及号码：________

单位地址　：____

×××：

你单位应缴未缴____年____月至___年___月的基本养老保险费￥__________元，基本医疗保险费￥__________元，工伤保险费￥__________元，失业保险费￥__________元，生育保险费￥_______元，以上累计欠缴社会保险费￥__________元。

_____年____月____日，我（分）局依法作出《社会保险费限期缴纳通知书》（_________税社______字〔　　〕　号），并依法送达，你单位逾期仍未缴纳。根据《中华人民共和国社会保险法》第八十六条，现作出如下征收决定：

请你单位收到本决定后15日内到______税务局__________分局缴纳欠缴的社会保险费人民币（大写）________________￥____________元和自欠缴之日起至缴纳之日止按日加收的滞纳金（2011年7月1日前欠缴社会保险费按日加收千分之二滞纳金，2011年7月1日后欠缴社会保险费按日加收万分之五滞纳金）。

如对本决定不服，可以自收到本决定之日起60日内依法向_

________________申请行政复议，或自收到本决定之日起6个月内依法向____________人民法院起诉。如对本决定逾期既不申请复议也不向法院起诉，我局将依照《中华人民共和国社会保险法》相关规定申请人民法院依法强制执行。

税务机关（公章）

年　　月　　日

图 12－2　社会保险费征收决定书（示例）

________税务局

社会保险费行政处罚决定书

______税社罚决〔　　〕　　号

____________：（纳税人识别号：　　　）

经我局（所）____，你（单位）存在违法事实及处罚决定如下：

一、违法事实及证据

（一）

1.

2.

（二）

……

上述违法事实，主要有以下证据证明：

1.

2.

3.

……

二、处罚决定

（一）

1.

2.

（二）

……

以上应缴款项共计________元。限你（单位）自本决定书送达之日起____日内到_____________缴纳入库（账号：______）。到期不缴纳罚款，我局（所）可依照《中华人民共和国行政处罚法》第七十二条第一款第（一）项规定，每日按罚款数额的百分之三加处罚款。

如对本决定不服，可以自收到本决定书之日起六十日内依法向__________________申请行政复议，或自收到本决定书之日起六个月内依法向人民法院起诉。如对处罚决定逾期不申请复议也不向人民法院起诉、又不履行的，我局（所）将依据《中华人民共和国行政处罚法》的规定申请人民法院强制执行。

税务机关（印章）

年　月　日

图 12－3　社会保险费行政处罚决定书（示例）

3. 行政强制执行决定

税务机关在进行社会保险费征收的过程中拥有直接强制执行的权力。根据《社会保险法》第六十三条第二款规定，用人单位逾期仍未缴纳或者补足社会保险费的，社会保险费征收机构可以向银行和其他金融机构查询其存款账户；并可以申请县级以上有关行政部门作出划拨社会保险费的决定，书面通知其开户银行或者其他金融机构划拨社会保险费。社保费征收职能全部划转给税务机关之后，此处的“县级以上有关行政部门”指的是县级以上税务局。需要注意的是，根据《行政强制法》第三十五条和第三十六条的规定，行政机关在作出强制执行决定前，应当事先催告当事人履行义务，并听取当事人的陈述和申辩，进行记录，复核再作出决定。同时，《行政强制法》第四十七条第一款规定，划拨存款、汇款应当由法律规定的行政机关决定，并书面通知金融机构。金融机构接到行政机关依法作出划拨存款、汇款的决定后，应当立即划拨。因此，税务机关在履行划拨用人单位存款这一项职能时，还需遵守《行政强制法》的法定程序，作出划拨决定。对于该划拨决定，相对人也可以申请行政复议或提起行政诉讼。国家税务总局发布的《社会保险费及其他基金规费文书式样》（国家税务总局公告2015年第98号）中，《划拨社会保险费决定书》（如图12－4所示）的末尾也附上了可以申请复议和提起诉讼的告知事项。

4. 责令用人单位提供担保的行为

根据《社会保险法》第六十三条第二款规定，用人单位账户余额少于应当缴纳的社会保险费的，社会保险费征收机构可以要求该用人单位提供担保，签订延期缴费协议。第三款规定，用人单位未足额缴纳社会保险费且未提供担保的，社会保险费征收机构可以申请人民法院扣押、查封、拍卖其价值相当于应当缴纳社会保险费的财产，以拍卖所得抵缴社会保险费。因此，在用人单位账户余额少于应缴费额时，税务机关可以责令用人单位提供担保，只有在不能提供担保的情况之下，才可以向人民法院申请强制执行。所以责令提供担保也是申请人民法院强制执行的一个前置程序。责令用人单位提供担保，直接增加了行政相对人的法律义务，同时如果相对人不履行该命令，则会引起人民法院强制执行的法律后果，是一个行政命令，也是一个具体行政行为。用人单位可以申请复议，也可以提起行政诉讼。国家税务总局发布的《社会保险费及其他基金规费文书式样》（国家税务总局公告2015年第98号）中，《责令提供社会保险费缴费担保通知书》（如图12－5所示）的末尾也附上了可以申请复议和提起诉讼的告知事项。

×××税务局

划拨社会保险费决定书

________税社_____字〔　　〕___号

×××：（纳税人识别号：　　　　　　社会保险费管理码：　　　　　）

因你单位未按时足额缴纳社会保险费，我局责令限期缴纳（______税社______字〔　　〕_____号）后逾期仍未缴纳，现根据《中华人民共和国社会保险法》第六十三条规定，经___批准，作出以下决定：从你单位在银行或其他金融机构的存款账户中划拨所欠的社会保险费人民币（大写）__________________ ¥__________元。

用人单位银行或其他金融机构名称：__________________

用人单位银行或其他金融机构存款账号：______________

如对本决定不服，可以自收到本通知之日起60日内依法向________________________申请行政复议，或自收到本通知之日起6个月内依法向________________人民法院起诉。

税务机关（公章）

年　　月　　日

图 12－4　划拨社会保险费决定书（示例）

×××税务局

责令提供社会保险费缴费担保通知书

________税社______字〔　　〕____号

×××：（纳税人识别号：　　　　　　社会保险费管理码：　　　　　　）

根据《中华人民共和国社会保险法》第六十三条规定，限你单位于__________年_______月_______日前向我局（地址：________________________________）提供金额人民币（大写）________________￥_________元的缴费担保，逾期未能提供社会保险费缴费担保的，将依法申请人民法院采取强制措施。

如对本通知有异议，可以自收到本通知之日起60日内依法向________________________申请行政复议，或自收到本通知之日起6个月内依法向________________人民法院起诉。

税务机关（公章）

年　　月　　日

图 12－5　责令提供社会保险费缴费担保通知书（示例）

5. 税务机关不履行法定职责的行为

根据《行政复议法》第十一条第十一项的规定，申请行政机关履行保护人身权利、财产权利、受教育权利的法定职责，行政机关没有依法履行的，公民、法人或者其他组织可以提起行政复议。根据《行政诉讼法》第十二条的规定，申请行政机关履行保护人身权、财产权等合法权益的法定职责，行政机关拒绝履行或者不予答复的，公民、法人或者其他组织可以向人民法院提起行政诉讼。因此，如果用人单位的职工认为用人单位欠缴社会保险费损害了自身权益，根据《社会保险法》第八十二条或是第八十三条向税务机关提起投诉或者要求税务机关行使法定职权启动《社会保险法》第六十三条的征收程序，而税务机关拒绝履行或者不予答复的，职工也可以就拒绝履行或者不予答复的行为申请行政复议或者提起行政诉讼。

（二）提起行政复议

用人单位或者相关当事人申请行政复议的，需要按照《行政复议法》和《税务行政复议规则》（国家税务总局令第21号）规定的法定程序提起。比起一般的行政复议，针对社保费征收行为的行政复议申请，必须向作出上述具体行政行为的税务局的上一级税务局提出申请。和其他一般行政复议制度并无不同。

（三）提起行政诉讼

用人单位或者相关当事人针对税务机关在社保费征收过程中的执法行为对税务机关提起行政诉讼的，需要遵守《行政诉讼法》及其相关司法解释的规定。总的来说，其和其他行政诉讼并无本质上的区别。

需要说明的是，针对税务机关的社保费征收，相关单位和人员既可以采用行政复议的救济方式，也可以采用行政诉讼的救济方式，法律并未规定费款清缴或是提供担保类的前提条件，也未规定提起行政诉讼之前必须经过行政复议。因此，只要是相关当事人认为税务机关在社保费征收过程中的执法行为侵犯了其合法权益的，可申请行政复议，或是直接提起行政诉讼，或是先复议再诉讼，均可。但根据最新《行政复议法》第二十三条的规定，对未履行法定职责提起行政诉讼的，则需要复议前置。

四、典型案例解析

Z某与H市税务局关于社保费争议行政复议上诉案[①]

2020年××月××日，W省H市X税务局针对Z某的投诉作出《关于Z先生来信的答复》，主要内容为：关于Z某来信要求责令C公司为Z某和其他所有职工到国家机关有关社保部门建立社会保险关系并补缴各项社会保险费的诉求，依照《社会保险法》第五十八条、第八十三条规定，以及《W省职工基本养老保险条例》第五十五条规定，认为Z某的上述诉求不属于X税务局管辖的事项，请Z某依法向相关部门申请处理。Z某不服该答复，向H市X区人民政府申请行政复议，X区人民政府于2020年10月20日作出《行政复议决定书》，决定维持X税务局作出的答复。

① 案例摘自（2016）浙01行终370号，有删改。

原审法院经审理查明：2020年1月26日，Z某向X税务局邮寄书面投诉书一份，投诉书涉及16项诉求，其中要求X税务局处理的事项为：①责令C公司为Z某到国家机关有关社保部门建立社会保险关系，补缴各项社会保险费；②责令C公司对所有职工建立社会保险关系，追缴各项社会保险费。Z某就上述投诉书同时向X人社局等其他三个部门也予以了投递。X税务局收到投诉书后，未予书面回复。Z某向X区人民政府申请复议，X区人民政府于2020年8月3日作出《行政复议决定书》，确认X税务局不履行法定职责的行为违法，责令其在30日内就Z某的投诉作出答复。同年8月18日，X税务局向Z某作出被诉答复，认为Z某投诉的内容不属于其管辖事项。Z某不服，再次向X区人民政府申请行政复议。X区人民政府于同年8月29日受理了复议申请，并通知了Z某及X税务局。同年10月20日，X区人民政府作出《行政复议决定书》，决定维持了X税务局作出的答复，并将复议决定书送达双方当事人。Z某不服，遂诉至法院。另查明：2020年9月15日，X人社局根据Z某投诉书的相关诉求，对C公司作出限期改正指令书，指令C公司为Z某缴纳社会保险费。

原审法院认为：根据《社会保险法》第五十八条第一款规定，用人单位应当自用工之日起30日内为其职工向社会保险经办机构申请办理社会保险登记。未办理社会保险登记的，由社会保险经办机构核定其应当缴纳的社会保险费。根据《社会保险费征缴暂行条例》第十条第一款规定，缴费单位必须按月向社会保险经办机构申报应缴纳的社会保险费数额，经社会保险经办机构核定后，在规定的期限内缴纳社会保险费。根据上述法律、法规规定，用人单位的社会保险缴费数额必须先由社会保险经办机构核定，X税务局作为社会保险费征收机构只能根据社会保险经办机构核定后的数额予以征收。本案中，Z某认为C公司没有为包括其在内的所有职工缴纳社会保险费违反法律规定，遂向X税务局投诉并要求处理，但没有证据证明社会保险经办机构对C公司相关社会保险缴费数额进行了核定，在此情况下，X税务局以答复形式拒绝了Z某申请，其处理结果并无不当。X区人民政府受理Z某的复议申请后，依法进行了审查，在法定期限内作出维持答复的复议决定并送达双方当事人，该复议决定认定事实清楚，适用法律正确，程序合法。Z某要求撤销X税务局作出被诉答复行为及X区人民政府所作复议决定的诉讼请求，缺乏事实和法律依据，不予支持。Z某关于要求追究相关直接责任人员和主管人员法律责任，或移送行政监察机关等部门追究法律责任的主张，不属于本案行政诉讼的审理范围，对此不予处理。C公司经法院合法传唤，无正当理由拒不到庭，不影响本案的审理。据此，依据《行政诉讼法》第六十九条、《最高人民法院关于执行若干问题的解释》第四十九条第三款之规定，判决如下驳回Z某的诉讼请求。本案受理费50元，由Z某负担。

上诉人Z某上诉称：原审判决认定事实不清，证据不足，适用法律错误，损害了国家利益、损害了国家公共财产权益，损害了上诉人的合法权益。请求：①确认X税务局作出的答复违法，并予以撤销。②确认X区人民政府作出的复议决定违法，并予以撤销。③判令两被上诉人履行法定职责并限期依法重新作出行政行为，依法征缴针对Z某的各项社会保险费，责令向C公司征缴对所有职工欠缴的各项社会保险费；责令X税务局对C公司的违法行为进行行政处罚、追究违法行为的法律责任，追究直接责任人员和主管人员的法律责任，构成犯罪的，请依法移送司法机关依法追究刑事责任；责令X税务局依法维护Z某的合法权益；在法定期限书面答复Z某。④作出司法建议移送有权处理机关依法追究违法行为的法律责任，追究直接责任人员和主管人员的法律责任，若无权追究则请移送主管行政监察机关和人事主管行政机关依法追究法律责任；判令本案诉讼费由被上诉人负担。

……

上一级法院认为，上诉人Z某向X税务局寄送投诉书，投诉书中称其至C公司工作后，C公司一直未与其签订劳动合同，且未为其缴纳社会保险费。其投诉事项有15项，其中仅有2项涉及社会保险费征缴，其他13项内容明显不属于税务部门的职责范围。X税务局仅针对该2项投诉事项对上诉人作出答复，并无不当。

涉及社会保险费征缴的2项投诉内容为，责令C公司补缴各项社会保险费、责令C公司对所有职工（包括投诉人在内）补缴各项社会保险费。

根据《社会保险法》第六十三条规定，用人单位未按时足额缴纳社会保险费的，由社会保险征收机构责令用人单位限期缴纳或者补足。但是，根据《社会保险法》第五十八条第一款，《社会保险费申报缴纳管理规定》第三条第一款、第八条第一款，《社会保险费征缴暂行条例》第十条第一款以及《杭州市社会保险费征缴办法》第十七条的规定，用人单位应当向社会保险经办机构为其职工办理社会保险登记，并申报职工个人缴费基数和应缴社会保险费数额，经社会保险经办机构核定后，用人单位向地方税务机关缴纳社会保险费。根据《社会保险费征缴暂行条例》第二十三条、《劳动保障监察条例》

第二十七条、《社会保险费申报缴纳管理规定》第十六条的规定，用人单位未依法申报应缴社会保险费数额的，应由劳动保障部门或社会保险经办机构进行查处。故社会保险征收机构能否根据《社会保险法》第六十三条的规定，责令未按时足额缴纳社会保险费的用人单位限期缴纳或补足的前提为由具有认定用人单位是否存在未依法申报社会保险费数额情形的部门进行查处，并由具有核定应缴社会保险费数额职责的部门核定应缴纳社会保险费数额。

本案中，上诉人在未提交证据证明经有权机关确认C公司存在未依法为其缴纳社会保险费，并已核定应缴纳社会保险费数额的情况下，直接要求X税务局责令C公司补缴社会保险费，X税务局拒绝上诉人的申请，并无不当。X区人民政府作出被诉复议决定程序合法。原审法院驳回上诉人的诉讼请求，并无不当。

解析：以上案例说明，针对社保事项的纷争，税务机关作为社保费征收机关针对投诉事项进行答复是其法定职责。不予答复属于不依法履行法定职责，相关当事人可申请复议也可提起诉讼，这也是本案例复议机关受理了赵某的复议申请且要求税务机关对赵某作出答复的原因所在。但税务机关如果认为相关职责不在其法定职责范围之内，则可以在答复中拒绝履行，本案中税务机关就明确告知当事人其投诉事项不属于税务机关的管辖范围。针对该答复，表面上是当事人对税务机关的答复不满意，但实质是当事人认为税务机关拒绝履行责令企业补缴社保费的法定职责，因此针对税务机关不履行法定职责的行为，继而再申请复议和诉讼。最后法院认可了税务机关的做法，认为让税务机关责令企业限期缴纳社保费的条件还未成熟，税务机关拒绝当事人的请求并无不当，从而否定了当事人的请求。